Karl Moritz Diesing

Revision der Turbellarien

Karl Moritz Diesing

Revision der Turbellarien

ISBN/EAN: 9783744606110

Hergestellt in Europa, USA, Kanada, Australien, Japan

Cover: Foto ©ninafisch / pixelio.de

Weitere Bücher finden Sie auf **www.hansebooks.com**

REVISION

DER

TURBELLARIEN.

ABTHEILUNG: DENDROCOELEN.

VON

Dr. K. M. DIESING,

WIRKLICHEM MITGLIEDE DER KAISERL. AKADEMIE DER WISSENSCHAFTEN.

———

(Aus dem XLIV. Bande des Jahrganges 1861 der Sitzungsberichte der mathem.-naturw. Classe der kais. Akademie der Wissenschaften besonders abgedruckt.)

(Vorgelegt in der Sitzung vom 3. October 1861.)

WIEN.

AUS DER K. K. HOF- UND STAATSDRUCKEREI.

—

IN COMMISSION BEI KARL GEROLD'S SOHN, BUCHHÄNDLER DER KAISERL. AKADEMIE DER WISSENSCHAFTEN.

1862.

Revision der Turbellarien. Abtheilung: Dendrocoelen.

Von dem w. M. Dr. K. M. Diesing.

(Vorgelegt in der Sitzung vom 3. October 1861.)

Keine Ordnung in der Classe der Helminthen hat durch neue Entdeckungen seit dem letzten Jahrzehent so an Umfang zugenommen wie die Strudelwürmer, und keine ihrer Abtheilungen wurde mehr bereichert wie jene mit verzweigtem und blind-endigendem Darm-canal; letztere, was die europäische Fauna betrifft, namentlich durch Dalyell, der in Schottland und an dessen Küsten nicht blos neue Arten auffand, sondern auch zu ihrer Entwickelungsgeschichte neue Beiträge lieferte. Dalyell's Werk: Powers of the Creator (London, Vol. I. 1851, Vol. II. 1853), ist auf dem Continent leider nur wenig bekannt. Ich selbst verdanke das im Verlaufe dieser Abhandlung Mit-getheilte nur einem Auszuge R. Leukart's in Troschel's Archiv für Naturgeschichte. — Sehr zahlreich sind zugleich die ausserhalb Europa gewonnenen Entdeckungen; so hat Stimpson: in seinem Prodromus descriptionis animalium evertebratorum, quae in expedi-tione ad oceanum pacificum septentrionalem, Johanne Rodgers duce, a republica federata missa, observavit et descripsit (Pars I, enthalten in den Proceedings of the Academy of Natural Sciences of Philadelphia 1857, S. 19—31), nicht weniger als 52 neue Arten beschrieben. Um die Kenntniss der südamerikanischen Erdplattwürmer hat Friedrich Müller durch sorgfältiges Sammeln von 14 Arten, Angabe ihrer Lebensart und Beschreibung derselben in Gemeinschaft mit seinem Freunde Schultze, welcher die anatomische Untersuchung einer der eingesendeten Arten übernahm, sich ein grosses Verdienst erworben (Hall. Abhandl. IV. [1856], 19—38). Ein sehr reiches Materiale wurde von Ludwig Schmarda 1853—1857 zusammen-gebracht und in seinem Werke: Neue wirbellose Thiere, beobachtet und gesammelt auf einer Reise um die Erde 1853—1857 (I. Band,

I. Hälfte 4.; Leipzig 1859), genau beschrieben und abgebildet. Die
Zahl der neuen Arten beträgt 53. — Fünf Plattwürmer der Sandwich-
inseln wurden von W. Harper Pease: Descriptions of new species
of Planariidae collected in the Sandwich Islands communicated by
J. E. Gray (in den Proceedings of the Zoological Society of London
1860, 37—38) veröffentlicht. Endlich muss ich noch einer Abhandlung Kelaart's: Description of new and little known species of
Ceylon Nudibranchiata Molluscs and Zoophytes (in Journal of the
Ceylon Branch of the Royal Asiatic Society I. S. 134—138) Erwäh-
nung thun, in welcher der Verfasser 19 Arten, jedoch so unvoll-
kommen beschreibt, dass es mir nicht möglich war, über die Identität
oder Verschiedenheit derselben von den durch Schmarda veröffent-
lichten mit Sicherheit abzuurtheilen. Eine Abschrift dieses Aufsatzes
verdanke ich, da das ihn enthaltende Journal sich in keiner der Wiener
Bibliotheken vorfindet, dem Secretär der zoologischen Gesellschaft
zu London, Herrn Philipp Lutley Sclater, welchem es nach vieler
Mühe gelungen ist, in der Bibliothek der königlichen asiatischen
Gesellschaft sich ein Exemplar der erwähnten Zeitschrift verschaffen
zu können. Ich ergreife die Gelegenheit, um diesem Gelehrten für
seine besondere Gefälligkeit den wärmsten Dank auszusprechen.

Bis jetzt sind von dendrocoelen Strudelwürmern mit Ausschluss
der ganz zweifelhaften, 234 Arten bekannt, welche sich auf 37 Gattungen und 16 Familien vertheilen. Sie sind der Mehrzahl nach
Meeresbewohner.

ORDO: TURBELLARIA *EHRENBERG.*

Vermes: Intestina *Linné* ex parte. — Vers planulaires *Lamarck* ex parte. — Apodes planulaires et Teretularia *Blainville.* — Apoda trematodina et Apoda nemertina *Oersted.*

Character essentialis: Turbellaria sunt Achaethelmintha corpore molli, parenchymatoso, continuo, ciliis vibrantibus munito, nunc tractu cibario arbusculiformi coeco et oesophago sive pharynge protractili (Dendrocoela), nunc tractu cibario simplici (Rhabdocoela) et tunc proboscide aggressoria nulla (Arhynchocoela), aut proboscide aggressoria protractili (Rhynchocoela) instructa. — Aquarum dulcium vel maris incolae rarius terrestria.

SUBORDO I. TURBELLARIA DENDROCOELA *EHRENBERG.*

Charactere aucto.

Tractus intestinalis dendritice ramosus, coecus.

Vermes: Intestina *Linné* ex parte. — Vers planulaires *Lamarck* ex parte. Apodes planulaires *Blainville.* — Apoda trematodina *Oersted* partim.

Animalcula solitaria, libera, decolora vel colorata imo eleganter picta, longitudine aliquot linearum v. pollicum. *Corpus* molle, parenchymatosum, ciliis vibrantibus obsessum, laeve aut papillosum, elongatum depressiusculum v. planum dilatatum, continuum, pede ventrali nullo aut unico [1]). *Acetabulum* nullum v. terminale anticum aut terminale posticum. *Caput* corpore continuum v. discretum, auriculatum v. exauriculatum. *Tentacula* nulla vel pseudotentacula aut tentacula genuina, frontalia, cervicalia v. dorsalia [2]). *Ocelli* nulli aut 2, 6 v. numerosi. *Otolithi* nulli, rarissime 4 in otolithothecis duabus inclusi. *Os* ventrale, antrorsum, retrorsum v. in medio corporis situm, oesophago s. pharynge protractili, integro aut partito. — *Tractus* cibarius arbusculiformis v. dichotomus, coecus. *Systema vasorum* aquiferorum

---

[1]) In nonnullis corpuscula bacilliformia, primum cellulis sparsis inclusa, demum libera in cute varie disposita, interdum extus prominentia incertae functionis. Confer M. Schultze: Beitr. z. Naturg. d. Turbell. 11—16, et M. Müller: Observ. anatom. 27—30.

[2]) *Pseudotentacula* sunt plicae capitis prominentes, sub pressione evanescentes; *tentacula genuina* vero organa tactus propria, persistentia ast retractilia. Num auriculae cum pseudotentaculis identicae aut analogae sint, decidere non audeo.

cum poro excretorio. *Androgyna*, autogama vel enallelogama; apertura genitalis unica (monogonopora) aut aperturae genitales duae (digonopora); penis erectilis. Organa genitalia interna mascula: testiculi duo, vasa deferentia duo tortuosa in vesiculam seminalem excurrentia, spermatozoidea capillaria, agilia libera v. spermatophoris inclusa; feminea: *ovaria* duo ductu communi vaginae femineae inserta; bursa seminalis propria et organum in quo testa ovulorum oritur. *Ovipara* [1]) rarissime ovovivipara [2]). Propagatio partitione spontanea longitudinali quandoque auxiliata. *Evolutio* directa, rarius per metamorphosin. *Fibrae* musculares striis transversalibus nullis. *Ganglia* cerebralia duo comissura juncta, fila nervea emittentia. — Maris vel aquarum dulcium incolae vel supra terram humidam libere vagantia, rarissime subterranea aut ectoparasita.

Reproductio corporis laesi magna. Animalcula voracissima, in propriam speciem minora exsugendo nonnumquam saevientia, utplurimum regiones temperatas vel calidiores inhabitantia. — Motus gliscens vel natatorius.

Conspectus dispositionis familiarum et generum.

SECTIO I. MONOGONOPORA.

Apertura genitalis unica. — Tentacula nulla aut duo genuina. — Aquarum incolae v. terrestria.

---

[1]) De ovulis et de evolutione embryouum confer Siebold: Bericht über die Verhandl. d. Berl. Akad. a. d. J. 1841, 83. — Idem: Lehrb. d. vergleich. Anat. I. 171 — 172. — De differentiis organorum genitalium Dendrocoelorum aquarum dulcium et marinorum confer expositionem, ab opinionibus praecedentibus discrepantem el. Schultze: in Zeitschr. f. wissensch. Zool. IV. 185 et in Verhandl. d. phys. med. Gesellsch. Würzburg IV. 222.

De larvis praesumptivis hujus subordinis confer:
Agassiz: Lectures on embryology or Daily evening traveller. Boston, 13. Jan. 1849. — Idem: in Proceed. Amer. Assoc. adv. sc. 2. meet. Boston 1850. 438 (de opinione Infusoria nonnulla nihil esse quam Turbellariorum larvae). — Girard ibid. 402 (ad confirmandam eandem opinionem). — Joh. Müller: in ejus Arch. 1850, 485—500. Tab. XII. XIII. refutatio hujus opinionis et descriptio novae larvae. — Busch: Beobachtungen 121 (Platamonia tergestina) et Leuckart in Troschel's Arch. 1854. II. 344.

De larvis exacte cognitis confer:
Girard: Researches upon Nemerteans and Planarians I. Philad. 1854, c. tab. 3 (de larva Planocerae ellipticae). — Dalyell: Powers of the Creator. II. 99. Tab. XV. 1—3 (de evolutione Euryleptae cornutae). — Joh. Müller: in ejus Arch. 1854, 75. Tab. IV. 1 (de larva Stylochi lintei).

[2]) Phagocata gracilis Leidy.

* Caput tentaculis genuinis nullis.

† Nec caput, nec corpus acetabulo instructum.

Familia I. Anocelidea. Corpus depressum vel subfiliforme. Caput nec auriculatum, nec tentaculatum. Ocelli nulli. Os
ventrale in medio fere corporis v. retrorsum situm, oesophago cylindrico v. campanulato. Apertura genitalis unica retro vel ante (?) os
sita. Aquarum dulcium incolae, terrestria vel subterranea.

1. **Anocelis.** Corpus depressum. Ocelli nulli. Os oesophago cylindrico. Apertura genitalis retro os. Aquarum dulcium incolae.
2. **Polycladus.** Corpus depressum. Ocelli nulli. Os oesophago cylindrico. Apertura genitalis ante os (?). Terrestria.
3. **Geobia.** Corpus subfiliforme. Ocelli nulli. Os oesophago campanulato. Apertura genitalis retro os. Terricolae.

Familia II. Planaridea. Corpus depressum. Caput
biauriculatum v. exauriculatum, tentaculis nullis. Ocelli duo. Os ventrale in medio vel retro medium corporis situm, oesophago integro
aut multipartito. Apertura genitalis unica retro os. Aquarum dulcium
vel maris incolae, rarius terrestria.

a. Oesophagus integer.

4. **Planaria.** Caput triangulare subauriculatum. Ocelli duo. Os in
medio fere corporis situm, oesophago cylindrico. Aquarum
dulcium incolae.
Genera 5, 6 et 7, a Planaria characteribus essentialibus vix diversa.
5 ? **Ilaga.** Caput exauriculatum. Ocelli duo. Os retro medium corporis situm, oesophago cylindrico. (Penis retortaeformis inermis haud vaginatus.) Maricolae.
6 ? **Cercyra.** Caput subbiauriculatum. Ocelli duo. Os retro medium
corporis situm, oesophago cylindrico. (Penis retortaeformis,
apiculo corneo, hastaeformi, terminali, haud vaginatus.) Maricolae.
7 ? **Fovia.** Caput corpore continuum, fronte saepius in medio producta vel acuta. Ocelli duo. Os . . . oesophago . . . Maricolae.
8. **Rhynchodemus.** Caput exauriculatum, proboscidiforme, reflexile.
Ocelli duo. Os retro medium corporis situm, oesophago doliiformi. Terrestria.
9. **Dendrocoelum.** Caput antice bisinuatum biauriculatum, auriculis tentaculiformibus. Ocelli duo. Os in medio fere corporis

situm, oesophago cylindrico. (Penis retortaeformis, inermis, longe vaginatus.) Aquarum dulcium incolae, interdum simul maricolae.

Genus 10. ab hoc characteribus essentialibus nullis, ut videtur, diversum.

10? **Gunda.** Caput antice sinuatum, biauriculatum. Ocelli duo. Os retro medium corporis situm, oesophago cylindrico. (Penis retortaeformis, inermis, haud vaginatus.) Maricolae.

β. Oesophagus multipartitus.

11. **Phagocata.** Caput subbiauriculatum. Ocelli duo. Os retro medium corporis situm, oesophago multipartito. Aquarum dulcium incolae.

Familia III. Polycelidea. Corpus depressum, pede ventrali nullo aut uno. Caput corpore continuum vel discretum, auriculatum v. exauriculatum, tentaculis nullis. Ocelli 6 v. numerosi. Os ventrale ante vel retro medium corporis situm, oesophago cylindrico vel campanulato. Apertura genitalis unica retro os posita. Aquarum dulcium incolae vel terrestria.

Phalanx I. Polycelidea apoda.

Subfamilia I. Oligocelidea. Ocelli 6. Oesophagus cylindricus. Aquarum dulcium incolae.

12. **Oligocelis.** Caput biauriculatum. Ocelli 6 in acervos duos dispositi. Os retro medium corporis situm, oesophago cylindrico. Aquarum dulcium incolae.

Subfamilia II. Eupolycelidea. Ocelli numerosi. Oesophagus cylindricus. Aquarum dulcium incolae.

13. **Polycelis.** Caput exauriculatum. Ocelli numerosi marginales. Os retro medium corporis situm oesophago cylindrico. Aquarum dulcium incolae.

Phalanx II. Polycelidea gasteropoda.

Subfamilia III. Geoplanidea. Ocelli numerosi. Pes ventralis. Oesophagus campanulatus. Terrestria.

14. **Geoplana.** Caput corpore continuum exauriculatum. Ocelli numerosi marginales. Os retro medium corporis situm oesophago campanulato. Pes ventralis sat distinctus. Terrestria.

15. **Bipalium.** Caput corpore latius v. semilunare postice excisum, v. semicirculare postice recte truncatum v. transverse ellipticum

s. malleiforme. Ocelli numerosi plerumque marginales. Os parum ante vel retro medium corporis situm. Pes ventralis sat distinctus. Terrestria.

†† Caput acetabulo frontali vel corpus appendice acetabulari instructum.

Familia IV. Procotylidea [1]).

16. **Procotyla.** Corpus elongatum. Caput corpore continuum, subauriculatum, tentaculis nullis, acetabulo frontali, porrectili, pedicellato. Ocelli duo. Os ventrale in medio fere corporis situm, oesophago doliiformi. Apertura genitalis unica retro os. — Aquarum dulcium incolae.

Familia V. Bdelluridea.

17. **Bdellura.** Corpus elongatum convexiusculum, extremitate postica strictura discreta, dilatata, acetabulari. Caput corpore continuum, nec auriculatum, nec tentaculatum. Ocelli duo. Os ventrale retro medium corporis situm, oesophago cylindrico vel campanulato. Apertura genitalis . . . . Maricolae, ectoparasita.

** Caput tentaculis genuinis duobus.

Familia VI. Leimacopsidea.

18. **Leimacopsis.** Corpus elongato-lanceolatum. Caput corpore continuum antice truncatum, tentaculis genuinis duobus frontalibus. Ocelli numerosi. Os ventrale antrorsum situm. Apertura genitalis . . . Terrestria.

Familia VII. Galeocephalidea.

19. **Galeocephala.** Corpus oblongum. Caput corpore continuum, subbiauriculatum, tentaculis genuinis duobus. Ocelli duo. Os ventrale retro medium corporis situm, oesophago . . . Apertura genitalis unica retro os. Aquarum dulcium incolae.

Familia VIII. Procerodea.

20. **Procerodes.** Corpus depressum. Caput a corpore subdiscretum, exauriculatum, tentaculis genuinis duobus frontalibus. Ocelli duo. Os ventrale . . . , oesophago . . . Apertura genitalis unica . . . Maricolae.

[1]) Character generis unici simul familiae; quod de familiis omnibus subsequentibus, unicum solum genus continentibus, pariter valet.

SECTIO II. DIGONOPORA.

Aperturae genitales duae. Tentacula nulla, aut duo, pseudo-tentacula aut tentacula genuina. Maricolae.

* Tentacula nulla.

Familia IX. Typhloleptidea.

21. **Typhlolepta.** Corpus oblongum. Caput corpore continuum. Tentacula nulla. Ocelli nulli. Os ventrale in medio fere corporis, antrorsum v. retrorsum situm, oesophago cylindrico. Aperturae genitales retrorsum sitae. Maricolae.

Familia X. Acephaloleptidea.

22. **Diopis.** Corpus ovale. Caput corpore continuum. Tentacula nulla. Ocelli duo. Os ventrale in vel retro medium corporis, oesophago stellato-plicato. Aperturae genitales retrorsum sitae. Maricolae.

Familia XI. Cephaloleptidea.

23. **Cephalolepta.** Corpus planum dilatatum. Caput discretum. Tentacula nulla. Ocelli duo. Os ventrale in medio fere corporis, oesophago subcampanulato. Aperturae genitales ante os sitae. Aquarum subsalinarum incolae.

Familia XII. Leptoplanidea.

Corpus planum dila-tatum. Caput corpore continuum. Tentacula nulla. Ocelli numerosi in acervum unicum aut in acervos plures aggregati, interdum etiam ocelli marginales, capiti immediate aut papillae propriae impositi. Otolithi nulli rarissime quatuor. Os ventrale antrorsum, in medio fere corporis vel retrorsum situm, oesophago cylindrico aut multilobo. Aperturae genitales retro os sitae. Maricolae.

24. **Leptoplana.** Ocelli numerosi in acervum unicum aut in acervos plures aggregati interdum etiam ocelli marginales. Otholithi nulli, rarissime quatuor. Os antrorsum, in medio fere corporis v. retrorsum situm, oesophago cylindrico. Maricolae.

25. **Centrostomum.** Ocelli numerosi in acervos duos dispositi. Os in medio vel ante medium corporis, oesophago multilobo. Maricolae.

26. **Diplonchus.** Caput papilla occipitali bilobata. Ocelli partim papillae capitis impositi, partim ante papillam siti. Os ante corporis medium situm, oesophago . . . Maricolae.

Familia XIII. Nautiloplanidea. Corpus planum.

Caput corpore continuum vel discretum, pseudotentaculis frontalibus duobus. Ocelli nulli. Os ventrale antrorsum v. retro medium corporis, oesophago cylindrico aut multilobo. Aperturae genitales retro v. ante os sitae. Maricolae.

27. **Schmardea.** Caput corpore continuum. Os antrorsum situm, oesophago cylindrico. Aperturae genitales retro os. Maricolae.

28. **Nautiloplana.** Caput discretum. Os retro medium corporis, oesophago multilobo. Aperturae genitales ante os. Maricolae.

Familia XIV. Euryleptidea. Corpus planum laeve

v. papillosum. Caput a corpore plus minusve discretum, pseudotentaculis frontalibus duobus. Ocelli numerosi cervicales v. simul pseudotentaculis impositi. Os ventrale in medio fere corporis v. antrorsum situm, oesophago cylindrico. Aperturae genitales ante vel retro os sitae. Maricolae.

29. **Eurylepta.** Corpus laeve. Aperturae genitales ante os sitae (an in omnibus?). Maricolae.

30. **Proceros.** Corpus laeve. Aperturae genitales retro os sitae. Maricolae.

31. **Planeolis.** Corpus supra papillosum, papillis serie simplici in ellipsis formam dispositis. Maricolae.

32. **Thysanozoon.** Corpus supra undique papillosum Maricolae.

*** Tentacula duo genuina, dorsalia, cervicalia v. frontalia.

Familia XV. Planoceridea.

33. **Planocera.** Corpus planum dilatatum. Caput corpore continuum. Tentacula duo genuina dorsalia. Ocelli nulli. Os ventrale in medio corporis, oesophago tubaeformi limbo lobato. Aperturae genitales . . . . Maricolae.

Familia XVI. Stylochidea. Corpus planum saepius

crassiusculum, laeve vel supra tuberculosum. Tentacula genuina duo frontalia v. cervicalia. Ocelli numerosi varie dispositi. Os ventrale antrorsum v. in medio fere corporis, rarissime retrorsum situm, oesophago cylindrico vel multilobo. Aperturae genitales retro os sitae. Maricolae.

a. Corpus laeve.

34. **Prosthcceraeus.** Tentacula frontalia. Oesophagus cylindricus. Maricolae.

35. **Stylochus.** Tentacula cervicalia. Oesophagus cylindricus. Maricolae.

36. **Genneoceros.** Tentacula cervicalia. Oesophagus multilobus. Maricolae.

β. Corpus supra tuberculatum.

37. **Trachyplana.** Tentacula cervicalia. Maricolae.

SECTIO I. *MONOGONOPORA* STIMPSON.

Apertura genitalis unica. — Tentacula nulla aut duo genuina. — Aquarum incolae vel terrestria.

° Caput tentaculis genuinis nullis.

† Nec caput, nec corpus acetabulo instructum.

Familia I. Anocelidea. D. Corpus depressum vel sub-filiforme. Caput nec auriculatum, nec tentaculatum. Ocelli nulli. Os ventrale in medio fere corporis vel retrorsum situm, oesophago cylindrico v. campanulato. Apertura genitalis unica retro v. ante (?) os sita. — Aquarum dulcium Europae australis et Americae borealis incolae vel terrestria, imo terricolae in America meridionali.

I. ANOCELIS *STIMPSON.*

Planariae spec. Auctorum. — Typhloplanae spec. *Ehrenberg.*

Corpus depressum elongato-ovale. *Caput* corpore continuum, antice saepe truncatum. *Tentacula* nulla. *Ocelli* nulli. *Os* ventrale infra medium corporis situm, oesophago cylindrico. *Apertura genitalis* unica retro os. Aquarum dulcium zonae temperatae unius et alterius hemisphaerae incolae.

1. **Anocelis cocca** *STIMPSON.*

Typhloplana cocca *Ehrenberg:* Acaleph. d. roth. Meeres 67.
Planaria cocca *Dugés.* — *Diesing:* Syst. Helm. I. 280.
Anocelis cocca *Stimpson:* Prodromus I. 6.

Habitaculum. In rivulo semel offendit (Dugés).

2. **Anocelis fuliginosa** *STIMPSON.*

Corpus depressum ovale, supra convexiusculum, subtus planum, fuliginosum. Longit. 5‴, latit. 4‴.

Oesophagus cylindricus albus 1 lineam longus, ½ lineam latus.

Planaria (Typhlolepta?) fuliginosa *Leidy:* in Proceed. Acad. Philad. V.
225 eum deser.

Typhloplana? fuliginosa *R. Leuckart* in Troschel's Arch. 1854. II. 346.

Anocelis fuliginosa *Stimpson:* Prodr. I. 6. sine deser.

Habitaculum. In fluvio Rancocas prope Pemberton, Neu-
Jersey (Leidy).

Species inquirendae.

3. **Planaria flexuosa** *MÜLLER.* Dies. Syst. Helm. I. 280.

4. **Planaria ciliata** *GMELIN.* Dies. Syst. Helm. ibid.

5. **Planaria stagnalis** *GMELIN.* Dies. Syst. Helm. ibid.

6. **Planaria heteroclita** *FABRICIUS.* Dies. Syst. Helm. I. 281.

II. POLYCLADUS *BLANCHARD.*

Planariae spec. *Darwin.* — Geoplanae spec. *Schultze.*

Corpus depressum planum v. convexiusculum. *Caput* corpore
continuum. *Tentacula* nulla. *Ocelli* nulli. *Os* ventrale superum vel in
medio fere corporis, oesophago cylindrico. *Apertura genitalis* unica
ante os [1]). — Americae austro-occidentalis terrae et sylvarum humi-
darum incolae.

1. **Polycladus Gayi** *BLANCHARD.* Dies. Syst. Helm. I. 201. adde:
Stimpson: Prodr. I. 7.
Geoplana Gayi *M. Schultze:* in Hall. Abhandl. IV. (1856), 3.

2. **Polycladus maculatus** *DIESING.* Syst. Helm. I. 201. adde:
Stimpson: Prodr. I. 7.
Geoplana maculata *M. Schultze:* l. s. c. 30.

3. **Polycladus semilineatus** *DIESING.* Syst. Helm. I. 201. adde:
Stimpson: Prodr. I. 7.
Geoplana semilineata *M. Schultze:* l. s. c. 30.

4. **Polycladus Darwini** *DIESING.* Syst. Helm. I. 202. adde:
Polycladus elongatus *Stimpson:* Prodr. I. 7.
Geoplana elongata *M. Schultze:* l. s. c. 30.

5. **Polycladus andicola** *SCHMARDA.*

Corpus planum oblongum supra ex nigro brunnescens, subtus
lacte brunneum linea mediana coeruleo-alba. Longit. ad 1″ lat. ad 3‴.

Os circulare pharynge (oesophago) brevi cylindrico. Aperturae genitales
approximatae, supra medium corporis sitae. Penis brevis parum curvatus basi incrassatus. Motus tardus.

---

[1]) Character genericus non satis stabilitus: cl. Schultze animalculum a cl. Blanchard
inverse descriptum esse suspicatur; cl. Schmarda in specie P. andicola aperturas
genitales duas approximatas ante medium corporis sitas memorat, quod imo tribui
repugnaret.

Polycladus andicola *Schmarda:* Neue wirbellose Thiere I. 1, 15. Tab. II. 31 et 31².

Habitaculum. *Quito:* in hortis, ad Machangara ad pedem montis Pichincha: in arbustis sub arboribus prostratis et ad paginam inferiorem foliorum (Schmarda).

III. GEOBIA *DIESING*.

Geoplanae spec. *Fr. Müller* et *M. Schultze.*

Corpus subfiliforme. *Caput* corpore continuum antice rotundatum. *Tentacula* nulla. *Ocelli* nulli. *Os* ventrale retrorsum situm, oesophago campanulato. *Apertura genitalis* unica haud procul ab apice caudali. — Terricolae Americae meridionalis.

Tractus cibarii rami indivisi vel divisi.

1. Geobia subterranea *DIESING*.

Corpus longissimum filiforme retrorsum rotundatum, lacteum, tractu cibario roseo transparente. Longit. 2 — ultra 4″, latit. vix ³/₄‴.

Geoplana subterranea *Fr. Müller* et *M. Schultze:* in Hall. Abh. IV. 1856, 25.

Habitaculum. In terra limosa et arenosa in cuniculis Lumbrici corethruri, quem haud raro exsugit, in Brasilia (Fr. Müller).

Familia II. Planaridea *Stimpson* partim. Corpus depressum, rarissime subcylindricum. Caput biauriculatum v. exauriculatum, tentaculis nullis. Ocelli duo. Os ventrale in medio vel retro medium corporis situm, oesophago integro aut multipartito. Apertura genitalis unica retro os. — Aquarum dulcium vel maris hemisphaerae borealis incolae, rarius terrestria.

a. Oesophagus integer.

IV. PLANARIA *MÜLLER*.

Synon. generis adde: Goniocarena *Schmarda.* — Dugesia *Girard.*

Corpus depressum oblongum. *Caput* corpore continuum vel subdiscretum triangulare subauriculatum. *Tentacula* nulla. *Ocelli* duo *Os* ventrale, in medio fere corporis situm, oesophago cylindrico. *Apertura* genitalis unica retro os. — Aquarum dulcium zonae temperatae partis occidentalis et orientalis hemisphaerae borealis incolae.

1. (6) Planaria torva *MÜLLER*. Dies. Syst. Helm. I. 205. exclus. var. adde:

Thomson: in Ann. nat. hist. XVIII. (1846) 388. — *Stimpson:* Prodr. I. 5. — *Gerstfeldt:* in Mém. Soc. Etrang. Acad. St. Petersb. VIII. (1859) 262.

Habitaculo adde: In Hibernia (Thomson). Ad saxa Angarae prope Irkutzk, Martio et Aprili raro (Maack).

Synonymia hujus speciei respectu subsequentium trium inextricabilis.

2. Planaria Schultzei *DIESING*.

Corpus brunneum. *Caput* antice rotundatum. *Ocelli* in limite capitis. Longit. ½″. . . .

Characteribus anatomicis praesertim organi auxiliaris capitati a Pl. lugubri differt.

Planaria torva *M. Schultze* nec *Müller*: in Zeitschr. f. wissensch. Zool. IV. 1852, 187 de spermatophoris. — Idem in *V. Carus* Icones Zootom. Tab. VIII. 18, 19 (anatom.). — *O. Schmidt*: in Zeitschr. f. wissensch. Zool. XI. 1861, 92. Tab. X. 2, (animale.) 4 (anatom.).

Habitaculum. Prope Halam ad Saalam (Schultze)? — Berolini (O. Schmidt).

3. Planaria lugubris *O. SCHMIDT*.

Corpus gracile, opacum, nigrobrunneum. *Caput* obtuse triangulare, in adultis obtuse rotundatum, marginibus transparentibus. *Ocelli* in medio inter apicem anticam et latissimam capitis partem. Longit. 8‴.

Penis trilocularis, loculo primo s. basilari granula continente, secundo subhemisphaerico e fibris concentricis, tertio longissimo subconico e fibris longitudinalibus undulatis composito. Organum auxiliare nullum. *O. Schmidt.*

Planaria torva. *O. Schmidt*: in Sitzb. d. k. Akad. d. Wiss. XXXII. 269. — Idem: in Zeitschr. f. wissensch. Zool. X. 26—33 (et de organ. genital.). Tab. III. 5, 6.

Planaria lugubris *O. Schmidt*: in Zeitschr. f. wissensch. Zool. XI. (1861), 91. Tab. X. 1 (animale.).

Habitaculum. Sub saxis cum Gammaro et Ancylo prope Gratiam in Styria (O. Schmidt).

4. Planaria polychroa *O. SCHMIDT*.

Corpus brunneum haud raro nigrum, imo nigro-viride v. variegatum. *Caput* antice subacutum: *Ocelli* haud procul ab apice antica et immediate ante latissimam capitis partem. Longit. 7‴.

Characteribus anatomicis, praesertim organorum genitalium a speciebus reliquis diversa.

Planaria polychroa *O. Schmidt*: in Zeitschr. f. wissensch. Zool. XI. (1861), 93. Tab. X. 3, (animale.) 5, 6.

Habitaculum. In fossis pratorum ad Saalam prope Halam copiose autumno (O. Schmidt).

5. Planaria guttata *GERSTFELDT.*

Corpus foliaceum oblongum retrorsum attenuatum, marginibus haud crispatis, supra fuscum maculis albis vel flavescentibus 10 (interdum 8 aut 12) in duas series longitudinales dispositis notatum, subtus albidum. *Caput* obtusum. *Ocelli* maculis duabus albis marginibus anticis confluentibus impositi. Longit. 8''', latit. 1½''' et ultra.

Planaria guttata *Gerstfeldt:* in Mém Soc. Etrang. Acad. St. Petersb. VIII. 262.

Habitaculum. Ad saxa Angarae prope Irkutzk, Martio et Aprili haud raro (Maack).

6. Planaria fusca *DUGES* nec *GMELIN.*

Planaria fusca *Gmelin.* — *Diesing:* Syst. Helm. I. 204 partim.
Planaria fusca *Dugés* nec *Gmelin.* — *Stimpson:* Prodr. I. 5.
Planaria torva *Ehrenberg:* Acaleph. d. roth. Meeres 67.

Habitaculum. In aquis stagnantibus in Gallia (Dugés).

7. Planaria gonocephala. *DUGES.*

Penis bilocularis, loculo primo s. basilari in parte posteriore granula continente, parte sua anteriore in loculum secundum seu anteriorem intruso, loculo secundo pyriformi; loculis ambobus e fibris longitudinalibus compositis. *O. Schmidt.*
Planaria torva var. gonocephala *Dies.* Syst. Helm. I. 206.
Planaria gonocephala *Leydig?* in Müller's Arch. 1854, 288. Tab. XI. 4—6 (cum descript. et anatom.). — Idem: Vergleichende Histologie 331.
Planaria gonocephala *Dugés.* — *Ehrenb.*: Acaleph. d. rothen Meeres 66.— *Stimpson:* Prodr. I. 5. — *O. Schmidt:* in Sitzungsb. d. kais. Akad. XXXII. (1858), 268. — Idem: in Zeitschr. f. wissensch. Zool. X. 27 (et de organ. genital.). Tab. 4. 5 (6?).
Goniocarena gonocephala *Schmarda:* Neue wirbell. Th. I. 1, 14.

Habitaculo adde: Genuae in aqua dulci frequenter (Leydig) (adhuc dubium an revera ad hanc speciem, teste cl. Schmidt) sub saxis rivulorum rapide fluentium prope Gratiam (O. Schmidt).

8. Planaria gonocephaloides *STIMPSON.*

Corpus elongatum gracile retrorsum attenuatum. *Caput* subdiscretum.

Areolae transparentes ocellos includentes in Pl. gonocephala *Dugés* circulares, oblongae ex *Girard.*
Dugesia gonocephaloides *Girard:* in Proceed. Bost. Soc. Nat. Hist. III. 265. — Nordamer. Monatsb. II. 2.
Planaria gonocephaloides *Stimpson:* Prodr. I. 5.

Habitaculum. In rivulis, vulgaris in Massachusetts et New Jersey (Girard).

> Cl. *Girard* duo ocellorum paria memorat; quod characteri generico Planariae repugnat.

9. Planaria Foremanii *STIMPSON*.

> Dugesia Foremanii *Girard:* Proceed. Bost. Soc. Nat. Hist. IV. 211.
> Planaria Foremanii *Stimpson:* Prodr. I. 5.

Habitaculum. In aquis dulcibus Americae septentrionalis (Girard).

10. (5.) Planaria maculata *LEIDY*. — *Diesing:* Syst. Helm. I. 205 adde:

> *Leidy:* in Proceed. Acad. Philad. III. 251, V. 225 et 289. — *Stimpson:* Prodr. I. 5.
> Dugesia maculata *Girard:* in Keller's und Tiedemann's Nordamer. Monatsb. II. 1851, 23.
> Var. *α.* Brunnescens indistincte maculata. Longit. 8'''.
> Var. *β.* Maculis griseis indistinctis, intestino nigrescente, brunnescente vel viridescente, frequenter stria pallidiore dorsali. Longit. 6'''. *Leidy* l. c.

11. Planaria sagitta *O. SCHMIDT*.

Corpus elongatum retrorsum attenuatum, brunnescens.

Caput sagittaeforme. Longit. ultra 7'''.

> Planaria sagitta *O. Schmidt:* in Zeitschr. f. wissensch. Zool. XI. (1860), 15 et 31. Tab. II. 6, 7, 8 (structura organorum digestionis et reproduct.).

Habitaculum. Sub saxis fontium Corcyrae et Cephaloniae abunde (O. Schmidt).

12. Planaria badia *STIMPSON*.

Corpus oblongum convexiusculum, postice acutum, supra badium ad caput pallidius, macula stomachali oblonga pellucidula postmediali.

Caput acute triangulare auriculis mediocribus. *Ocelli* auriculis oppositi; pigmento substellato ad latus internum globuli sat magni. Longit. ad 5'''; latit. 1½'''.

> Planaria badia *Stimpson:* Prodr. I. 5 et 12.

Habitaculum. In fossis insulae Loo Choo (Stimpson).

13. Planaria cinerea *STIMPSON*.

Corpus oblongum convexiusculum, retrorsum attenuatum, supra cinereum fascia mediana subpinnata obscuriore. *Caput* triangulare

in medio paullo productum, auriculis mediocribus. *Ocelli* auriculis
oppositi; pigmento ovali ad latus internum globuli mediocris. Longit.
ad 5''', latit. 1 3/4'''.

Planaria cinerea *Stimpson:* Prodr. I. 5 et 12.

Habitaculum. In fossis insulae „Ousima" Japoniae australis
(Stimpson).

14. Planaria Sinensis *STIMPSON.*

Corpus oblongum postice acutum, supra colore variabile, nigrum,
fuscum vel fulvum, marginibus hyalinis, macula hyalina stomachali
mediana. *Caput* obtuse triangulare in medio valde productum. *Ocellorum* pigmentum rotundatum in globulo vitreo ovali, lateri interno
approximatum. Longit. 1/2", lat. ad 2'''.

Planaria sinensis *Stimpson:* Prodr. I. 5 et 12.

Habitaculum. In rivulis insulae Sinensis Hong-Kong
(Stimpson).

15. Planaria truncata *LEIDY.*

Corpus plano-depressum sublineare, antice truncatum postice
rotundatum, nigro-albidum linea longitudinali dorsali nigra. *Ocelli*
reniformes. Longit. 3—5''', lat. 1/2—3/4'''.

Planaria truncata *Leidy:* in Proceed. Acad. Philad. V. 225. — *Stimpson:*
Prodr. I. 5.

Habitaculum. In rivulo prope Newark, Delaware (Leidy).

16. Planaria olivacea *O. SCHMIDT* [1]).

Corpus elongatum retrorsum valde attenuatum, supra olivaceum. *Caput* corpore continuum rotundatum. *Ocelli* circulares haud
procul a margine anteriore. Longit. ultra 1/2".

Planaria olivacea *O. Schmidt:* in Zeitschr. f. wissensch. Zool. XI. (1860),
15, 30 et 31. Tab. II. 3, 45 (et de organis digestionis et reproduct.).

Habitaculum. In fossa prope El Canon Corcyrae abunde
(O. Schmidt).

De specie hac et praecedente confer notam ad calcem generis Foviae.
Genus 5. et 6. a praecedente characteribus essentialibus nullis sed solummodo structura organorum genitalium et habitaculo, 7. nonnisi ultimo
diversum.

---

[1]) Species 15. et 16.: a forma principali capite et auriculorum absentia differre
videntur.

V.? HAGA *O. SCHMIDT.*

Corpus planiusculum elongatum. *Caput* corpore continuum, nec auriculatum, nec tentaculatum. *Ocelli* duo. *Os* ventrale retrorsum situm, oesophago cylindrico. *Apertura* genitalis unica retro os. Maricolae.

Notitiae anatomicae: Oesophagus in cavo proprio parietibus distinctis. Tractus intestinalis obsolete ramosus. Penis retortaeformis inermis. Vesicula seminalis intra penem nulla; ductus spermaticus duplex. Oviductus duo, utero ad vaginae basin inserti. Bursa seminalis propria pedicellata, vaginae uteri inserta.

1. Haga plebeja *O. SCHMIDT.*

Corpus planiusculum antrorsum parum attenuatum, griseum vel griseo-viride. Ocelli parvi distantes. Longit. 2′″.

Haga plebeia *O. Schmidt:* in Zeitschr. f. wissensch. Zool. XI. (1860), 19 et 31. Tab. III. 6, 7 (cum anatom.).

Habitaculum. Sub saxis in aqua marina et subsalsa in sinu Argostoli Corcyrae, vere frequenter (O. Schmidt).

VI? CERCYRA *O. SCHMIDT.*

Corpus depressum elongatum. *Caput* corpore continuum, auriculis subnullis. *Tentacula* nulla. *Ocelli* duo. *Os* ventrale retro medium corporis situm, oesophago cylindrico. *Apertura* genitalis unica retro os sita. — Maricolae.

Notitiae anatomicae: Systema vasorum aquiferorum distinctissimum birame, ramis arbusculiformibus, poro excretorio haud procul ab apice caudali. Intestini ramificationes distinctissimae, ramulis duobus posticis trabeculis transversalibus junctis. Vasa seminalia infra oesophagum coalita. Penis retortaeformis apiculo corneo hastato terminali ante aperturam genitalem. Ductus spermaticus simplex. Ovaria ante basin oesophagi sita; uterus bursaeformis retro aperturam genitalem.

1. Cercyra hastata *O. SCHMIDT.*

Corpus planum elongatum antrorsum attenuatum antice rotundatum, nunc decolor, nunc partim flavidum, cinereo-viride vel virescens. Longit. 3′″.

Corcyra hastata *O. Schmidt:* in Zeitschr. f. wissensch. Zool. XI. 17—19 et 31 (cum anatom.). Tab. III. 1—5.

Habitaculum. Ad littus Corcyrae, vere (O. Schmidt).

VII.? FOVIA *GIRARD.*

Planariae spec. Auct. et Vorticis species *Girard.*

Corpus depressum elongatum. *Caput* corpore continuum antice subtruncatum, fronte saepius in medio producta vel acuta, nec auri-

culatum, nec tentaculatum. *Ocelli* duo. Os..... oesophago.....[1]).
Apertura genitalis unica retro os. Maricolae.

> *Notitia anatomica.* Tractus cibarius ramis indivisis.
>
> Fortasse species 15. et 16. generis Planariae huc referendae.

1. Fovia Warrenii *GIRARD.*

> Vortex Warrenii *Girard:* Proceed. Bost. Soc. Nat. Hist. III. 264.
> Fovia Warrenii *Girard:* ibid. IV. (1852), 211. — *Keller* et *Tiedemann.*
> Nordam. Monatsb. II. 4. — *Stimpson:* Prodr. I. 6.

Habitaculum. Ad portum Bostoniae raro (Girard).

2. Fovia littoralis *STIMPSON.*

> Planaria littoralis *Müller:* Prodr. Zool. Dan. 2691. — *Oersted:* Entw.
> einer syst. Einth. d. Plattw. Tab. I. 6. — *Van Beneden:* Faun. litt.
> de Belgique 1860. 42. Tab. VII. 11—13.
> Planaria Ulvae *Oerst.* — *Dies.:* Syst. Helm. I. 205 partim.
> Fovia littoralis *Stimpson:* Prodr. I. 6.

Habitaculum. Ad littora Daniae (O. F. Müller). Ad Fucum vesiculosum et Ulvam intestinalem ad littora Belgiae (Beneden).

3. Fovia affinis *STIMPSON.*

> Planaria affinis *Oerst.* — *Dies.* Syst. Helm. I. 206.
> Fovia affinis *Stimpson:* Prodr. I. 6.

Habitaculum. Inter lapides prope littus Kallebadstrand in Dania (Oersted).

4. Fovia graciliceps *STIMPSON.*

Corpus gracile antrorsum dilatatum, post medium dilatatum convexiusculum, postice apiculatum, supra griseum. *Caput* valde elongatum gracile, fronte acute triangulari cervice vix latiore. *Ocelli* approximati ad quintam anteriorem corporis partem siti, pigmento reniformi. Longit. ultra 2‴. latit. $\frac{1}{2}‴$.

> Fovia graciliceps *Stimpson:* Prodr. I. 6 et 12.

Habitaculum. In portu Hong-Kong; littoralis, in locis arenoso-limosis (Stimpson).

5. Fovia trilobata *STIMPSON.*

Corpus oblongum, depressum antrorsum subangustatum, retrorsum rotundatum, supra rubrum fascia mediana pallidiore et linea transversa nigricante pone ocellos, subtus album. *Ocelli*, octava

---

[1] In specimine diarii citati bibliothecae Academiae Caes. Vindobonensis pagina characterem genericum Foviae continens desideratur.

corporis parte ab apice remoti, pigmento semicirculari ad latus internum globulorum ovalium. Longit. ultra 2''', latit. ultra 1/2'''.

Fovia trilobata *Stimpson*: Prodr. I. 6 et 12.

Habitaculum. In sinu Avatscha Kamtschatkae, littoralis, inter lapides (Stimpson).

VIII. RHYNCHODEMUS *LEIDY*.

Planariae spec. Auctor., Geoplanae spec. *Schultze*.

Corpus subcylindricum vel depressum. *Caput* corpore continuum proboscidiforme reflexile. *Tentacula* nulla. *Ocelli* duo. *Os* ventrale infra medium corporis situm, oesophago doliiformi. *Apertura* genitalis unica retro os. — Terrestres; zonae temperatae Europae et Americae, tam borealis quam meridionalis, incolae.

1. Rhynchodemus terrestris *LEIDY*.

Fasciola terrestris *Müller*: Vermes terrestr. et fluviat. hist. I. 2. 68.
Planaria terrestris *Gmelin*: Hist. nat. 3092. — *Dies.*: Syst. Helm. I. 206.
Planaria terrestris *Dugès*: in Annal. des sc. nat. XXI. 82. Tab. II. 18. —
   Ehrenberg: Acaleph. d. rothen Meeres 67. — *Oersted*: in Kroyer's
   Naturhist. Tidssk. IV. 552 in nota; ej. Entw. einer syst. Einth.
   der Plattw. 55 in nota. — *Schmarda*: Neue wirbell. Th. I. 1. XIII.
   Rhynchodemus? terrestris *Leidy*: in Proceed. Acad. Philad. V. (1851),
   289. — *Stimpson*: Prodr. I. 7.
Geoplana terrestris *M. Schultze*: in Hall. Abhandl. IV. (1856), 22 et 32.

Habitaculo adde: Sub lapidibus prope Gryphiam raro (Freder. Müller).

2. Rhynchodemus sylvaticus *LEIDY*.

Corpus elongatum crassiusculum antrorsum sublineare, retrorsum dilatatum, postice acutum, supra convexiusculum, griseum striis longitudinalibus duabus fuliginosis et macula fuliginosa transversali mediana, subtus planum albidum. *Caput* brunneum. *Ocelli* prominuli circulares capiti impositi. Longit. 2—7''', lat. capitis 1/8''', corp. 1/4'''.

Planaria sylvatica *Leidy*: in Proceed. Acad. Philad. V. 1851, 241.
Rhynchodemus sylvaticus *Leidy*: ibid. 289 et 1858, 171. — *Stimpson*:
   Prodr. I. 7.
Geoplana sylvatica *M. Schultze*: in Hall. Abhandl. IV. (1856), 32.

Habitaculum. In hortis et sylvis sub lapidibus et lignis putridis nec non corticibus, in America septentrionali (Leidy).

Limacis more incedit, mucum copiosum excernens. — Animalcula noctivaga, insectivora.

2 *

3. Rhynchodemus Taunayi *DIESING.*

Corpus elongatum, antrorsum attenuatum, postice acuminatum, supra et retrorsum convexiusculum, subtus planum nigrum nitidum parte postica dorsali pallidiore. *Caput* resupinatum. *Ocelli* duo marginales haud procul a margine anteriore. Longit. ad 4″, latit. med. 4‴, antrors. 1‴.

> Ver terrestre du Brésil *Ferussac:* in Annal. generales des sciences physiques VIII. (1821), 90—92. Tab. CXVI. 2 et 3.

Habitaculum. In sylvis sub lapidibus et rarius ad truncos arborum in Brasilia (Taunay).

IX. DENDROCOELUM *OERSTED* et *STIMPSON.* Char. aucto.

Planariae spec. *Auctor.*

Corpus depressum oblongum. *Caput* corpore continuum, antice bisinuatum, biauriculatum, auriculis tentaculiformibus. *Tentacula* nulla. *Ocelli* duo. *Os* ventrale in medio fere corporis situm, oesophago cylindrico. *Apertura* genitalis unica retro os. — Aquarum dulcium incolae, interdum simul maricolae.

> Tractus cibarius ramis arbusculiformibus *Oersted.* — Cl. O. *Schmidt* characterem essentialem, quo genus a Planaria differt, in pene vaginato quaerit.

1. Dendrocoelum lacteum *OERSTED.*

> *Notitiae anatomicae:* Penis retortaeformis, flagello longo protractili in vagina subcylindrica antice coarctata musculosa. Ductus spermatici duo filiformes. Organon retortaeforme incertae functionis. Uterus observatus O. *Schmidt.*

> Planaria lactea *Müller.* -- *Ehrenberg:* Acaleph. d. roth. Meeres 65 et 67. *Thompson:* in Ann. nat. hist. XVIII. (1846), 388. — *Dies.:* System. Helm. II. 203. — *Schultze:* Turbellar. I. Abth. 74. Tab. I. 21—22 (anatom.). — *Dalyell:* Powers of the Creator 107—109. Tab. XVI. 5—9. XV. 4—6.

> Dendrocoelum lacteum *Oersted.* — *Stimpson:* Prodr. I. 5. — O. *Schmidt:* in Zeitschr. f. wissensch. Zool. XI. (1861), 13 et 28—30. Tab. IV. 10—12 (de organ. genital. et notit. morpholog.).

Habitaculo adde: In mare baltico in sinu Kjögebugt et in mare prope Hafniam (Oersted); in Hibernia (Thompson); prope Jenam copiose (Gegenbaur et O. Schmidt).

2. Dendrocoelum Augarense *GERSTFELDT.*

Corpus planum oblongum, retrorsum attenuatum, marginibus crispatis, coriaceum, supra brunneum, interdum dense nigro-punctatum, subtus albidum v. flavidum. *Caput* rotundatum subrufum, vitta collari nigra cinctum. *Ocelli* indistincti. Longit. ad 1″, latit. 4‴.

Planaria (Dendrocoelum) angarensis *Gerstfeldt:* in Mém. Soc. Etrang. Acad. St. Petersb. VIII. (1859), 261—262.

Habitaculum. Ad saxa Angarae prope Irkutzk, Martio et Aprili frequenter (Maack).

3. Dendrocoelum vitta STIMPSON.

Planaria Vitta *Dugès.* — *Ehrenberg:* Acaleph. d. roth. Meeres 67.
Planaria lactea var. *a* vittata *Diesing:* Syst. Helm. I. 204.
Dendrocoelum vitta *Stimpson:* Prodr. I. 204.

Habitaculum. Monspelii in rivulis rapide fluentibus (Dugès).

4. Dendrocoelum Nausicaae O. SCHMIDT.

Corpus planum elongatum, retrorsum attenuatum, lacteum, tractus cibarii ramificationibus transparentibus cinereo-nigris, coerulescentibus vel flavidis. *Ocelli* haud procul a margine anteriore siti. Longit. 9‴.

Notitiae anatomicae: Penis truncato-conicus, basi interdum echinatus, retractus in vagina passim constricta pene fere triplo longiore valde musculosa reconditus. Ductus spermatici duo ad basin et medio, in vesiculas inflati. Organon retortaeforme incertae functionis apice curvatum valde musculosum, apertura non procul ab apertura genitali. Uterus haud observatus.

Dendrocoelum Nausicaae *O. Schmidt:* in Zeitschr. f. wissensch. Zool. XI. 1860, 13 et 31. Tab. II. 1 et 2 (descr. et anatom.).

Habitaculum. In fontibus Corcyrae et Cephaloniae (O. Schmidt).

5. Dendrocoelum fuscum STIMPSON.

Fasciola fusca Pallas Spicil. Zool. fasc. X. 21, 22. Tab. I. 13 a. b. — *Templeton:* in Magaz. of nat. hist. IX. 239.
Planaria fusca *Gmelin:* Syst. nat. 3090. — *Lamarck:* Anim. s. vertebr. III. 179. — *Diesing:* Syst. Helm. I. 204 (partim).
Planaria Arethusa *Dalyell:* Observ. on Planariae 85—114. Fig. 11—14. Idem: Powers of the Creator II. 111—115. Tab. XVI. 10—19. (?)
Planaria subtentaculata *Dug.* v. Pl. Ulvae *Oersted?* — *Leuckart:* in Troschel's Arch. 1859. II. 183.
Dendrocoelum fuscum *Stimpson* Prodr. I. 5.

Habitaculum. In aquis stagnantibus herbosis (Pallas); in Anglia (Templeton).

Genus 10. a praecedente characteribus essentialibus nullis, solummodo forma capitis, structura organorum genitalium et habitaculo diversum.

X? GUNDA *O. SCHMIDT.*

Corpus depressum elongatum. *Caput* corpore continuum antice sinuatum, biauriculatum. *Tentacula* nulla. *Ocelli* duo. *Os* ventrale retro medium corporis situm, oesophago cylindrico. *Apertura* genitalis unica retro os. — Maricolae.

Notitiae anatomicae: Ganglion cerebrale irregulariter lobatum. Systema vasorum aquiferorum distinctum. Penis retortaeformis inermis haud vaginatus ante aperturam genitalem. Vesiculae seminales utrinque 16—18. Ductus spermaticus duplex. Uterus (simul receptaculum seminis) subglobosus, oviductus coalitos excipiens.

1. Gunda lobata *O. SCHMIDT.*

Corpus planum transparens lacteum v. flavidum. *Caput* auriculis magnis. Longit. $3\frac{1}{2}'''$.

Gunda lobata *O. Schmidt:* in Zeitschr. f. wissensch. Zool. XI. (1860), 16 et 31 (descr. et anatom.). Tab. II. 9, 10.

Habitaculum. Sub saxis ad oras portus prope El Canon in Corcyra raro (O. Schmidt).

5. Oesophagus multipartitus.

XI. PHAGOCATA *LEIDY.*

Planaria *Auctor.*

Corpus plano - convexum oblongum. *Caput* corpore continuum subbiauriculatum. *Tentacula* nulla. *Ocelli* duo. *Os* ventrale retro medium corporis situm, oesophago multipartito. *Apertura* genitalis unica retro os. Aquarum dulcium Americae septentrionalis temperatae incolae.

1. Phagocata gracilis *LEIDY.* — *Dies.* Syst. Helm. I. 207 adde:

Corpus lineari-oblongum, postice angustatum, cinereo-nigrum. *Caput* truncatum. Longit. ad $9'''$, latit. $1'''$.

Planaria gracilis *Haldemann:* Suppl. to Nr. 1. of a monograph. of the Limniades 3. — *Girard:* in Proc. Bost. Soc. nat. hist. III. 264 et 364.

Phagocata gracilis *Leidy:* in Proceed. Acad. Phil. III. (1847), 248—251 (cum anatom.). — *Diesing:* Syst. Helm. I. 207. — *Girard:* in Nordamerik. Monatsb. II. 1. — *Stimpson:* Prodr. I. 5.

Habitaculum. In fontibus Pensylvaniae (Haldemann et Leidy); vulgaris prope Cambridge in stagnis et rivulis (Girard).

Species inquirenda.

2. Phagocata tigrina.

Corpus obscure brunnescens maculis albis magnis et nigris minoribus crebrioribus.

Planaria tigrina *Girard:* in Proceed. Bost. Soc. nat. hist. III. (1851), 264.

Habitaculum. In republica New Jersey (Girard).

Familia III. Polycelidea *Dies.* Corpus depressur pede ventrali nullo aut uno. Caput corpore continuum vel discretum, biauriculatum v. exauriculatum, tentaculis nullis. Ocelli 6 v. numerosi. Os ventrale ante v. retro medium corporis situm, oesophago cylindrico v. campanulato, limbo integro vel sinuato-lobato. Apertura genitalis unica retro os sita. Aquarum dulcium incolae vel terrestria hemisphaerae utriusque incolae.

Phalanx I. Polycelidea apoda.

Subfamilia I. Oligocelidea. Ocelli 6. Oesophagus cylindricus. Aquarum dulcium incolae.

XII. OLIGOCELIS STIMPSON.

Dendrocoeli sp. Girard.

Corpus depressum oblongum, pede ventrali nullo. *Caput* corpore continuum biauriculatum. *Tentacula* nulla. *Ocelli* 6 in acervos duos parallelos subterminales dispositi. *Os* ventrale retro medium corporis situm, oesophago... *Apertura* genitalis unica retro os. — Aquarum dulcium Americae septentrionalis temperatae incolae.

Tractus cibarius ramis arbusculiformibus.

1. Oligocelis pulcherrima *STIMPSON.*

Dendrocoelum pulcherrimum *Girard:* in Proceed. Bost. Soc. nat. hist. III. 265. — Nordam. Monatsb. II. 2.

Oligocelis pulcherrima *Stimpson:* Prodr. I. 6.

Habitaculum. In aquis dulcibus Reipublicae New Jersey (Girard).

Dendrocoelo lacteo similis (Girard). — Confer etiam notam generi Foviae adjectam.

Subfamilia II. Eupolycelidea. Ocelli numerosi. Oesophagus cylindricus. Aquarum dulcium incolae.

XIII. POLYCELIS *HEMPRICH* et *EHRENBERG*.

Fasciola et Planaria *Müller.* — Hirudo *Kirby.* — Goniocarenae spec. *Schmarda.*

Corpus planum dilatatum oblongum, pede ventrali nullo. *Caput* corpore continuum, nec auriculatum, nec tentaculatum. *Ocelli* numerosi marginales. *Os* ventrale infra medium corporis situm, oesophago cylindrico. *Apertura* genitalis unica retrorsum sita. Aquarum dulcium Europae temperatae incolae.

1. **Polycelis nigra** *HEMPRICH* et *EHRENBERG*. — *Dies.* Syst. Helm. I. 191 adde:

   Penis subglobosus antice uncinulorum coronula multiplici *O. Schmidt.*
   Planaria nigra *Thompson:* in Ann. of nat. hist. XVIII. (1846), 388.
   Polycelis nigra *Ehrenberg:* Acaleph. d. roth. Meeres 67. — *Stimpson:*
   Prodr. I. 6. — *O. Schmidt:* in Zeitschr. f. wissensch. Zool. X. 26–33
   (et de organ. genital.). Tab. III. 4. IV. 1, 2, 3.

   Habitaculo adde: In Hibernia (Thompson); in stagnis et rivulis tarde fluentibus prope Gratiam in Styria (O. Schmidt).

2. **Polycelis brunnea** *STIMPSON*.

   Polycelis nigra var. *a.* brunnea. — *Diesing:* Syst. Helm. I. 192.
   Polycelis brunnea *Stimpson:* Prodr. I. 6.
   An hujus generis?

3. **Polycelis viganensis** *EHRENBERG*.

   Acaleph. des rothen Meeres 67. — *Stimpson:* Prodr. I. 6.
   Polycelis nigra var. *β.* viganensis. — *Diesing:* Syst. Helm. I. 192.
   Goniocarena viganensis *Schmarda:* Neue wirbell. Th. I. 1. 14.
   Planaria viganensis *O. Schmidt:* in Sitzungsb. der kais. Akad. XXXII.
   (1858), 268.

   Habitaculo adde: In Thuringia (Schultze); in rivulis subalpinis in Styria (O. Schmidt).

4. **Polycelis cornuta** *O. SCHMIDT*.

   Corpus supra convexiusculum retrorsum acutatum decolor vel nigrescens. *Caput* antice rotundatum, lobis cephalicis tentaculiformibus duobus. *Ocelli* 70—80 marginales paralleli et in margine anteriore seriati. Longit. 6—7′′′.

   Notitiae anatomicae: Penis obovatus infra juncturam vasorum deferentium excavatus, in parte sua basilari granula agglomerata continens.
   Polycelis cornuta *O. Schmidt:* in Zeitschr. f. wissensch. Zool. X. 25—33
   (descr. et de syst. nerv., organis genital. et organo ignotae functionis). Tab. III. 1, 2. III. 3.

Habitaculum. Sub saxis, in rivis limpidis frigidis prope Gratiam in Styria (O. Schmidt); prope Reinhardtsbrunn in Thuringia (M. Schultze).

Lobi cephalici tentaculiformes speciem hanc et praecedentem e genere Polycelide excludere videntur.

Phalanx II. Polycelidea gasteropoda.

Subfamilia III. Geoplanidea. Ocelli numerosi. *Pes* ventralis. Oesophagus campanulatus limbo integro v. sinuato-lobato. Terrestria.

XIV. GEOPLANA *STIMPSON*[1]).

Planariae spec. *Darwin.* — Polycelidis spec. *Diesing.*

Corpus depressum vel depressiusculum gracile, dilatatum vel lineare, pede ventrali sat distincto. *Caput* corpore continuum antrorsum attenuatum, nec auriculatum, nec tentaculatum. *Ocelli* numerosi. *Os* ventrale infra medium corporis situm, oesophago campanulato. *Apertura* genitalis unica retro os. Terrestres noctivagae. Americae tropicae, insulae Loo Choo et Tasmanniae incolae.

Ocelli marginales v. in acervos submarginales in capite dispositi. — Oesophagus protractilis limbo saepius sinuoso.

1. Geoplana pallida *STIMPSON.*

Polycelis pallida *Diesing.* — Syst. Helm. 1. 194.

Geoplana pallida *Stimpson:* Prodr. 1. 7. — *M. Schultze:* in Hall. Abhandl. IV. (1856), 30.

Habitaculum. In collibus circa Valparaiso sub lapidibus Julio (Darwin).

2. Geoplana rufiventris *FR. MÜLLER* et *M. SCHULTZE.*

Corpus gracile depressiusculum, retrorsum attenuatum, supra obscure brunneum subtus lateritium. *Caput* attenuatum. *Ocelli* in series plures dispositi, retrorsum nulli. Longit. aliquot pollicum, latit. aliquot linearum.

Geoplana rufiventris *Fr. Müller* et *M. Schultze:* in Hall. Abhandl. IV. 24.

Habitaculum. Ad ligna in Brasilia (Fr. Müller).

3. Geoplana pulchella *FR. MÜLLER* et *M. SCHULTZE.*

Corpus gracile depressiusculum, supra in anteriore triente brunneo lateritium, maculis ovalibus albidis, subtus griseum fascia albida

---

[1] Genus hoc a cl. Stimpson in Pennsylvania cum charactere generico adjecto stabilitum eodem fere tempore a cl. Schultze in Germania sed sine charactere generico essentiali uno eodemque nomine expositum.

mediana. *Caput* parum attenuatum. *Ocelli* antrorsum conferti marginem anticum cingentes. Longit. circa 1″, latit. ultra 1‴.

> Geoplana pulchella *Fr. Müller* et *M. Schultze:* in Hall. Abhandl. IV. 25.

Habitaculum. In Brasilia semel reperit (Fr. Müller).

4. Geoplana nigrofusca *STIMPSON*.

> Polycelis nigrofusca *Diesing.* — Syst. Helm. I. 193.
> Geoplana nigrofusca *Stimpson:* Prodr. I. 7. — *M. Schultze:* in Hall. Abhandl. IV. 29.

Habitaculum. Sub lignis putridis prope Maldonado in republica Uruguai, Majo (Darwin).

5. Geoplana elegans *FR. MÜLLER* et *M. SCHULTZE*.

> Polycelis elegans *Diesing.* - - Syst. Helm. I. 193.
> Geoplana elegans *Fr. Müller* et *M. Schultze:* in Hall. Abhandl. IV. 29.

Habitaculum. Sub cortice arboris caesae in sylva prope Rio-Janeiro, Junio (Darwin).

6. Geoplana lapidicola *STIMPSON*.

Corpus elongatum subconvexum, retro medium parum dilatatum marginibus fere parallelis, postice rotundatum, supra griseum fascia mediana fulva, marginibus pallidis. *Caput* antice rotundatum. *Ocelli* haud numerosi in marginibus capitis sparsi, majores utrinque 3—4 ad marginem frontalem. Longit. 1″ 3‴, latit. 1½‴.

> Geoplana lapidicola *Stimpson:* Prodr. I. 7 et 12.

Habitaculum. Sub lapillis in sylvis insulae Loo Choo (Stimpson).

7. Geoplana bilinearis *STIMPSON*.

> Polycelis bilinearis *Diesing.*   Syst. Helm. I. 194.
> Geoplana bilinearis *Stimpson:* Prodr. I. 6. — *M. Schultze:* in Hall. Abhandl. IV. 29.

Habitaculum. Sub lapidibus prope Monte Video et Maldonado, Junio et Augusto (Darwin).

8. Geoplana pulla *STIMPSON*.

> Polycelis pulla *Diesing.* — Syst. Helm. I. 192.
> Geoplana pulla *Stimpson:* Prodr. I. 6. — *M. Schultze:* in Hall. Abhandl. IV. 29.

Habitaculum. Sub lapidicus prope Monte Video et Maldonado, Junio et Augusto (Darwin).

9. Geoplana tasmanica STIMPSON.

Polycelis tasmanica *Diesing*. — Syst. Helm. I. 193.
Geoplana tasmanica *Stimpson*: Prodr. I. 7. — *M. Schultze*: in Hall. Abhandl. IV. 31.

Habitaculum. Sub arboribus caesis, in Tasmaniae sylvis, Februario frequens (Darwin).

10. Geoplana vaginuloides STIMPSON.

Polycelis vaginuloides *Diesing*. — Syst. Helm. I. 192.
Geoplana vaginuloides *Stimpson*: Prodr. I. 6. — *M. Schultze*: in Hall. Abhandl. IV. 28.
? Geoplana elegans *Müller*: in litt. — *M. Schultze*: ibid. 31.

Habitaculum. Sub arboris caesae cortice in sylva prope Rio Janeiro, Junio (Darwin).

11. Geoplana Mülleri DIESING.

Corpus gracile depressiusculum, retro medium parum dilatatum, supra flavum fascia longitudinali mediana nigra latiore, utrinque stria ongitudinali aurantia angustiore, subtus pallide flavum, unicolor. *Caput* parum attenuatum. *Ocelli* minimi, antrorsum vittam latam dein angustatam formantes, retrorsum in seriem simplicem dispositi. Longit. $2\frac{1}{2}''$, latit. $1'''$.

Geoplana elegans *Fr. Müller* et *M. Schultze* (nec Planaria eleg. *Darwin*): in Hall. Abhandl. IV. 23.

Habitaculum. In locis humidis, semel reperta in Brasilia (Fr. Müller).

12. Geoplana marginata FR. MÜLLER et M. SCHULTZE.

Corpus gracile depressiusculum, retrorsum attenuatum, supra nigrobrunneum, nitidum, striis angustis longitudinalibus aureo-flavis in medio dorsi, marginibus striis latioribus flavis, subtus nigrobrunneum, nitidum, unicolor. *Caput* attenuatum. *Ocelli* antrorsum conferti, retrorsum utrinque in seriem simplicem dispositi. Longit. 3--$4''$, latit. aliquot lineas.

Geoplana marginata *Fr. Müller* et *M. Schultze*: in Hall. Abhandl. IV. 24.

Habitaculum. Domi lecta in Brasilia (Fr. Müller).

13. Geoplana olivacea FR. MÜLLER et M. SCHULTZE.

Corpus gracile depressiusculum, supra viridi brunneum, fascia longitudinali obscure brunnea pallide marginata, subtus flavido-griscum. *Ocelli* marginales antrorsum conferti, retrorsum solitarii. Longit. . .

> Geoplana olivacea *Fr. Müller* et *M. Schultze:* in Hall. Abhandl. IV. 24.

Habitaculum. In Brasilia haud raro (Fr. Müller).

14. Geoplana Schultzei *DIESING*.

Corpus gracile depressiusculum, retro medium parum dilatatum, flavido-album, stria dorsali longitudinali angusta nigrescente. *Caput* parum attenuatum. *Ocelli*. . . Longit. . .

> Geoplana pallida *Fr. Müller* et *M. Schultze* (nec Planaria pallida *Darwin*): in Hall. Abhandl. IV. 24.

Habitaculum. In locis humidis in Brasilia (Fr. Müller).

15. Geoplana Burmeisteri *M. SCHULTZE*.

Corpus depressum, retro medium dilatatum, retrorsum attenuatum, postice acuminatum, supra umbrinum albopunctatum, tota longitudine stria $\frac{1}{2}'''$ lata longitudinali clare brunnea antrorsum nigrescente marginata, medio obsoleta, retrorsum iterum conspicua, subtus flavo-griseum unicolor. *Caput* attenuatum antice acuminatum, nigro-brunneum. *Ocelli* minimi nigri in anterioris corporis semissi marginibus uniseraliter impositi.

> Geoplana Burmeisteri *M. Schultze:* in Hall. Abhandl. IV. 34 etc. (cum anatom.).

Habitaculum. Rio Janeiro (Burmeister).

16. Geoplana tristriata *FR. MÜLLER* et *M. SCHULTZE*.

Corpus gracile depressiusculum, retro medium parum dilatatum, supra pallide flavo-viride lineis tribus longitudinalibus nigris, subtus pallidius, unicolor. *Caput* attenuatum. *Ocelli* in acervos duos ad basin capitis sitos dispositi et series duas irregulares ad apicem caudalem usque protensas formantes. Longit. $1\frac{1}{2}''$, latit. $1\frac{1}{2}'''$.

> Geoplana tristriata *Fr. Müller* et *M. Schultze:* in Hall. Abhandl. IV. 23.

Habitaculum. In locis humidis in Brasilia abunde (Fr. Müller).

17. Geoplana octostriata *FR. MÜLLER* et *M. SCHULTZE*.

Corpus gracile depressiusculum, retro medium parum dilatatum, supra pallide flavum striis longitudinalibus obscure brunneis latis utrinque quatuor approximatis, subtus albidum unicolor. *Ocelli* in acervos duos ad basin capitis aggregati et series duas irregu-

lares ad apicem caudalem usque protensas formantes. Longit. 1½".
latit. 1½'".

Geoplana octostriata *Fr. Müller* et *M. Schultze:* in Hall. Abhandl. IV. 23.

Habitaculum. In locis humidis in Brasilia, haud raro (Fr.
Müller).

18. Geoplana marmorata *FR. MÜLLER* et *M. SCHULTZE.*

Corpus gracile depressiusculum, supra pallide rufo-griseum, maculis nigris in series longitudinales irregulares saepe anastomosantes dispositis, subtus pallide griseum. *Ocelli* observati. Longit. 4", lat. 4'".

Oesophagus in discum acetabuliformem limbo undulato explanabilis.

Geoplana marmorata *Fr. Müller* et *M. Schultze:* in Hall. Abhandl. IV. 25.

Habitaculum. In Brasilia (Fr. Müller).

19. Geoplana Nephelis *FR. MÜLLER* et *M. SCHULTZE.*

Corpus gracile depressiusculum supra brunneum subtus clarius.
Limbus oesophagi integer. Penis longe cylindricus.

Geoplana Nephelis *Fr. Müller* et *M. Schultze:* in Hall. Abhandl. IV. 24.

Habitaculum. In Brasilia haud raro (Fr. Müller).

20. Geoplana Maximiliani *FR. MÜLLER* et *M. SCHULTZE.*

Corpus gracile depressiusculum supra brunneum, fascia longitudinali pallidiore flavescente, subtus clarius unicolor.

Limbus oesophagi profunde quinquelobus. Penis subglobosus.

Geoplana Maximiliani *Fr. Müller* et *M. Schultze:* in Hall. Abhandl. IV. 24.

Habitaculum. In Brasilia (Fr. Müller).

Fortasse cum G. olivacea vel G. pulla identica *M. Schultze* l. c. 31.

21. Geoplana atra *FR. MÜLLER* et *M. SCHULTZE*

Corpus subcylindricum retrorsum parum attenuatum, supra atrum subtus griseum. *Caput* parum attenuatum. *Ocelli* parum conspicui. Longit. 9'", latit. ½'".

Geoplana atra *Fr. Müller* et *M. Schultze:* in Hall. Abhandl. IV. 24.

Habitaculum. Sub cortice Fici doliariae? putrescentis semel in Brasilia reperit (Fr. Müller).

XV. BIPALIUM *STIMPSON.*

Planariae spec. *J. E. Gray.* — Sphyrocephalus *Schmarda.* — Dunlopea *Percerat Wright.*

Corpus lineare depressiusculum, pede ventrali sat distincto.
Caput corpore latius vel semilunare postice excisum vel semicirculare

postice recte truncatum vel transverse ellipticum sive malleiforme.
Ocelli numerosi minuti, in capite, plerumque in ejus marginibus
dispositi. *Os* ventrale in medio fere corporis, nunc parum antrorsum,
nunc parum retrorsum situm, oesophago campanulato limbo integro
vel sinuato-lobato. *Apertura* genitalis unica retro os. — Terrestria,
Indiam orientalem et insulas maris Indici et Sinici inhabitantia, imo
arboricola.

In expositione characterum hujus generis inter autores nonnullae contro-
versiae: cl. Stimpson in genere suo Bipalio aperturam genitalem unicam et
oesophagum campanulatum esse refert; cl. Schmarda in eodem genere nomine Sphyrocephali exposito, aperturas genitales duas cum structura interna
organorum genitalium masculorum et femineorum exacte descripsit et oesophagi
limbum lobatum indicavit; cl. Perceval Wright genus hoc Dunlopeae nomine
introducens, in speciminibus spiritu vini alteratis nec ocellos nec aperturas
genitales observavit, tractum cibarium simplicem et os in medio appendicis
foliacei 4—5 lobati, branchiis Doridis similis, esse memorat, quod cum oesophagi limbo multilobo parum solummodo protracto bene congrueret. — Con-
tradictio inter observationes cl. Stimpson et cl. Schmarda de aperturarum
genitalium numero, hujus loci gravis momenti, principalem generis dispositionem in tribu una vel altera incertam reddens.

1. Bipalium virgatum *STIMPSON.*

Corpus sublineare gracile antrorsum angustatum, postice obtusum, supra pallide aurantiacum fasciis nigro-fulvis quinque longitudinalibus dorsalibus et marginalibus, virgatum, fascia mediana sola caput
transeunte. *Caput* semilunare, margine frontali medio leviter sinuato
processibus gracilibus saepius retrorsum curvatis instructo. *Ocelli*
valde numerosi, in marginibus capitis et cervicis dense distributi.
Longit. 2″, latit. 1 1/2‴.

Bipalium virgatum *Stimpson:* Prodr. I. 7 et 12.

Habitaculum. Inter lapillos et folia putrida, in insula Loo
Choo (Stimpson).

2. Bipalium maculatum *STIMPSON.*

Corpus lineare subdepressum supra fulvum, maculis nigris
confertis, fascia mediana pallida nigromarginata. *Caput* semilunare,
processibus sat brevibus marginibus posterioribus nigris. *Ocelli* valde
numerosi in acervum arcuatum frontalem submarginalem dispositi.
Longit. 3″, latit. corp. ad 3‴, latit. capit. ultra 3‴.

Bipalium maculatum *Stimpson:* Prodr. I. 7 et 13.

Habitaculum. Sub foliis et lignis putridis in locis humidis
in insula Ousima (Stimpson).

3. Bipalium fuscatum *STIMPSON*.

Corpus sublineare depressum postice attenuatum acutum, supra nigro-fuscum. *Caput* semilunare, margine frontali pallido. *Ocelli* in marginibus capitis sparsi. Longit. 5", latit. fere 4"'.

Bipalium fuscatum *Stimpson:* Prodr. I. 7 et 13.

Habitaculum. Sub foliis putridis prope urbem Japonicam Simoda (Stimpson).

4. Bipalium Stimpsoni *DIESING*.

Corpus lineare, griseum, vittis dorsalibus linearibus longitudinalibus nigris 2 — 3. *Caput* semilunare. *Os* in medio corporis. *Apertura* genitalis retro os. Longit. corp. expansi fere 2', latit. 1' $_2$"'.

Bipalii spec. *Stimpson:* in Americ. Journ. Januar 1861, 134.

Habitaculum. Inter folia dejecta arborum supra terram humidam in horto, Hong Kong (Bowring et Stimpson).

5. Bipalium Grayi.

Corpus lineare retrorsum sensim attenuatum, transverse rugosum brunnescens flavo-notatum, vitta mediana obscura antice divisa marginem anteriorem capitis cingente. *Caput* semilunare, processibus triangularibus. Longit. 5 — 6".

Cantor in Ann. nat. hist. IX. 277.
Dunlopea Grayia *Wright:* in Annal. nat. hist. 3 ser. VI. 1860, 55 cum fig. xylogr.
Bipalii spec. *Stimpson:* in Americ. Journ. Jan. 1861, 135.

Habitaculum. In regno Sinensi (Cantor); in terra humida et supra eam in India orientali (Dunlop).

6. Bipalium Cantori.

Corpus lineare, retrorsum sensim attenuatum, transverse rugosum, vittis medianis tribus, intermedia apice abrupta, lateralibus in caput productis ibidem incrassatis, curvaturam processuum sequentibus. *Caput* semilunare. Longit. 8—10".

Dunlopea Cantoria *Wright:* in Ann. nat. hist. 3 sec. VI. 56 cum fig. xylogr. partis anterioris.
Bipalii spec. *Stimpson:* in Americ. Journ. Jan. 1861, 35.

Habitaculum. In terra humida et supra eam in regno Sinensi (Fortune).

7. Bipalium trilineatum *STIMPSON*.

Corpus sublineare antrorsum sensim angustatum, retrorsum attenuatum acutum, supra pallide flavo-fuscum, in medio longitudinaliter nigro-trilineatum, marginibus cervicis nigris. *Caput* semicirculare,
margine frontali decemdentato, dentibus parvis distantibus, marginibus
nigris. *Ocelli* numerosi submarginales. Longit. ultra 1½″, lat. corp.
fere 3‴, latit. cap. fere 4‴.

> Bipalium trilineatum *Stimpson*: Prodr. I. 7 et 13.

Habitaculum. Inter folia putrida in collibus insulae Jesso
(Stimpson).

8. Bipalium Ferudpoorense.

Corpus lineare retrorsum sensim attenuatum, transverse rugosum, supra viridi-brunneum, vitta mediana lacte flavido-brunnea antice abrupta, subtus pallidius, medio lacte flavum. *Caput* malleiforme (?). *Os* in medio fere corporis. Longit. ad 4″.

> Dunlopea ferudpoorensis *Wright*: in Ann. nat. hist. l. c. 55.
> Bipalii spec. *Stimpson*: in Americ. Journ. l. c. 135.

Habitaculum. In terra humida et supra illam in districtu
Ferudpoorensi Indiae orientalis (Dunlop).

9. Bipalium dendrophilum.

Corpus sublineare retrorsum attenuatum, supra convexiusculum,
isabellinum linea mediana rufo-brunnea, subtus planum flavo-griseum.
Caput malleiforme, processibus rotundatis. *Ocelli* parvi nigri ad marginem dextram et sinistram capitis in series 3 — 4, ad margines in
limite corporis in series 1 — 2 dispositi, in medio fere capitis in cir-
culos duos et in initio corporis in acervos duos ovales aggregati. *Os*
circulare, parvum, ante medium corporis situm. Longit. 1″ 4‴, latit.
med. 3‴, longit. capit. 2½‴, latit. 4‴.

> Apertura genitalis mascula in medio corporis, feminea in initio ultimae cor-
> poris quintae partis sita. *Schmarda.*
> Sphyrocephalus dendrophilus *Schmarda*: Neue wirbel. Thiere I. 1. 36.
> Tab. VIII. 83, 83ᵇ, 83ᶜ (cum anatom.).
> Bipalii spec. *Stimpson*: in Americ. Journ. l. c. 135.

Habitaculum. In sylvis humidis umbrosis praecipue ad paginam inferiorem foliorum, prope Belligamme in Ceylonia meridionali
(Schmarda).

Species haud bene cognitae.

10. Bipalium Tennenti.

Corpus latum, tenue, supra pallide-brunneum, subtus album. *Caput* semilunatum excisum. *Ocelli* . . . Longit. . .

Planaria (Geoplana?) Tennent: Ceylon 1859, 245.

Habitaculum. Ad corticem arborum post imbres in Ceylonia (E. Layard).

Vermis a cl. Auctore inverse descriptus.

11. Bipalium lunatum.

Planaria lunata *J. E. Gray:* Zool. Misc. 1835. 5.
Annelid.? Cantor in Ann. nat. hist. IX. (1842), 277.
Bipalii spec. *Stimpson:* in Amer. Journ. l. c. 135.

Habitaculum. In Bengalia (. . .).

†† Caput acetabulo frontali vel corpus appendice acetabulari instructum.

Familia IV. Procotylidea. *Dies.* Character generis unici simul familiae.

XVI. PROCOTYLA *LEIDY.*

Dendrocoeli sp. *Leidy* olim.

Corpus elongatum. *Caput* corpore continuum subauriculatum, acetabulo frontali porrectili pedicellato. *Tentacula* nulla. *Ocelli* duo. *Os* ventrale in medio fere corporis situm, oesophago doliiformi. *Apertura* genitalis unica retro os. — *Aquarum* dulcium Americae septentrionalis incolae.

Tractus cibarius brunneus, ramis parum divisis.

1. Procotyla fluviatilis *LEIDY.*

Corpus valde contractile plano-convexum angustum, marginibus parallelis, postice obtuse angulare, album, transparens. *Caput* antice truncatum, acetabulo exserto disciformi, pedicello lato. *Ocelli* distantes subglobosi. Longit. 3—8''', latit. $^2/_5$—$^4/_5$'''.

Animalcula stimulata acetabulum propellunt et Hirudinum more sese affigunt.
Dendrocoelum superbum *Leidy* (nec Girard): in Proc. Acad. Philad. V. (1851), 288.
Procotyla fluviatilis *Leidy* msc. — *Stimpson:* Prodr. l. 5.

Habitaculum. Ad caules submersos Ari virginici, Pontederiae cordatae, Nelumbii lutei et Zizaniae aquaticae, repens, in fossis cum fluviis Delaware et Schuylkill communicantibus prope Philadelphiam (Leidy).

Familia V. Bdelluridea. *Dies.* Character generis unici simul familiae.

XVII. BDELLURA *LEIDY.*

Corpus elongatum convexiusculum, elongatum, extremitate postica strictura a corpore discreta, dilatata acetabulari s. lamellam prehensilem formante. *Caput* corpore continuum, nec auriculatum, nec tentaculatum. *Ocelli* duo. *Os* ventrale retro medium corporis situm, oesophago cylindrico v. campanulato. *Apertura* genitalis . . . . Maricolae, ectoparasita.

1. Bdellura parasitica *LEIDY.*

Corpus lanceolatum, marginibus undulatis, postice truncatum, extremitate acetabulari latitudine medii corporis, lacteum, intestino flavido transparente. *Caput* obtusum. *Ocelli* reniformes. Longit. 3 — 10''', latit. $^2/_5$ — $2\,^3/_4$'''.

Oesophagus cylindricus, statu protracto campanulatus.

? Vortex candida *Girard:* in Proceed. Bost. Soc. nat. hist. III. 264.
Bdelloura parasitica *Leidy:* in Proceed. Acad. Philad. V. (1851), 242.

Habitaculum. *Polyphemus occidentalis.* Lam.: ad tegumenta branchiarum et ad articulos pedum; prope Philadelphiam copiose (Leidy).

Extremitate acetabulari affixa anteriore corporis parte motum undulatorium peragit. — Corpuscula ovalia compressa ochracea v. brunnea $^1/_4$ — 2 lin. longa $^1/_6$ — lin. lata, pedicellata, laminis branchialibus Polyphemi adnata, forsan Bdellurae ovula vel oothecae.

2. Bdellura rustica *LEIDY.*

Corpus lanceolatum postice truncatum, marginibus undulatis, brunnescens vel nigrescens. *Caput* obtusum. *Ocelli* reniformes. Longit. 2—3''', latit. $^2/_5$ — $^4/_5$'''.

Oesophagus cylindricus.

Bdelloura rustica *Leidy:* in Proceed. Acad. Philad. V. 243.

Habitaculum. Ad Ulvam latissimam, in sinu Egg Harbour, New Jersey (Leidy).

Sicut species prima Hirudinum modo procedit.

Species inquirendae.

3. Bdellura longiceps LEIDY.

> Planaria longiceps Dugès. — Ehrenberg: Acaleph. d. roth. Meeres 67.
> Diesing: Syst. Helm. I. 207.
> Bdelloura? longiceps Leidy: in Proceed. Acad. Philad. V. (1851), 289.
> Bdelloura longiceps Leidy. — Stimpson: Prodr. I. 6.

Habitaculum. In piscinis ad Ulvam intestinalem, frequens, Languedociae (Dugès).

4. Bdellura fusca DIESING.

> Planoides fusca Dalyell: Powers of the Creator II. Tab. XVI. 35. 36. —
> Excerpt. Leuckart: in Troschel's Arch. 1859. II. 183 [1]).

Habitaculum. Ad littora Scotiae (Dalyell).

** Caput tentaculis genuinis duobus frontalibus.

Familia VI. Leimacopsidea. Dies. Character generis unici simul familiae.

XVIII. LEIMACOPSIS DIESING.

Prostheceraei spec. Schmarda.

Corpus elongato-lanceolatum, supra convexum. *Caput* corpore continuum antice truncatum, tentaculis duobus genuinis frontalibus. *Ocelli* numerosi tentaculorum. *Os* ventrale antrorsum situm, oesophago... *Apertura* genitalis... Terrestres, Americae tropicae.

1. Leimacopsis terricola DIESING.

Corpus elongato-lanceolatum, supra convexum, viride, vitta mediana corpori aequilonga et marginibus haud undulatis purpureis, subtus viridi-cinereum. *Tentacula* subuliformia, brevia. *Ocelli* ad marginem internum et ad basim tentaculorum. *Os* in anteriore corporis tertia parte. Longit. 10''', latit. 2⅓'''.

> Prostheceraeus terricola Schmarda: Neue wirbell. Th. I. 1. 30. Tab. VI. 69.

Habitaculum. In parte superiore transitus Andium Quindiu, supra regionem Palmarum montanarum (Bergpalmen), specimen unicum (Schmarda).

---

[1]) Da nach Leuckart's angeführtem Auszuge einstweilen noch unentschieden bleibt, ob diese Form sich durch die Anwesenheit eines umgebogenen Blattanhanges am Hinterleibsende auszeichnet, und Dalyell selbst dieselbe für eigenthümlich genug betrachtet, um eine neue Gattung darauf zu gründen, entstand in mir die Vermuthung, dass wir hier vielleicht eine neue Art der Gattung Bdellura vor uns haben dürften.

Familia VII. Galeocephalidea. *Dies.* Character generis unici simul familiae.

XIX. GALEOCEPHALA *STIMPSON.*

Fasciolae spec. *Müller.* — Planariae spec. *Gmelin.* — Dendrocoeli spec. *Girard.*

Corpus oblongum. *Caput* corpore continuum subbiauriculatum, tentaculis genuinis duobus. *Ocelli* duo. *Os* ventrale retro medium corporis situm, oesophago.... *Apertura* genitalis unica retro os. Aquarum dulcium incolae.

1. Galeocephala superba *STIMPSON.*

Corpus roseum vel lacteum. Longit....

Dendrocoelum superbum *Girard:* in Proceed. Bost. Soc. Nat. Hist. III. (1850), 265. — Nordam. Monatsb. II. 2.
Galeocephala superba *Stimpson:* Prodr. I. 5.

Habitaculum. In rivulis, piscinis et paludibus; in America septentrionali frequens (Girard).

2. Galeocephala! tentaculata *STIMPSON.*

Planaria tentaculata *Gmelin.* — *Diesing:* Syst. Helm. I. 204.
Galeocephala? tentaculata *Stimpson:* Prodr. I. 5.

Habitaculum. In paludibus Daniae (Müller).

Familia VIII. Procerodea. *Dies.* Character generis unici simul familiae.

XX. PROCERODES *GIRARD.*

Planariae spec. *Auctor.*

Corpus sublineare v. depressum. *Caput* a corpore subdiscretum antice truncatum, exauriculatum, tentaculis genuinis duobus frontalibus. *Ocelli* duo. *Os*... oesophago... *Apertura* genitalis... Maricolae.

Tractus cibarii rami indivisi. — Num genus hoc tentaculis revera genuinis vel solummodo pseudotentaculis instructum sit nec ne, e characteribus a cl. *Stimpson* enumeratis non satis patet.

1. Procerodes Wheatlandii *GIRARD.*

Corpus lineare breve, brunnescens. Longit. ad 2'''.

Procerodes Wheatlandii *Girard:* in Proceed. Bost. Soc. nat. hist. III. (1850), 251. — Nordam. Monatsb. II. 4. — *Stimpson:* in Smithson. Contrib. VI. 27. — Idem: Prodr. I. 6.

Habitaculum. Ad littus refluxu maris prope Manchester in Massachusetts, Augusto (Girard et Wheatland). — Grand Manan (Stimpson).

2. Procerodes frequens STIMPSON.

Corpus spathulatum postice rotundatum. *Caput* angustatum. *Ocelli* reniformes distantes. Longit. 1—2‴, latit. 1/6—2/5‴.

Planaria frequens *Leidy:* Journ. Acad. Philad. 2 ser. III. P. 2, 143.
Procerodes frequens *Stimpson:* Prodr. I. 6.

Habitaculum. Sub saxis frequens Augusto, Point Judith, Rhode Island (Leidy).

3. Procerodes Ulvae STIMPSON.

Corpus depressum, antice angustatum, postice truncatum, supra convexinsculum fusco-griseum, subtus planum albescens. Long. 2 3/4‴ latit. 3/4‴.

Planaria Ulvae *Oersted:* in Kroyer's Naturhist. Tidssk. IV. 350. — Ejus Entw. einer syst. Einth. d. Plattw. 53. Tab. I. 5. — *Diesing:* Syst. Helm. I. 205 (excl. syn. Muelleri).
Procerodes Ulvae *Stimpson:* Prodr. I. 6.

Habitaculum. In sinu Codano, praesertim ad Ulvas (Oersted).

SECTIO II. DIGONOPORA STIMPSON.

Aperturae genitales duae. — Tentacula nulla aut duo, pseudotentacula aut tentacula genuina. — Maricolae.

*Tentacula nulla.

Familia IX. Typhloleptidea. STIMPSON. Character generis unici simul familiae.

XXI. TYPHLOLEPTA OERSTED. Charact. ampl.

Cryptocoelum et Typhlocolax *Stimpson.*

Corpus plano-depressum oblongum. *Caput* corpore continuum. *Tentacula* nulla. *Ocelli* nulli. *Os* ventrale in medio fere corporis, antrorsum vel retrorsum situm, oesophago cylindrico. *Aperturae* genitales duae retrorsum sitae. — Maricolae utriusque hemisphaerae, nonnullae parasiticae.

- Os in medio fere corporis situm. Typhlolepta *Oersted.*

1. Typhlolepta coeca OERSTED. — Dies. Syst. Helm. I. 200. adde:
Stimpson: Prodr. I. 3.

2. Typhlolepta opaca *SCHMARDA*.

Corpus planum lanceolato-ovale, antice acuminatum, postice latum, supra nigrum, maculis duabus pallidis obsoletis antrorsum sitis, subtus nigrum. *Os* circulare in medio fere corporis situm. *Apertura* genitalis mascula retro os, feminea postposita haud procul a margine postico. Longit. 2‴, latit. max. 1‴.

> In corporis quarta parta prima ganglion ramos quinque breves emittens. Oesophagus longissimus tubulosus protractilis.
>
> Typhlolepta opaca *Schmarda*: Neue wirbell. Th. I. 1. 16. Tab. II. 32, 32°.

Habitaculum. Ad rupes in sinu tabulari ad Caput bonae spei (Schmarda).

Species minus bene cognitae.

3. Typhlolepta? rubrocincta *STIMPSON*.

> Orthostomum? rubrocinctum *Grube*. — *Diesing*: Syst. Helm. I. 238.
> Typhlolepta? rubrocincta *Stimpson*: Prodr. I. 3.

4. Typhlolepta? extensa *LE CONTE*.

Corpus planum, supra purpureum vel brunneum, margine pellucido. Longit. 1¼″, latit. 4‴.

> Tractus cibarii ramosi tubuli tenuissimi numerosissimi.
>
> Typhlolepta? extensa *Le Conte*: in Proceed. Acad. Philad. V. 319. — *Stimpson*: Prodr. I. 3.

Habitaculum. Ad isthmum Panamae, Decembri (Le Conte).

** Os antrorsum situm. Cryptocoelum *Stimpson*.

5. Typhlolepta Stimpsoni *DIESING*.

Corpus subovale postice parum latius, utrinque late rotundatum, nigro-purpureo-fuscum, marginibus decoloribus. Longit. 1½‴, latit. 1⅓‴.

> Caput interdum depositione nigra irregulari loco ocellorum acervatorum notatum (*Stimpson*).
>
> Cryptocoelum opacum *Stimpson*: Prodr. I. 3 et 8.

Habitaculum. In portu sinensi Hong-Kong; parasiticum in Echinarachnio magno purpureo, e profunditate sex orgyiarum (Stimpson).

Species minus bene cognita.

6. Typhlolepta? bilobata *DIESING*.

> Planaria bilobata *Leuckart*. — *Diesing*: Syst. Helm. I. 281.
> Secundum cl. *Stimpson*: Prodr. I. 1. forsitan animal reapse sese bipartiens.

••• Os retrorsum situm. Typhlocolax *Stimpson*.

7. Typhlolepta acuta *GIRARD*.

Corpus depressum ovoideum postice rotundatum pallidum, maculis supra confluentibus rubris. *Caput* acutum. *Os* haud procul a corporis medio. Longit. ad ³/₄'''.

Typhlolepta acuta *Girard:* in Stimpson Marine Invertebrata of Grand Manan in Smithson. Contrib. VI. (1854), 27.
Typhlocolax acutus *Stimpson:* Prodr. I. 3.

Habitaculum. *Chirodota laevis:* in superficie, copiose; Grand Manan (Stimpson).

8. Typhlolepta acuminata *DIESING*.

Corpus depressiusculum gracile, ad trientem posteriorem latius magisque convexum, extremitate caudali acuminata; supra sanguineo-rubrum, maculis 2—3 nigris indistinctis summo dorso picturatum. *Caput* subattenuatum truncatum. Longit. vix 1¹/₄''', latit. ¹/₃'''.

Typhlocolax acuminatus *Stimpson:* Prodr. I. 3 et 8.

Habitaculum. In freto Behringii; parasiticus in *Chirodotae* specie, e profunditate decem orgyiarum (Stimpson).

Species minus bene cognitae.

9. Typhlolepta! marina *DIESING*.

Typhloplana? marina *Oersted.* — *Diesing:* Syst. Helm. I. 233.
Typhlocolax? marinus *Stimpson:* Prodr. I. 3.

10. Typhlolepta! retusa *DIESING*. Syst. Helm. I. 200.

Familia X. Acephaloleptidea. *Dies.* Character generis unici simul familiae.

XXII. DIOPIS *DIESING*.

Dicelis *Schmarda* [1]).

Corpus planum ovale. *Caput* corpore continuum. *Tentacula* nulla. *Ocelli* duo. *Os* ventrale in medio v. retro medium corporis situm, oesophago .... *Aperturae* genitales retrorsum sitae. — Maricolae, oceani atlantici.

1. Diopis megalops *DIESING*.

Corpus planum ovale, ochraceum subtus multo pallius, dorso vitta mediana longitudinali lata brunnea. *Os* in medio corporis situm.

---

[1]) Nomen Dicelis jam a cl. Dujardin generi Nematodum inpositum.

Ocelli duo nigri cervicales, magni, elliptici. Longit. 7''', latit. max. 4½'''.

Dicelis megalops *Schmarda:* Neue wirbell. Th. I. 1. 15. Tab. II. 30.

Habitaculum. Ad ulvas maritimas, Port Royal in Jamaica (Schmarda).

2. Diopis borealis DIESING.

Corpus depressum planum utrinque attenuatum, pallide isabellinum, tractu cibario brunneo translucente. *Ocelli* duo nigri reniformes. *Os* retro medium corporis situm, oesophago retracto stellato-plicato. *Aperturae* genitales retrorsum sitae postpositae, mascula anteriore. *Penis* apice furcatus vagina membranacea exceptus. Longit...

Ootheca pedicellata pulla plura includens. Corpuscula bacillaria 8—13 vesicula inclusa.

Gaimard: Voyages de la commission scientifique du Nord en Scandinavie en Laponie au Spitzberg et aux Feroe 1838—1840. Zool. (Aporocephala). Tab. G. 1—27 (cum fig. anatom.).

Habitaculum. In mare boreali (Gaimard).

Familia XI. Cephaloleptidea. *Schmarda.* Character generis unici simul familiae.

XXIII. CEPHALOLEPTA DIESING.

Planaria *Darwin.*

Corpus planum dilatatum. *Caput* discretum. *Tentacula* nulla. *Ocelli* duo. *Os* ventrale in medio fere corporis situm, oesophago subcampanulato valde protractili. *Aperturae* genitales ante os sitae. *Aquarum* subsalinarum insularum Americae meridionalis incolae.

1. Cephalolepta macrostoma DIESING.

Corpus ovato-ellipticum, retrorsum dilatatum plano-depressum, supra fusco-purpureo-striatum. *Caput* quadratum. *Os* paulum infra corporis medium. *Ocelli* nigri rotundati pone caput. Longit. 2½'''.

Planaria? macrostoma *Darwin:* in Magaz. of nat. hist. XIV. 247. Tab. V. 2.
Cephalolepta macrostoma *Diesing:* Syst. Helm. I. 189. — *Stimpson:* Prodr. I. 2.

Habitaculum. In archipelago Chonos Americae austro-occidentalis, in aqua subsalsa sub lapidibus, Decembri (Darwin).

Familia XII. Leptoplanidea. *Stimpson.* Corpus planum dilatatum. Caput corpore continuum. Tentacula nulla. Ocelli

numerosi in acervum unicum aut in acervos plures aggregati, interdum etiam ocelli marginales, capiti immediate, aut papillae propriae impositi. Otolithi nulli, rarissime quatuor. Os ventrale antrorsum, in medio fere corporis, vel retrorsum situm, oesophago cylindrico aut multilobo. Aperturae genitales duae retro os. Maricolae, hemisphaerae utriusque.

XXIV. LEPTOPLANA *HEMPRICH* et *EHRENBERG*. Char. amplif.

Hirudo *Ström.* — Fasciola et Planaria *Müller.* — Polycelis et Prosthiostomum *Quatrefages.* — Elasmodes *Le Conte.* — Dioneus et Pachyplana *Stimpson.* — Peasiae spec *J. E. Gray.*

Corpus planum dilatatum. *Caput* corpore continuum. *Tentacula* nulla. *Ocelli* numerosi in acervum unicum vel in acervos plures aggregati, interdum etiam ocelli marginales. *Otolithi* nulli, rarissime quatuor otolithothecis duabus inclusi. *Os* ventrale, antrorsum, in medio fere corporis vel retrorsum situm, oesophago cylindrico. *Aperturae* genitales retro os sitae. — Maricolae utriusque hemispherae.

De systemate vasorum aquiferorum et de organis genitalibus cfr. *Schultze:* in Ber. d. phys. med. Gesellsch. zu Würzb. 1853, 222, et *R. Leuckart:* in Troschel's Arch. 1854. II. 343.

Conspectus dispositionis specierum.

I. Leptoplanae otolithis nullis instructae.

° Os in medio fere corporis.

a) Ocellorum acervus unicus et simul ocelli marginales sp. 1—2.

b) Ocellorum acervi duo unacum ocellis marginalibus vel absque ocellis marginalibus.

    α) Ocelli marginales nulli sp. 3—25.

    β) Ocelli marginales sp. 26.

c) Ocellorum acervi tres; ocelli marginales nulli sp. 27.

d) Ocellorum acervi quatuor; ocelli marginales nulli sp. 28—39.

e) Ocellorum acervi plures; ocelli marginales nulli 40—42.

°° Os antrorsum situm.

a) Ocellorum acervus unicus cum ocellis marginalibus vel absque ocellis marginalibus.

    α) Ocelli marginales nulli sp. 43—47.

    β) Ocelli marginales sp. 48—51.

b) Ocellorum acervi duo unacum ocellis marginalibus v. absque ocellis marginalibus.

    α) Ocelli marginales nulli sp. 52—53.

    β) Ocelli marginales sp. 54—59.

c) Ocellorum acervi tres et simul ocelli marginales sp. 60.

d) Ocellorum acervi quatuor; ocelli marginales nulli sp. 61—64.

*** Os retrorsum situm; ocelli marginales nulli sp. 65.

II. Leptoplanae otolithis instructae sp. 66.

Species in dispositione hujus generis dubiae sedis sp. 67—70.

I. Leptoplanae otolithis nullis instructae.

* Os in medio fere corporis [1]).

a) Ocellorum acervus unicus et simul ocelli marginales.

1. Leptoplana Dröbachensis OERSTED.

Corpus oblongum, supra fusco maculatum, vitta mediana pallidiore, subtus alboflavescens. *Ocellorum* 7 multo majorum acervus cervicalis triangularis; ocelli marginales minores numerosi, in lineam dispositi. *Os* in medio fere corporis (?). Longit. 4′′′, latit. 1³/₄′′′.

Leptoplana Dröbachensis *Oersted:* in Kroyer's Naturhist. Tidssk. I. (1844 —1845), 415.

Habitaculum. Dröbak prope Christianiam (Oersted).

2. Leptoplana ophryoglena.

Corpus planum oblongo-ovale, supra obscure ochraceum maculis flavo-brunneis, irregularibus, vitta mediana pallidiore, marginibus flavo-brunneis, subtus pallide flavo-cinereum. *Ocellorum* acervus cervicalis circularis; ocelli marginales 12—14 in lineam unicam antice interruptam dispositi. *Os* in medio fere corporis. *Aperturae* genitales approximatae. Longit. 2½′′, latit. 15′′′.

Polycelis ophryoglena *Schmarda:* Neue wirbell. Th. I. 1. 20. Tab. III. 41.

Habitaculum. In oceano pacifico prope Paita ad oras Peruviae (Schmarda).

b) Ocellorum acervi duo unacum ocellis marginalibus vel absque ocellis marginalibus.

a) Ocelli marginales nulli.

3. Leptoplana flexilis *DIESING:* Syst. Helm. I. 194. adde:

Planaria flexilis *Dalyell:* Powers of the Creator II. 102—104. Tab. XIV. 17—27. — *Thompson:* in Ann. nat. hist. III. 354. — *Gosse:* Brit. Mar. Zool. I. f. 126.

Elasmodes flexilis *Stimpson:* Prodr. I. 3.

Leptoplana flexilis *Leuckart:* in Troschel's Arch. 1859. II. 183.

----

[1]) Oesophagus apice retrorsum directus. O. Schmidt: in Zeitschr. für wissenschaftl. Zool. XI. 7.

4. **Leptoplana subauriculata** *DIESING:* Syst. Helm. I. 195. adde:

Secundum cl. *Thompson:* in Ann. nat. hist. III. 354 (*Leuckart:* in Tro-schel's Arch. 1854. II. 347) cum specie praecedente identica.

5. **Leptoplana tigrina** *DIESING:* Syst. Helm. I. 195. adde:

Elasmodes tigrinus *Stimpson:* Prodr. I. 3.

6. **Leptoplana pallida** *DIESING:* Syst. Helm. I. 195. adde:

Elasmodes pallidus *Stimpson:* Prodr. I. 3.

7. **Leptoplana modesta** *DIESING:* Syst. Helm. I. 195. adde:

Elasmodes modestus *Stimpson:* Prodr. I. 3.

Leptoplana modesta *O. Schmidt:* in Zeitschr. f. wissensch. Zool. XI. 1860, 10 (distinctio a L. Alcinoi).

8. **Leptoplana discus.**

Corpus planum suborbiculare pallidum pellucidum. *Ocelli* utrinque 5 valde approximati, ab apice remoti. *Os* in medio fere corporis. *Aperturae* genitales... Longit. 4‴, latit. 3‴.

Tractus cibarius ramosus radiato-reticulatus.

Elasmodes discus *Le Conte:* in Proceed. Acad. Philad. V. (1851), 319. — *Stimpson:* Prod. I. 3.

Habitaculum. Ad isthmum Panamae, Decembri (Le Conte).

9. **Leptoplana orbicularis.**

Corpus planum orbiculare flavidum, supra maculis numerosis parvis coeruleo-cinereis. *Ocellorum* acervi duo minimi circulares. *Os* in medio fere corporis. Longit. 1″, latit. 11‴.

Polycelis orbicularis *Schmarda:* Neue wirbell. T h. I. 1. 20. Tab. III. 43.

Habitaculum. In oceano pacifico ad oras chilenses (Schmarda).

10. **Leptoplana acuta** *STIMPSON.*

Corpus lanceolatum capite acuto, subpellucidum, pallide griseum brunneo-maculatum. *Ocellorum* acervi duo parvi arcuati, ab extremitate anteriore parum remoti. *Os* in medio fere corporis. Longit. 4‴, latit. ad 1½‴.

Leptoplana acuta *Stimpson:* in Proceed. Acad. Philad. VII. 381.

Elasmodes acutus *Stimpson:* Prodr. I. 3 et 8.

Habitaculum. In portu sinensi Hong-Kong in fundo limoso profunditate sex orgyiarum (Stimpson).

11. Leptoplana tenella.

Corpus elongato-ovatum, capite latiore, hyalino-album, supra macula elongata mediana pallide fusca. *Ocellorum* acervi duo elongati, ocellis inconspicuis, sparsis. *Os* in medio fere corporis. Longit. ultra 1½".

Elasmodes tenellus *Stimpson:* Prodr. I. 3 et 8.

Habitaculum. Ad insulam Ousima, littoralis, inter lapides (Stimpson).

12. Leptoplana badia.

Corpus ovale, capite et extremitate postica subtruncatis, supra badium ex parte albo-punctatum. *Ocellorum* acervi umbonibus duobus subdistantibus pellucidis impositi, ocellis superficiem totam umbonum occupantibus in utroque circa 30. *Os* in medio fere corporis. Longit. 1½", latit. 9′″.

Dioncus badius *Stimpson:* in Proceed. Acad. Philad. VII. 389. — Idem: Prodr. I. 4 et 9.

Habitaculum. In portu Jacksoni Australiensi, littoralis, sub lapidibus (Stimpson).

13. Leptoplana Stimpsoni *DIESING*.

Corpus oblongo-ovale supra pallide fusco-griseum. *Ocellorum* acervi duo in summa parte umbonum pellucidorum siti ac libera parte, annulum hyalinum ad speciem formante, cincti, ocellis majusculis circiter 15 in singulo acervo. *Os* in medio fere corporis. Longit. 1", latit. ultra 4′″.

Dioncus oblongus *Stimpson:* in Proceed. Acad. Philad. VII. 389. — Idem: Prodr. I. 4 et 10.

Habitaculum. In portu Jacksoni, littoralis (Stimpson).

14. Leptoplana obovata.

Corpus planum obovatum flavum, vitta mediana denticulata obscure marginata, subtus flavido-album. *Ocelli* in acervos duos parvos circulares dispositi. *Os* in medio fere corporis. Longit. 1", latit. 5′″.

Pharynx brevis truncato-conicus. Ganglion cerebrale stellare.

Polycelis obovata *Schmarda:* Neue wirbell. Th. I. 1. 20. Tab. III. 42.

Habitaculum. In mare caraibico, ad oras meridionales Jamaicae (Schmarda).

15. Leptoplana haloglena.

Corpus planum oblongo-ovale, supra flavo-brunneum, vitta mediana grisea, marginibus griseis, subtus flavidum. *Ocellorum* acervi duo

circulares halone albo cincti. *Os* in medio corporis. *Apertura* genitalis mascula in initio ultimi corporis trientis, feminea masculae valde
approximata. Longit. 15''', latit. 8'''·

Ganglion cerebrale duplex inter acervos ocellorum.

Polycelis haloglena *Schmarda:* Neue wirbell. Th. I. 1. 21. Tab. III. 44.

Habitaculum. In oceano pacifico, ad oras Chilenses prope
Viña del mar (Schmarda).

16. Leptoplana australis *SCHMARDA.*

Corpus planum oblongo-ovale, supra obscure brunneum, vitta
mediana interrupta pallida, subtus rufo-brunneum. *Ocellorum* acervi
duo circulares halone irregulari cincti. *Os* in medio corporis.
Aperturae genitales in secundo corporis triente. Longit. 15''',
latit. 6 1/2'''.

Polycelis australis *Schmarda:* Neue wirbell. Th. I. 1. 21. Tab. IV. 45.

Habitaculum. In oceano pacifico, Illawara, in Nova Cambria
et in portu Auckland in Nova Zelandia (Schmarda).

17. Leptoplana erythrotaenia.

Corpus planum ovale, margine integro, flavescens, fascia mediana rubra, marginibus denticulatis. *Ocellorum* acervi duo circulares.
Os supra medium corporis. *Apertura* genitalis mascula in medio
corporis, feminea ab illa remota in ultimo corporis triente. Longit.
4 1/2''', latit. 3'''.

Ganglion cerebrale subquadrangulare.

Polycelis erythrotaenia *Schmarda:* Neue wirbell. Th. I. 1. 21. Tab. IV. 46.

Habitaculum. Ad rupes sinus tabularis promontorii bonae
spei (Schmarda).

18. Leptoplana microsora.

Corpus oblongo-ovale margine undulato, supra castaneo-brunneum, vitta mediana obscure brunnea, initium ultimi corporis
quientis attingente, subtus sordide brunneum. *Ocellorum* acervi
duo circulares, minimi. *Os* in medio fere corporis. *Apertura* genitalis
mascula duplex, feminea simplex in ultimo corporis quadrante. Longit. 7 1/2''', latit. 4'''.

Polycelis microsora *Schmarda:* Neue wirbell. Th. I. 1. 22. Tab. IV. 47

Habitaculum. In oceano indico, ad oras meridionales, Ceyloniae (Schmarda).

19. Leptoplana ferruginea.

Corpus planum oblongo-ovale, capite obtuso, supra ferrugineum, vitta mediana rufo-brunnea primum corporis quadrantem attingente, subtus pallide flavum. *Ocellorum* acervi duo circulares approximati. *Os* in medio fere corporis. *Apertura* genitalis mascula infra medium corporis, feminea masculae approximata ante initium ultimi corporis trientis. Longit. 1″, latit. 5‴.

Polycelis ferruginea *Schmarda:* Neue wirbell. Th. I. 1. 22. Tab. IV. 48.

Habitaculum. In mare Caraibico, ad rupes Corallium orae meridionalis Jamaicae (Schmarda).

20. Leptoplana capensis.

Corpus planum, crassiusculum, fragile, oblongo-ovale, supra brunneum, vitta mediana fere nigra ultimam corporis partem sextam attingente, subtus rufo-brunneum, maculis obsoletis griseis. *Ocellorum* acervi duo circulares approximati. *Os* in medio fere corporis. *Apertura* genitalis mascula excentrica, feminea in initio corporis trientis primi. Longit. 9‴, latit. 4½‴.

Polycelis capensis *Schmarda:* Neue wirbell. Th. I. 1. 22. Tab. IV. 49.

Habitaculum. Ad Caput bonae spei (Schmarda).

21. Leptoplana oosora.

Corpus planum oblongo-ovale, supra flavo-brunneum, vitta mediana obscuriore in secundo corporis quadrante oriente et in fine tertii desinente, subtus stramineum. *Ocellorum* acervi duo elliptici, postica parte halone semilunari albido cincti. *Os* in medio fere corporis, exiguum. *Aperturae* genitales approximatae in initio ultimi corporis trientis. *Penis* brevis basi incrassatus. Longit. 1″ 8‴, latit. 10‴.

Ganglion cerebrale subglobosum inter ocellorum acervos.

Polycelis oosora *Schmarda:* Neue wirbell. Th. I. 1. 22. Tab. IV. 50.

Habitaculum. In oceano indico, ad oras meridionales Ceyloniae (Schmarda).

22. Leptoplana Schönbornii *STIMPSON.*

Corpus ovatum pallidum, supra minute cupreo-maculatum. *Ocellorum* acervi duo oblongi antice attenuati, ocellis anterioribus minoribus, subsequentibus majoribus. Longit. 2½‴, latit. ultra 1‴.

Leptoplana Schönbornii *Stimpson:* Prodr. I. 4 et 8.

Habitaculum. In fundo saxoso, profunditate 20 orgyiarum prope promontorium bonae spei (Stimpson).

23. Leptoplana macrorhyncha.

Corpus oblongum supra rufescens, vitta mediana brunnea in secunda corporis parte duodecima incipiente et in penultima desinente, simulque maculis numerosis parvis brunneis notatum, subtus flavo-griseum vel flavum maculisque crebris brunneis. *Ocellorum* acervi duo triangulares fere frontales, approximati. *Os* parum supra medium corporis, rimaeforme. *Organa* genitalia mascula in medio corporis, apertura genitali feminea his approximata. Longit. ultra 1″, latit. 4‴.

Oesophagus (pharynx) protractus tertiam corporis partem attingit. — Ganglion cerebrale longe ellipticum.

In varietate a cl. *Schmarda* observata, corpus supra pallidius maculis paucis minoribus conspurcatum.

Polycelis macrorhyncha *Schmarda:* Neue wirbell. Th. I. 1. 23. Tab. IV. 51.

Habita culum. In oceano indico, ad oram orientalem Ceyloniae (Schmarda).

24. Leptoplana trapezoglena.

Corpus oblongum planum supra ferrugineum maculis paucis parvis brunneis, vitta mediana dorso obscuriore a fine primi usque ultra finem corporis quadrantis tertii protensa, subtus laete ochraceum maculis laete brunneis versus marginem. *Ocellorum* acervi duo trapezoidales. *Os* paulum supra medium corporis, exiguum circulare. *Apertura* genitalis mascula retro medium, feminea in initio ultimi corporis trientis. Longit. 7‴, latit. 3‴.

Polycelis trapezoglena *Schmarda:* Neue wirbell. Th. I. 1. 23. Tab. IV. 52.

Habita culum. In oceano indico, Belligamme, ad oram meridionalem Ceyloniae (Schmarda).

25. Leptoplana fusca *STIMPSON.*

Corpus elongatum, capite parum latiore et margine postico rotundatis, supra fuscum. *Ocellorum* acervi duo quadrangulares antrorsum convergentes in areola decolori, ocellis semissis anterioris minoribus, semissis posterioris majoribus. Longit. 9‴, latit. 3‴.

Leptoplana fusca *Stimpson:* Prodr. I. 4 et 8.

Habita culum. Littoralis, sub lapidibus in locis saxosis ad oras insulae sinensis Hong-Kong (Stimpson).

β) Ocelli marginales.

26. Leptoplana lactea.

Corpus crassiusculum latum ovatum, lacteum. *Ocellorum* acervi umbonibus duobus parvis occipitalibus impositi; utrinque sex magni, ocelli marginales frontales pauci minuti. *Os* in medio fere corporis. Longit. 1½″, latit. 1″.

> Pachyplana lactea *Stimpson*: Prodr. I. 4 et 10.

Habitaculum. Sublittoralis in locis lapillosis et algosis sub lapidibus magnis ad oras insulae Ousima (Stimpson).

c) Ocellorum acervi tres; ocelli marginales nulli.

27. **Leptoplana pellucida** *GRUBE*. — *Dies.* Syst. Helm. I. 196.

Habitaculum. Panormi (Grube).

d) Ocellorum acervi quatuor; ocelli primarii et secundarii (Stimps.);
ocelli marginales nulli.

28. **Leptoplana hyalina** *HEMPRICH* et *EHRENBERG*. — *Dies.* Syst. Helm. I. 197 adde:

> *Stimpson:* Prodr. I. 3.

Habitaculum. Inter Corallia ad Tor in mare rubro (Hemprich et Ehrenberg).

29. **Leptoplana atomata** *OERSTED*. — *Dies.* Syst. Helm. I. 197 adde:

> *Stimpson:* Prodr. I. 3. — *Leuckart:* in Troschel's Arch. 1859, II. 183.
> Planaria maculata *Dalyell:* Powers of the Creator II. 105, 106. Tab. XIV. 27—35.

Habitaculum. In sinu Droebachiensi (Müller); — sinu Codano ad algas florideas (Oersted); Helgolandiae (Frey et Leuckart) ad littus Britanniae (Fleming); Scotiae (Dalyell). — Neapoli? (Delle Chiaje?)

30. **Leptoplana tremellaris** *OERSTED*. — *Dies.* Syst. Helm. I. 197. adde:

> *Stimpson:* Prodr. I. 3.
> Planaria? tremellaris *Ehrenberg:* Acaleph. d. roth. Meeres 67.

Habitaculum. In sinu Christianensi, Augusto (Müller); — portu Hafniensi, Decembri (Müller et Oersted); in Gallia (Dugès); Panormi (Grube); in Britannia (Thompson).

31. **Leptoplana nigropunctata** *OERSTED*. — *Dies.* Syst. Helm. I. 198.

Habitaculum. In sinu Codano ad Kullen (Oersted).

32. **Leptoplana laevigata** *DIESING*. — Syst. Helm. I. 198. adde:

> *Stimpson:* Prodr. I. 3. — *O. Schmidt:* in Zeitschr. f. wissensch. Zool. XI. (1860), 10 et 31. Tab. I. 3, 4, 5.
> Polycelis laevigata Quatref. *Beneden:* Faune litt. de Belgique (1860), 42. Tab. VII. 10. — *Grube:* Ausflug nach Triest u. dem Quarnero 1861. 23 et 130.

Habitaculum. Prope Grainville, ad fucos (Quatrefages): super saxa prope Ostendam copiose, aestate (Beneden); ad Cephaloniam (O. Schmidt); Tergesti (Grube).

33. Leptoplana fallax *DIESING:* Syst. Helm. I. 198. adde:

Stimpson: Prodr. I. 3.

Habitaculum. Prope Grainville, ad fucos (Quatrefages).

34. Leptoplana ellipsoides *GIRARD.*

Corpus ellipsoideum supra pallide flavo-brunneum, subtus griseum. *Ocellorum* numerosorum acervi quatuor antrorsum siti, per paria dispositi, anteriores elongati angusti, posteriores rotundati magis distantes. Longit. 1″, latit. max. ad 7‴.

Leptoplana ellipsoides *Girard:* in Stimpson's Mar. Invertebr. of Grand Manan: in Smithson. Contrib. VI. 1854, 27 f. 16. — *Stimpson:* Prodr. I. 3.

Habitaculum. Sub saxis sub refluxu maris, Grand Manan (Stimpson).

35. Leptoplana humilis *STIMPSON.*

Corpus ovatum supra pallide griseo-brunneum, fasciis obscurioribus radiatim dispositis; fascia decolori mediana interrupta. *Ocellorum* acervi quatuor, duo posteriores ocellis majoribus utrinque 12—15 umbonibus duobus impositis formati; duo anteriores ocellis inconspicuis a posterioribus parum remotis compositi. Longit. 1″, latit. ultra ½″.

Leptoplana humilis *Stimpson:* Prodr. I. 4 et 9.

Habitaculum. In fundo arenoso, profunditate 4 orgyiarum prope oras insulae Jesso (Stimpson).

36. Leptoplana oblonga *STIMPSON.*

Corpus parum elongatum, capite truncato v. subtruncato, retrorsum attenuatum, postice acutum, supra fuscum, versus marginem pallescens. *Ocellorum* acervi quatuor in areola hyalina, ocellis majoribus utrinque 8 umbonibus impositis, minorum acervis duobus elongatis arcuatis longitudinalibus inter umbones. Longit. 1″ 9‴, latit. fere ½″.

Leptoplana oblonga *Stimpson:* Prodr. I. 4 et 9.

Habitaculum. Sublittoralis in rupium fissuris, in portu Simoda Japoniae (Stimpson).

37. Leptoplana Patellarum *STIMPSON*.

Corpus subovatum retrorsum parum latius, capite et margine postico rotundatis, supra fulvum, fascia lata mediana et maculis obscurioribus pictum, subtus album. *Ocellorum* acervi quatuor, ocellis majoribus utrinque 10 umbonibus impositis, minorum acervis oblongis approximatis inter umbones collocatis. Longit. ad 1″, latit. ad 7‴.

Leptoplana Patellarum *Stimpson:* in Proceed. Acad. Philad. VII. 389. — Idem: Prodr. I. 4 et 9.

Habitaculum. Littoralis, in rupibus sub Patellis magnis reperta, in Simons-Bai prope promontorium bonae spei (Stimpson).

38. Leptoplana punctata *STIMPSON*.

Corpus oblongo-ovatum, tenue, subpellucidum, supra punctis rubro-fuscis regulariter adspersum et fascia longitudinali mediana rubro-fusca, antice inter acervos ocellorum incipiente, signatum. *Ocellorum* acervi quatuor, ocellis majoribus utrinque 8 umbonibus parvis impositis, minorum acervis parvis triangularibus, utrisque ocellulis circiter 10 conflatis, pone umbones. Longit.....

Leptoplana punctata *Stimpson:* Prodr. I. 4 et 9.

Habitaculum. Sublittoralis inter lapides algis obsessos, ad insulam Ousima (Stimpson).

39. Leptoplana maculosa *STIMPSON*.

Corpus oblongo-ovatum, supra pallide griseum, maculis fuscis sparsis, medianis obscuris, marginibus hyalinis. *Ocellorum* acervi quatuor, ocelli majores utrinque 7, acervos ovatos formantes, extremitatibus areolae hyalinae transversae arcuatae impositi, minorum acervis parvis ante medium areolae sitis, ocellis minoribus 4—6 in areola inter acervos majorum dispersis. Longit.....

An ocelli minores 4—6 inter majores dispersi acervum quintum forment nec ne, e descriptione non satis bene patet.

Leptoplana maculosa *Stimpson:* Prodr. I. 4 et 9.

Habitaculum. Littoralis sub lapidibus in locis limosis portus San Francisco in California (Stimpson).

e) Ocellorum acervi plures; ocelli marginales nulli.

40. Leptoplana delicatula *STIMPSON*.

Corpus subovatum tenerrimum, marginibus undulatis, supra rufo-fuscum, versus marginem pallescens. *Ocellorum* acervi sex, majorum duo umbonibus impositi (ocellis 14 in singulo umbone), minorum acervi quatnor elongati ante et pone umbones siti. Longit. ad 7''', latit. ad 4'''.

Leptoplana delicatula *Stimpson:* Prodr. I. 4 et 9.

Habitaculum. Littoralis inter ulvas in locis arenosis portus Hong-Kong (Stimpson).

41. Leptoplana trullaeformis *STIMPSON.*

Corpus elongatum, capite lato rotundato, retrorsum attenuatum subacutum, supra pallide fuscum, fascia mediana obscuriore pone ocellos. *Ocellorum* acervi septem in areola decolori, majorum duo oblongi obliqui, antrorsum convergentes (ocellis circa 16 in singulo acervo), minorum quinque, tribus ante, duobus parvis pone ocellorum majorum acervos collocatis. Longit. ad 9''', latit. vix 3'''.

Leptoplana trullaeformis *Stimpson:* Prodr. I. 4 et 9.

Habitaculum. In fundo lapidoso profunditate 25 orgyiarum in freto Li-yu-moon prope insulam sinensem Hong-Kong (Stimpson).

42. Leptoplana lyrosora.

Corpus planum ovale, supra laete flavum griseo mixtum, vitta mediana ochracea in tertia corporis heptade incipiente et in initio sextae heptadis desinente, subtus paulo pallidius. *Ocellorum* acervi numerosi, eorum duo magni circulares, minoribus pluribus in semicirculum dispositis antrorsum inter se juncti. *Os* in medio fere corporis. *Aperturae* genitales approximatae in ultimo corporis quadrante, feminea margine violaceo insignita. *Penis* brevis subconicus. Longit. 5''', latit. 2'''.

Ganglion cerebrale subquadrangulare, angulis fila nervea emittentibus.

Polycelis lyrosora *Schmarda:* Neue wirbell. Th. I. 1. 24. Tab. IV. 53.

Habitaculum. Ad rupes in sinu tabulari promontorii bonae spei (Schmarda.)

** Os antrorsum situm [1]).

a) Ocellorum acervus unicus cum ocellis marginalibus vel absque ocellis marginalibus.

α) Ocelli marginales nulli.

43. Leptoplana monosora *SCHMARDA.*

Corpus planum oblongum capite truncato, supra rufo-brunneum, vitta longitudinali mediana obscure-brunnea, subtus brunneum gri-

---

[1]) Oesophagus apice antrorsum directus O. Schmidt in Zeitschr. für wissensch. Zool. XI. 7.

4 •

seo et coeruleo mixtum. *Ocellorum* acervus unicus circularis. *Os* in primo corporis triente. *Apertura* genitalis mascula ante medium corporis, feminea remota in secundo corporis triente. Longit. ultra 7″, latit. 2½‴.

Ganglion triangulare sub ocellorum acervo.

Leptoplana monosora *Schmarda:* Neue wirbell. Th. I. 1. 16, Tab. II. 33.

Habitaculum. Rocky Point prope Trinkomali ad oram orientalem Ceyloniae (Schmarda).

44. Leptoplana striata *SCHMARDA.*

Corpus planum oblongo - ovale, capite et extremitate postica truncatis, supra ochraceum linea mediana longitudinali et tribus utrinque parallelis undulatis obscure brunneis pictum, subtus flavido-albuin, marginibus obscure brunneis. *Ocellorum* acervus unicus ovalis. *Aperturae* genitales approximatae. Longit. 1″, 10‴, latit. 1″.

Ganglion cerebrale hexagonale ocellorum acervo suppositum.

Leptoplana striata *Schmarda:* Neue wirbell. Th. I. 1. 17. Tab. II. 34.

Habitaculum. In oceano libere natantia prope Paita in Peruvia (Schmarda).

45. Leptoplana inconspicua *DIESING.*

Corpus planum ovato - ellipticum albidum rubro-punctatum. *Ocellorum* acervus unicus subcircularis. Longit. 7‴.

Planarideum Pease: in Proceed. Zool. Soc. London 1860. 37. Tab. LXX. 3. 4.

Peasia inconspicua *J. E. Gray* ibid.

Habitaculum. Sub lapidibus ad littora insularum Sandvicensium (Pease).

46. Leptoplana irrorata *DIESING.*

Corpus planum ellipticum pallide flavidum albo- et brunneo-maculatum ac punctulis isabellinis irroratum. *Ocellorum* acervus unicus oblongus. Longit 9‴.

Animalcula vivide natantia et incedentia.

Planarideum Pease in Proceed. Zool. Soc. London 1860, 38. Tab. LXX. 9, 10.

Peasia irrorata *J. E. Gray* ibid.

Habitaculum. Ad littora insularum Sandvicensium (Pease).

47.? Leptoplana collaris *STIMPSON.*

Corpus oblongum, capite truncato, fronte saepius concava, retrorsum attenuatum acutum, supra badium lineis longitudinalibus fuscis duabus in corpore, unica mediana in capite, fascia cervicali transversa alba. *Ocellorum* acervus unicus occipitalis inverse quincunciformis. *Ocelli* marginales? Longit. $\frac{1}{2}''$, latit. 3'''.

Leptoplana collaris *Stimpson:* Proceed. Acad. Philad. VII. 381.
Prosthiostomum collare *Stimpson:* Prodr. 4 et 10.

Habitaculum. Sublittoralis inter algas in rupium fissuris ad oras insulae Loo-Choo (Stimpson).

β) Ocelli marginales.

48. Leptoplana constipata.

Corpus oblongum capite et extremitate postica rotundatis, supra punctis numerosis obscure fulvis, retrorsum in medio confertis, antrorsum fascia pallida longitudinali mediana pictum. *Ocellorum* acervus unicus in areola pellucida, ovali, bilobata; ocelli marginales numerosi in arcum dispositi. Longit. 1'', latit. ad 3'''.

Prosthiostomum constipatum *Stimpson:* Prodr. I. 4 et 10.

Habitaculum. Sublittoralis inter lapides, ad oras insulae Jesso Japoniae borealis (Stimpson).

49. Leptoplana cribraria.

Corpus oblongum marginibus fere parallelis, capite subtriangulari in verticem obtusum desinente, extremitate postica late rotundatum, supra fusco-rufum, maculis parvis decoloribus confertis, margine lacteo. *Ocellorum* numerosorum confertorum acervus unicus hippocrepiformis magnus prope verticem collocatus; ocelli marginales pauci irregulariter dispositi. Longit. 2'', latit. ad 10'''.

Prosthiostomum cribrarium *Stimpson:* Prodr. I. 4 et 10.

Habitaculum. In fundo arenoso et algoso profunditate sex orgyiarum prope oras insulae Jesso (Stimpson).

50. Leptoplana crassiuscula.

Corpus elongato-ovale, crassiusculum, supra obscure fuscum subtus pallide rufum. *Ocellorum* numerosorum acervus unicus ovalis occipitalis in areola pellucida; ocelli marginales frontales et anticolaterales, ad acervum occipitalem usque protensi. Longit. 2'' 4''', lat. 10'''.

Prosthiostomum crassiusculum *Stimpson:* Prodr. I. 4 et 11.

Habitaculum. Littoralis inter lapides ad insulam Ousima. (Stimpson).

51. Leptoplana tenebrosa.

Corpus elongatum capite et extremitate postica rotundatis, supra obscure griseum vel subnigrum, margine pellucido. *Ocellorum* acervus unicus ovalis occipitalis in areola corpore vix pallidiore; ocelli marginales antice interrupti. Longit. 2″, latit. vix 4‴.

Prosthiostomum tenebrosum *Stimpson:* Prodr. I. 4 et 11.

Habitaculum. Littoralis sub lapidibus in locis arenosis portus Hong-Kong (Stimpson).

b) Ocellorum acervi duo unacum ocellis marginalibus vel absque ocellis marginalibus.

a) Ocelli marginales nulli.

52. Leptoplana chilensis *SCHMARDA.*

Corpus planum oblongo-ovale, retrorsum attenuatum, supra rubro-flavum, vitta mediana brevi rubro-brunnea, subtus flavo-cinereum. *Ocellorum* acervi duo circulares remoti. *Os* infra anteriorem corporis trientem. *Apertura* genitalis mascula in medio corporis, feminea masculae approximata. Longit. ultra ½″, latit 3‴.

Oesophagus (pharynx) brevis cylindricus.

Leptoplana chilensis *Schmarda:* Neue wirbell. Th. I. 1. 17. Tab. II. 35.

Habitaculum. In mare ad o as chilenses, prope Viña del mar (Schmarda).

53. Leptoplana macrosora *SCHMARDA.*

Corpus oblongum retrorsum attenuatum, supra flavo-griseum, subtus pallide griseum. *Ocellorum* acervi duo cervicales, longi, curvati, retro medium incrassati. *Os:* fissura longe ovalis. *Aperturae* genitales post medium corporis. Longit. 2½″, latit. 9‴.

Leptoplana macrosora *Schmarda:* Neue wirbell. Th. I. 1. 18. Tab. III. 38.

Habitaculum. In mare caraibico, Port Royal in ins. Jamaica (Schmarda).

β) Ocelli marginales.

54. Leptoplana arcta *DIESING:* Syst. Helm. I. 196.

Habitaculum. Neapoli (Quatrefages).

55. Leptoplana elongata *DIESING:* Syst. Helm. I. 196.

Habitaculum. Brehat, canal la Chambre (Quatrefages).

56. Leptoplana hamata.

Corpus gracilescens, capite rotundato, retrorsum sensim attenuatum, transparens, decolor. *Ocellorum* acervi duo elongati irregulares, ocellis in utroque 15—24; ocelli marginales numerosi (ultra 40), frontales subbiseriales, dextri et sinistri uniseriales. Longit. 4—5'''.

Penis apice corneus unciformis; vesiculae seminales tres, altera principali reliquis accessoriis.

Prosthiostomum hamatum *O. Schmidt:* in Zeitschr. f. wissensch. Zool. XI. (1860), 11, 12 et 31. Tab. I. 6, 7 (cum anatom.).

Habitaculum. Ad oras ins. Cephaloniae (O. Schmidt).

57. Leptoplana obscura *STIMPSON.*

Corpus elongato-ovale, capite subtruncato, supra pallide rubro-fuscum, saepe rufo-maculatum, fascia mediana pallidiore. *Ocellorum* acervi duo lineares, singuli ocellis 3—4 magnis et 5—6 parvis posterioribus divergentibus compositi; ocelli marginales frontales sparsi. Longit. 1'', latit. 4'''.

Leptoplana obscura *Stimpson:* in Proceed. Acad. Philad. VII. 381.
Prosthiostomum obscurum *Stimpson:* Prodr. I. 4 et 10.

Habitaculum. Sublittoralis in locis arenosis et algosis portus Hong-Kong (Stimpson).

58. Leptoplana affinis.

Corpus elongatum, capite subtruncato, fronte sinuata, supra rufo-variegatum, fascia longitudinali mediana obscuriore. *Ocellorum* minutorum acervi duo in lateribus areolae pellucidae parvae; ocelli marginales densi. *Os* infra primam corporis partem sextam. Longit. 10''', latit. 2½'''.

Oesophagus protractus subclavatus truncatus prope extremitatem constrictus.
Prosthiostomum affine *Stimpson:* Prodr. I. 4 et 10.

Habitaculum. Littoralis inter ulvas in locis arenosis portus sinensis Hong-Kong (Stimpson).

59. Leptoplana grandis.

Corpus valde elongatum, capite subtruncato, retrorsum attenuatum, postice acutum, supra pallide fulvum, sparsim rubro-maculatum, fascia longitudinali mediana fusca reticulata. *Ocellorum* acervi duo occipitales triangulares; ocelli marginales frontales. Longit. 6'', latit. ad ½''.

Prosthiostomum grande *Stimpson:* Prodr. I. 4 et 10.

Habitaculum. Sublittoralis, ad oras insulae Ousima (Stimpson).

c) Ocellorum acervi tres et simul ocelli marginales.

60. Leptoplana sparsa STIMPSON.

Corpus oblongum, capite late rotundato, retrorsum parum angustatum, postice acutum, supra pallide fuscum unicolor, interdum macula obscuriore prope extremitatem posticam notatum. *Ocellorum* acervi tres, medio elliptico occipitali majore, duobus lateralibus minoribus interdum evanescentibus; ocelli marginales in margine anteriore et in marginibus antico-lateralibus conferti. Longit. 1″, latit. ½″.

Leptoplana sparsa *Stimpson:* in Proceed. Acad. Philad. VII. 381.
Prosthiostomum sparsum *Stimpson:* Prodr. I. 4 et 11.

Habitaculum. Sublittoralis inter confervas, in portu insulae Kikaisima Japoniae australis (Stimpson).

d) Ocellorum acervi quatuor; ocelli marginales nulli.

61. Leptoplana purpurea SCHMARDA.

Corpus planum oblongum, supra purpureum, vitta mediana denticulata albescente latiore altera obscure-rubra cincta, subtus rubroalbidum. *Ocellorum* acervi quatuor, bini postici ocellis majoribus formati cervicales subcirculares, bini minores subtriangulares antici. *Os* ad finem primi corporis trientis. *Apertura* genitalis mascula retro os, feminea infra medium corporis. Longit. 1″ 9‴, latit. 9‴.

Ganglion cerebrale subtriangulare fila nervea numerosa emittens.

Leptoplana purpurea *Schmarda:* Neue wirbell. Th. I. 1. 19. Tab. III. 39.

Habitaculum. Ad rupes Corallium partis meridionalis ins. Jamaicae (Schmarda).

62. Leptoplana lanceolata SCHMARDA.

Corpus planum lanceolatum, capite rotundato, supra laete flavum, vitta mediana denticulata albida obscure flavo-marginata, ultra initium postici corporis trientis protracta, subtus flavo-album. *Ocellorum* acervi quatuor, bini circulares, bini longitudinales convergentes his antepositi. *Os* ad finem primi corporis trientis. *Apertura* genitalis mascula ante medium corporis, feminea ad finem secundi corporis trientis. Longit. fere 6‴, latit. 2½‴.

Ganglion cerebrale subquadrangulare.

Leptoplana lanceolata *Schmarda:* Neue wirbell. Th. I. 1. 19. Tab. III. 40.

Habitaculum. In oceano pacifico ad littora petrosa prope Valparaiso (Schmarda).

63. Leptoplana formosa *DIESING:* Syst. Helm. I. 199.

Habitaculum. Inter Corallinas profunditate 30 orgyiarum prope Tierra del Fuego, Decembri (Darwin).

64. Leptoplana gracilis.

Prosthiostomum gracile *Girard:* Proceed. Bost. Soc. nat. hist. III. (1850), 251 (cum descriptione manca).

Elasmodes? gracilis *Stimpson:* Prodr. I. 3.

Habitaculum. In portu Bostoniae (Girard).

*** Os retrorsum situm; ocelli marginales nulli.

65. Leptoplana Alcinoi *O. SCHMIDT.*

Corpus elongatum capite rotundato, retrorsum parum attenuatum, laete brunnescens, marginibus transparentibus. *Ocellorum* numerosum acervi duo curvati in formam lyrae dispositi. *Os* retrorsum situm. *Aperturae* genitales retro os, approximatae. Longit. 7'''.

Leptoplanae modestae similis (Schmidt).

Leptoplana Alcinoi *O. Schmidt:* in Zeitschr. f. wissensch. Zool. XI. 7 et 30. Tab. I. 1, 2 (cum anatom.).

Habitaculum. Inter ramos Corallinae et Chondriae ad littus Corcyrae (O. Schmidt).

II. Leptoplanae otholithis instructae [1]).

66. Leptoplana otophora *SCHMARDA.*

Corpus planum oblongum, foliaceum, supra rufo-flavum vitta mediana longitudinali obscuriore, posticum corporis trientem attingente, subtus flavo-griseum. *Ocellorum* acervi duo triangulares apice retrorsum directi, linea ocellorum simplici singulo acervo anteposita. *Otolithothecae* duae, singula otolithis binis prismaticis instructa. *Os* fissura longitudinali ad finem primi corporis trientis. *Apertura* genitalis mascula retro os, feminea in medio fere corporis. *Penis* conicus truncatus. Longit. 10''', latit. 3½'''.

Leptoplana otophora *Schmarda:* Neue wirbell. Th. I. 1. 18. Tab. III. 37. (cum anatom.).

Habitaculum. In oceano indico, Belligamme, ad oras meridionales Ceyloniae (Schmarda).

---

[1]) Fortasse typus familiae propriae, cui nomen *Otoleptoplanidea* imponere mallem, genus unicum hucusque cognitum *Otoleptoplanam* et speciem unicam *O. otophoram* amplectentis.

67. Leptoplana lutea *OERSTED.* — *Dies.* Syst. Helm. I. 199.

68. Leptoplana ellipsis.

Planaria ellipsis *Dalyell:* Powers of the Creator II. 102. Tab. XIV. 5—16
Polycelis ellipsis *Leuckart:* in Troschel's Arch. 1859. II. 183.

Habitaculum. Ad littora Scotiae (Dalyell).

69. Leptoplana variabilis.

Corpus oblongum sublanceolatum flavo-viride vel aurantiacum rubropunctulatum. *Ocellorum* dispositio variabilis. Longit. $^1/_2''$.

Polycelis variabilis *Girard:* in Proceed. Boston Soc. nat. hist. III. 251.

Habitaculum. In portubus Bostoniae et Beverly (Girard).

70. Leptoplana notabilis.

Diplanaria notabilis *Darwin.* — *Dies.* Syst. Helm. I. 202.
Secundum cl. *Stimpson:* Prodr. I. I. forsitan animal sese bipartiens.

An hujus generis?

71. Penula ocellata *KELAART.*

Corpus supra pallide flavo-brunneum maculis (ocellis?) obscure brunneis, subtus pallide flavum. Longit. 2″.

Penula ocellata *Kelaart:* in Journ. of the Ceylon Branch of the Royal Asiatic Society I. 138.

Habitaculum. Ad rupes et algas, in sinubus prope Trincomale, Ceyloniae (Kelaart).

72. Penula punctata *KELAART.*

Corpus album supra rufo-brunneo punctulatum. Longit. ad $1^3/_4''$.

Penula punctata *Kelaart* l. s. c. 138.

Habitaculum. Ad rupes et algas in sinubus prope Trincomale, Ceyloniae (Kelaart).

73. Penula fulva *KELAART.*

Corpus flavidum transverse striatum. Longit. $2^1/_2''$.

Penula fulva *Kelaart* l. s. c. 139.

Habitaculum. Ad rupes et algas in sinubus prope Trincomale Ceyloniae (Kelaart).

74. Penula alba *KELAART.*

Corpus angustum album. Longit. $1^1/_2''$.

Penula alba *Kelaart* l. s. c. 139.

Habitaculum. Ad rupes et algas in sinubus prope Trincomale Ceyloniae (Kelaart).

XXV. CENTROSTOMUM *DIESING*. Charact. amplif.

Planariae spec. *Mertens* et *Darwin*. — Leptoplanae spec. *Oersted* et *Schmarda*. — Discocelis? *Ehrenberg*.

Corpus planum dilatatum. *Caput* corpore continuum. *Tentacula* nulla. *Ocelli* numerosi in acervos duos dispositi. *Os* ventrale in medio corporis vel antrorsum situm, oesophago multilobo. *Aperturae* genitales retrorsum sitae. — Maricolae utriusque hemisphaerae.

° Os in medio corporis.

1. Centrostomum lichenoides *DIESING* : Syst. Helm. I. 199 adde :

Discocelis? lichenoides *Ehrenberg*: Acaleph. d. roth. Meeres 67 (solum nomen).

Centrostomum lichenoides *Stimpson*: Prodr. I. 3.

Habitaculum. Ad insulam Sitcha (**Mertens**).

2. Centrostomum incisivum *DIESING* : Syst. Helm. I. 200 adde :

Secundum cl. *Stimpson*: Prodr. I. 1. forsitan animal sese bipartiens.

Habitaculum. Ad promontorium viride in sinu St. Jago, Februario (**Darwin**).

3. Centrostomum polycyclium *SCHMARDA*.

Corpus planum oblongo-ovale margine undulato, supra citrinum, vitta mediana angusta alba rubro-marginata ab initio secundi usque ad initium ultimi corporis quadrantis protensa; superficie dorsali in areas quatuor aequales divisa, area singula lineis purpureis concentricis, centralibus triangulum et exterioribus circulum formantibus, picta; superficie ventrali flavo-alba. *Ocellorum* acervi duo parvi elongati. *Os* in medio corporis, oesophago sexlobato. *Apertura* genitalis mascula in initio ultimi trientis, feminea in initio ultimae corporis partis sextae. Longit. ultra 7‴, latit. 4½‴.

Centrostomum polycyclium *Schmarda*: Neue wirbellose Thiere I. 1. 24. Tab. V. 55.

Habitaculum. In oceano indico prope Belligamme ad oram meridionalem Ceyloniae (**Schmarda**).

4. Centrostomum taenia *SCHMARDA*.

Corpus taeniaeforme, coerulescente-rubrum. *Ocellorum* acervi duo longitudinales paralleli, cervicales. *Os* in medio corporis, oesophago sexpartito. *Aperturae* genitales approximatae, in ultimo corporis quadrante. Longit. 1″ 9‴, latit. 7½‴.

> Centrostomum taenia *Schmarda:* Neue wirbell. Th. I. 1. 24. Tab. V. 54.

Habitaculum. In oceano pacifico prope Paita ad oras Peruviae (Schmarda).

** Os antrorsum situm.

5. Centrostomum Gigas.

Corpus planum, oblongo-ovale, supra flavum, maculis parvis et punctis numerosis brunneis et violaceis, versus dorsi lineam medianam obscuriorem crebrioribus pictum, subtus pallide flavum. *Ocellorum* minimorum acervi duo circulares. *Os* circulare in anteriore corporis triente, oesophago cylindrico, limbo sexpartito. *Apertura* genitalis mascula parum ante medium corporis, feminea a prima remota, retrorsum sita. Longit. fere 6″, latit. 2½″.

> Ganglion cerebrale oblongum obsolete bilobum, fila nervea numerosa emit-
> tens, inter acervos ocellorum.
>
> Leptoplana gigas *Schmarda:* Neue wirbell. Th. I. 1. 17. Tab. III. 36.

Habitaculum. In mare libere natans, prope Belligamme ad oras meridionales Ceyloniae (Schmarda).

Dubii generis cives:

6. Centrostomum dubium *SCHMARDA.*

Corpus ovale-oblongum, margine undulato, supra rufo-flavum, maculis parvis albidis vittaque mediana angusta denticulata lacte flava brunnescenti-marginata, ante finem primi corporis quadrantis incipiente et ad tertium desinente pictum, subtus dorso pallidius. *Ocellorum* acervi duo elliptici, halone semilunari. *Os* in medio corporis, circulare, exiguum, oesophago... *Apertura* genitalis mascula inter aperturam femineam et os, feminea in initio ultimi corporis trientis. Longit. 11‴, latit. 5½‴.

> Centrostomum dubium *Schmarda:* Neue wirbell. Th. I. 1. 25. Tab. V. 57.

Habitaculum. In oceano indico, ad oram orientalem Ceyloniae (Schmarda).

7. Centrostomum polysorum *SCHMARDA.*

Corpus oblongo-ovale margine undulato, capite truncato, supra sordide flavum in viride et brunneum vergens, vitta mediana brunnea maculis irregularibus albis, ab initio secundae usque ad initium ultimae corporis partis quintae extensa, subtus pallide flavum. *Ocello-*

rum acervi 7, eorum unus ante initium vittae medianae collocatus magnus, ovalis impar, reliquis ternatim per paria illi antepositis; ocelli acervi paris primi et secundi irregulares, tertii multo majores postice dilatati, antice lineares. *Os parum infra medium corporis situm*, oesophago cylindrico, limbo obsolete crenato. Longit. $6^1/_2'''$, latit. $3^1/_2'''$.

> Ganglion cerebrale globosum.
>> Centrostomum polysorum *Schmarda:* Neue wirbellose Thiere I. 1. 25. Tab. V. 56.

Habitaculum in oceano pacifico Aucklandiae in Nova Zelandia (**Schmarda**).

> Oesophagus cylindricus nec multilobus limbo obsolete crenato, nec non acervorum ocellatorum numerus cum charactere generico haud bene quadrant.

XXVI. DIPLONCHUS *STIMPSON.*

Corpus oblongum depressinsculum. *Caput* corpore continuum papilla occipitali bilobata. *Tentacula* nulla. *Ocelli* numerosi partim papillae capitis impositi, partim ante papillam siti. *Os* ventrale ante corporis medium, oesophago . . . *Aperturae* genitales retro os sitae. — Maricolae, oceani sinensis.

1. Diplonchus marmoratus *STIMPSON.*

Corpus crassiusculum oblongo-ellipticum postice rotundatum, supra brunneum, maculis albis reniformibus insignitum. *Caput* subangustatum, papilla elliptica bilobata. *Ocelli* minuti, partim papillae capitis impositi, partim in acervum linearem ante papillam situm dispositi. Longit. $3'' 3'''$, latit. $1'' 4'''$.

> Diplonchus marmoratus *Stimpson:* Prodr. I. 4 et 11.

Habitaculum. Sublittoralis inter lapillos, ad oras insulae Ousima (**Stimpson**).

** Pseudotentacula duo, frontalia.

Familia XIII. Nautiloplanidea. *STIMPSON.* Charactere aucto. Corpus planum. Caput corpore continuum vel discretum pseudotentaculis duobus frontalibus. Ocelli nulli. Os ventrale antrorsum vel retro corporis medium situm, oesophago cylindrico aut multilobo. Aperturae genitales retro vel ante os sitae. — Maricolae utriusque hemisphaerae.

XXVII. SCHMARDEA *DIESING.*

Euryleptae spec. *Schmarda.*

Corpus planum oblongo-ovale. *Caput* corpore continuum, pseudotentaculis duobus frontalibus. *Ocelli* nulli. *Os* ventrale antrorsum
situm, oesophago cylindrico. *Aperturae* genitales retro os, infra
medium corporis sitae. — Maricolae hemisphaerae septentrionalis.

1. Schmardea rubrocincta *DIESING.*

Corpus planum oblongo-ovale, supra viridi-nigrum vel velutino-
nigrum, punctulis sparsis albis consitum, margine undulato coccineo,
subtus obscure griseum, margine lato sordide rubro. *Pseudotentacula* obtusa. *Os* circulare. *Aperturae* genitales approximatae. Longit.
fere 4″, latit. ad 2″.

> Eurylepta rubrocincta *Schmarda:* Neue wirbell. Th. I. 1. 26. Tab. V. 58.

Habitaculum. In oceano indico prope Belligamme ad oram
meridionalem Ceyloniae (S c h m a r d a).

XXVIII. NAUTILOPLANA *STIMPSON.*

Planariae spec. *Darwin.* — Euryleptae spec. *Diesing.* — Carenoceraeus *Schmarda.*

Corpus planum. *Caput* discretum, pseudotentaculis (auriculis)
duobus frontalibus. *Ocelli* nulli. *Os* ventrale retro medium corporis
situm, oesophago multilobo. *Aperturae* genitales ante os, antrorsum
sitae. — Maricolae hemisphaerae australis.

1. Nautiloplana oceanica *STIMPSON.*

> Eurylepta oceanica *Diesing:* Syst. Helm. I. 211.
> Nautiloplana oceanica *Stimpson:* Prodr. I. 2.
> Carenoceraeus oceanicus *Schmarda:* Neue wirbell. Th. I. 1. 14.

Habitaculum. In oceano sub latitudine 5° australi et longitudine 33° occidentali, Februario (D a r w i n).

Forma oesophagi ignota incertum cui generi hujus familiae adnumerandus.

Proceros cristatus *QUATREFAGES.*

Corpus planum subellipticum, albo-flavum, lineis longitudinalibus
undulatis nigris subconcentricis parallelis utrinque quatuor, crista
dorsali corpori fere aequilonga. *Pseudotentacula* longa. *Ocelli*
nulli. *Os* in medio fere corporis, oesophago . . . *Aperturae* genitales . . . . Longit. 12—14‴, latit. 4—5‴.

Proceros cristatus *Quatrefages:* in Annal. d. sc. nat. trois. ser. IV. 139,
Tab. III. 7. — *Thompson:* in Ann. nat. hist. XVIII. 392.
Eurylepta cristata *Diesing:* Syst. Helm. I. 210.
Prostheceraeus cristatus *Schmarda:* Neue wirbell. Th. I. 1. 30 nota.

Habitaculum. In rupium fissuris maritimis prope St. Vast la
Hougue. (Quatrefages).

A. cl. *Thompson:* l. s. c. cum Planaria vittata Montagu identica habetur,
cui tamen defectus ocellorum repugnat.

Familia XIV. Euryleptidea. *STIMPSON.* Charactere
aucto. *Corpus* planum dilatatum supra laeve vel papillosum. *Caput* a
corpore plus minusve discretum, pseudotentaculis duobus frontalibus.
Ocelli numerosi cervicales, vel simul pseudotentaculis impositi. *Os*
ventrale in medio fere corporis vel antrorsum situm, oesophago cylindrico. *Aperturae* genitales duae ante vel retro os. — Maricolae
utriusque hemisphaerae.

a) Corpus laeve.

XXIX. EURYLEPTA *HEMPRICH* et *EHRENBERG.* Charactere modific.

Planariae spec. *Müller.* — Peasiae spec. *J. E. Gray.*

Caput dilatatum planum laeve. *Caput* a corpore subdiscretum,
pseudotentaculis duobus frontalibus. *Ocelli* in acervum unum vel duos
dispositi. *Os* ventrale antrorsum situm, oesophago cylindrico. *Aperturae* genitales ante os sitae. — Maricolae hemisphaerae borealis.

Character hujus generis nequaquam satis stabilitus. Character genericus
a cel. viris *Hemprich* et *Ehrenberg* expositus sequens: „Corpus depressum,
planum ore anoque discretis, inferis, ocellorum acervo in cervice sessili, unico
(plicis frontalibus tentaculiformibus duabus), ovario postico". Character a cl.
Stimpson modificatus: „Corpus laeve, tenue. Caput vix subdiscretum. Plicae
tentaculares marginales approximatae. Ocelli in acervum minutum cervi-
calem. Os ab apice circiter quartam corporis partem remotum. Apertura
genitalis mascula ante, foeminea pone os sita (an semper?)". Character
hujus generis a cl. *Schmarda* ita modificatus: „Corpus planum laeve. Os anticum. Pseudotentacula duo frontalia. Sori oculorum cervicales nec non marginales nonnunquam etiam in tentaculis, vel in soror ad tentaculorum basim
vel apicem dispositi; rarissime nulli. Maricolae". — Genus hoc a cel. *Ehrenberg*
Rhabdocoelis, a cl. *Oersted, Stimpson* et *Schmarda* vero Dendrocoelis adnume-
ratum. Character essentialis, dispositionem aperturarum genitalium attinens, a
cl. *Stimpson* Euryleptae adscriptus, num in omnibus speciebus recurrit nec ne,
nondum certus.

* Ocelli in acervum unicum coaliti.

1. **Eurylepta praetexta** *HEMPRICH* et *EHRENBERG.* — *Dies.* Syst.
Helm. I. 208. adde:

Stimpson Prodr. I. 2.

Habitaculum. Inter Corallia maris rubri prope Tor (Hemprich et Ehrenberg).

2. Eurylepta flavomarginata *HEMPRICH* et *EHRENBERG*. — *Dies.* Syst. Helm. I. 208. adde:

Stimpson Prodr. I. 2.

Habitaculum. Inter Corallia maris rubri ad insulas Ras et Gusr Arabiae meridionali finitimas (Hemprich et Ehrenberg).

3. Eurylepta cornuta *HEMPRICH* et *EHRENBERG*. — *Dies.* Syst. Helm. I. 208. adde:

Dalyell: Powers of the Creator II. (1853), 97—101. Tab. XIV. 1—3 (et de evolutione). — Stimpson Prodr. I. 2. — J. Müller: in ejus Arch. 1858. 301.

Prostheceraeus cornutus Schmarda: Neue wirbell. Th. I. 1. 30 nota.

Habitaculum. In sinubus littoris Christiansandensis, inter rupes Lynger, et in sinu Dröbachensi (Müller); Bristolis (Johnston); ad littora Scotiae (Dalyell).

4. Eurylepta velutina *DIESING.* Syst. Helm. I. 210. adde:

Stimpson Prodr. I. 2.

Habitaculum. Genuae, in portu (Blanchard).

5. Eurylepta vittata *DIESING.* Syst. Helm. I. 209.

Habitaculum. Inter Spongiam tubulosam Devonshire, Augusto (Montagu); in Anglia (Thompson).

Secundum cl. Thompson: in Ann. nat. hist. XVIII. 1846. 392. species haec cum Procero cristato Quatref. identica.

6. Eurylepta maculata *DIESING.*

Corpus ovale, tenue, marginibus incrassatis, supra flavo-isabellinum, versus marginem aurantiacum, maculis circularibus magnis griseo-viridibus albo-cinctis crebris in tota corporis superficie dispositis pictum, subtus pallide roseum immaculatum, margine flavido obsolete maculato. *Pseudotentacula* brevia. *Ocellorum* acervus haud procul a margine frontali. Longit. 1″ 3‴, latit. fere 11‴ (secundum iconem).

Planarideum Pease in Proceed. Zool. Soc. Lond. 1860. 38. Tab. LXX. 7. 8. Peasia maculata J. E. Gray ibid.

Habitaculum. Ad littora insularum Sandvicensium (Pease).

7. Eurylepta fulminata *STIMPSON.*

Corpus oblongo-ovale, supra rubro-fuscum, viride-punctatum, fasciis obliquis rufis fusco-marginatis, in medio contiguis. *Pseudo-*

tentacula lata, approximata, macula flava ad basim marginis externi. *Ocellorum* acervus in papilla cervicali minuta ovali. Longit. 1″ 3‴, latit. 7‴.

> Eurylepta fulminata *Stimpson*: in Proceed. Acad. Philad. VII. 380. — Idem Prodr. I. 2 et 7.

Habitaculum. Inter corallia profundidate orgyiarum duarum lecta, prope oras insulas Loo-Choo (Stimpson).

8. Eurylepta nigra STIMPSON.

Corpus elongato-ellipticum, supra nigrum, rufo-marginatum, subtus albescens. *Pseudotentacula* parva, gracilia, nigra ad apicem alba. *Ocellorum* acervus in papilla cervicali, lineae albae longitudinali medianae brevi imposita. Longit. 3″, latit. 10‴.

> Eurylepta nigra *Stimpson* Prodr. I. 8.

Habitaculum. Littoralis inter rupes, ad oras insulae Ousimae Japoniae australis (Stimpson).

9. Eurylepta guttato-marginata STIMPSON.

Corpus oblongo-ovatum retrorsum latius, supra album, margine serie macularum purpurearum ornatum. *Pseudotentacula* brevia. *Ocellorum* circa 12 acervus minutus pone pseudotentacula. Longit. ½″, latit. ultra 3‴.

> Eurylepta guttato-marginata *Stimpson*: in Proceed. Acad. Philad. VII. 380. — Idem Prodr. I. 2 et 8.

Habitaculum. Littoralis, in rupium fissuris, ad insulam Loo-Choo (Stimpson).

10. Eurylepta japonica STIMPSON.

Corpus oblongo-ovale, marginibus undulatis, supra falvum, albo-punctatum. *Pseudotentacula* approximata, subtriangularia, acuta. *Ocellorum* aequalium acervus pone pseudotentacula in areola parva ovata, antice acuminata. Longit. fere 3″, latit. 1″ 4‴.

> Eurylepta japonica *Stimpson* Prodr. I. 2 et 8.

Habitaculum. Sublittoralis inter lapides, ad oras insulae Jesso Japoniae borealis (Stimpson).

11. Eurylepta coccinea STIMPSON.

Corpus oblongum, capite et extremitate postica rotundatis, supra rubrum maculis albis inconspicuis, marginibus purpureis undulatis fere parallelis. *Pseudotentacula* parva approximata. *Ocellorum* acervus minutus pone pseudotentacula. Longit. 2″, latit. 8‴.

Eurylepta coccinea *Stimpson* Prodr. l. 2 et 8.

Habitaculum. Sublittoralis in rupibus ad insulam Loo-Choo (Stimpson).

* * Ocelli in acervos duos coaliti.

12. Eurylepta interrupta *STIMPSON*.

Corpus ovale, supra pallide fuscum, fascia longitudinali mediana nigra interrupta, marginibus linea prima simulque extima hyalina, secunda nigra, tertia aurantiaca, quarta vel intima latiore nigro-fusca, omnibus frequenter interruptis. *Pseudotentacula* prominentia. *Ocellorum* acervi cervicales duo lunati, paralleli, antrorsum convexi. Longit. ³₄″, latit. vix 4‴.

Eurylepta interrupta *Stimpson*: in Proceed. Acad. Philad. VII. 380. — Idem Prodr. l. 2 et 8.

Habitaculum. Littoralis sub lapidibus, in locis arenosis ad oras insulae Loo-Choo (Stimpson).

Species inquirendae.

13. Eurylepta pulchra *OERSTED*.

Corpus oblongum, capite acutiusculo, extremitate postica obtusa, marginibus undulatis, supra rubescens; in medio dorso linea coccinea antice ramificata; ad latera puncta numerosa sparsa coccinea, subtus albescens. *Ocelli* numerosi et in margine anteriore et in basi pseudotentaculorum. Longit....

Eurylepta pulchra *Oersted*: in Kroyer's Naturhist. Tidssk. I. (1844— 1845), 413.

Habitaculum. Christianiae prope Drobaeum (Oersted).

Ocellorum dispositio haud perfecte cognita.

14. Eurylepta auriculata *DIESING*: Syst. Helm. I. 211.

Habitaculum. In aqua marina sinuum Norvegiae (Müller).

Ocelli in hac specie haud observati.

XXX. PROCEROS *QUATREFAGES*. Charactere aucto.

Planariae spec. *Thompson*. — Euryleptae spec. auct. — Prosthoceraei spec. *Schmarda*.

Corpus dilatatum planum laeve. *Caput* a corpore subdiscretum pseudotentaculis duobus frontalibus. *Ocelli* capitis in acervum unicum vel acervos 2, vel plures dispositi et plerumque pseudotentaculis impositi. *Os* ventrale, antrorsum vel in medio corporis situm, oesophago cylindrico. *Aperturae* genitales retro os sitae. — Maricolae utriusque hemisphaerae.

* Os antrorsum situm.

a) Ocellorum capitis acervus unicus. Ocelli in pseudotentaculis vel nulli.

a) Ocelli in pseudotentaculis nulli.

1. Proceros nigrocinctus.

Corpus planum ovale, supra rubescens, maculis elongatis violaceis et brunneis, duabus plerumque approximatis, margine sinuoso nigro, vitta mediana albida secundum et tertium corporis quadrantem non excedente, subtus rubescens. *Pseudotentacula* remota. *Ocellorum* acervus minimus inter pseudotentacula positus; ocelli in pseudotentaculis nulli. *Os* circulare in primo corporis triente. *Aperturae* genitales approximatae retro corporis medium. Longit. 1″, latit. 10‴.

Eurylepta nigrocincta *Schmarda:* Neue wirbell. Th. I. 1. 26. Tab. V. 39.

Habitaculum. In Oceano indico, Belligamme, ad oram meridionalem Ceyloniae (Schmarda).

2. Proceros albicornis *STIMPSON.*

Corpus late ovale, supra fuscum albo-punctatum. *Pseudotentacula* remota alba. *Ocelli* inaequales in areola clara magna oblongo ovali (in acervum unicum?) dispositi, majores anteriores; ocelli in pseudotentaculis nulli. Longit. 1″ 4‴, latit. 11‴.

Proceros albicornis *Stimpson:* Prodr. I. 2 et 7.

Habitaculum. Sublittoralis, inter lapides algis obsessos ad oras insulae Jesso Japoniae borealis (Stimpson).

β) Ocelli in pseudotentaculis.

3. Proceros striatus.

Corpus oblongo-ovale, supra flavum vittis tribus longitudinalibus, mediana latissima, brunneis, marginibus corporis undulatis nigris vel brunneis, subtus pallidius. *Pseudotentacula* lata. *Ocellorum* acervus cervicalis rhomboidalis; ocelli in pseudotentaculis marginales interni. *Os* in primo corporis triente. *Apertura* genitalis mascula ori approximata, feminea in medio corporis. Longit. ad 3″, latit. 16‴.

Eurylepta striata *Schmarda:* Neue wirbell. Th. I. 1. 27. Tab. V. 62.

Habitaculum. In oceano indico ad oram orientalem et meridionalem Ceyloniae, frequens (Schmarda).

5*

4. Proceros cardiosorus.

Corpus ellipticum capite truncato, supra flavo-brunneum, vitta mediana rufo-brunnea corporis fere longitudine, subtus pallide rufo-brunneum, marginibus corporis undulatis. *Pseudotentacula* parva gracilia. *Ocellorum* acervus cervicalis cordiformis; acervi in pseudotentaculis terminales. *Os* circulare in primo corporis triente. *Apertura* genitalis mascula ante, feminea infra corporis medium. Longit. vix $1/2''$, latit. $4'''$.

Eurylepta cardiosora *Schmarda*: Neue wirbell. Th. I. 1. 28. Tab. V. 63.

Habitaculum. In oceano indico ad oras Ceyloniae (Schmarda).

5. Proceros superbus.

Corpus oblongo-ovale, capite truncato, supra citrinum, maculis numerosis violaceis vel purpureis halone plerumque ovali pallidiore cinctis, vitta mediana pallidiore in anteriore parte stria longitudinali violacea insignita, subtus pallide flavum, marginibus corporis undulatis supra et subtus violaceis. *Pseudotentacula* clavata. *Ocellorum* acervus frontalis circularis; ocelli pseudotentaculorum in eorum fere medio seriatim dispositi. *Os* circulare in primo corporis triente. *Apertura* genitalis mascula in medio fere corporis, feminea in initio ultimi corporis trientis. Longit. $4''$, latit. $2''$.

Eurylepta superba *Schmarda*: Neue wirbell. Th. I. 1. 28. Tab. V. 64.

Habitaculum. In oceano indico inter algas, ad oram orientalem Ceyloniae (Schmarda).

b) Ocellorum capitis acervi duo. Ocelli in pseudotentaculis vel nulli.

α) Ocelli in pseudotentaculis nulli.

6. Proceros sanguinolentus *QUATREFAGES*.

Corpus planum ellipticum, supra flavo-brunneum, margine lato coeruleo-cinereo. *Pseudotentacula* brevia coeruleo-alba. *Ocellorum* inaequalium acervi duo elongati antrorsum convergentes in areola alba. *Os* subterminale circulare exiguum. *Apertura* genitalis mascula in primo corporis quadrante, feminea in medio fere corporis. Longit. $8—10'''$, latit. $5—6'''$.

Proceros sanguinolentus *Quatrefages*: in Annal. des sc. nat. 3. ser. IV. 138. Tab. IV. 4 (animal.) Tab. VI. 5, 7 et 13. Tab. VIII. 3 (anatom.) — *W. Thompson*: in Ann. nat. hist. XVIII. (1846). 392. — *Stimpson* Prodr. 1. 2.

Planaria cornuta *W. Thompson* (nec *Müller*): in Ann. nat. hist. XV. (1845), 320.

Eurylepta sanguinolenta *Diesing:* Syst. Helm. I. 209.

Habitaculum. Prope St. Malo ad Fucos (Quatrefages); ad littora Hiberniae (Thompson).

β) Ocelli in pseudotentaculis.

7. Proceros violaceus.

Corpus ovato-truncatum, supra violaceum, margine undulato, subtus pallidius in purpureum vergens. *Pseudotentacula* approximata violacea. *Ocellorum* acervi duo, frontalis minimus et cervicalis semilunaris margine convexo antrorsum directo; ocelli in pseudotentaculis terminales. *Os* in fine primi corporis trientis. *Aperturae* genitales approximatae, mascula ante medium, feminea in medio corporis. Longit. 2 1/2", latit. 1" 8"'.

Eurylepta violacea *Schmarda:* Neue wirbell. Th. I. t. 27. Tab. V. 61.

Habitaculum. In oceano indico ad oram orientalem et meridionalem Ceyloniae (Schmarda).

c) Ocellorum acervi in capite sex et ocelli in pseudotentaculis.

8. Proceros Argus *QUATREFAGES.*

Corpus planum subellipticum, supra flavidum linea mediana rosea, retrorsum aurantiacum, sparse albo-punctatum, punctulis marginalibus violaceis. *Pseudotentacula* brevia crassa parum inter se remota pallide flava. *Ocellorum* inaequalium acervi cervicales quatuor in quadrangulum dispositi, acervi frontales duo inter pseudotentacula sita; ocelli in pseudotentaculis numerosi. *Os* subterminale circulare exiguum. *Apertura* genitalis mascula in anteriore corporis quadrante, feminea postposita. Longit. ad 3"', latit. 1—1 1/2"'.

Proceros Argus *Quatrefages:* in Annal. des sc. nat. 3. ser. IV. 137. 138. Tab. III. 5. 6. — *Stimpson* Prodr. I. 2.

Eurylepta Argus *Diesing:* Syst. Helm. I. 209.

Prostheceraeus Argus *Schmarda:* Neue wirbell. Th. I. t. 30 nota.

Habitaculum. Prope St. Malo, ad Fucos (Quatrefages).

** Os in medio corporis situm.

9. Proceros orbicularis.

Corpus suborbiculare supra ochraceum, subtus albido-flavum, marginibus corporis undulatis. *Pseudotentacula* parum inter se remota, angusta, pallide flava. *Ocellorum* acervi cervicales duo sub-

triangulares; ocellorum acervi in pseudotentaculis terminales semilunares. *Os* in medio corporis, circulare. *Aperturae* genitales in
ultimo corporis triente. Longit. 10''', latit. fere 10'''.

> Eurylepta orbicularis *Schmarda:* Neue wirbell. Th. I. 1. 28. Tab. VI. 65.
> Habitaculum. In mare caraibico, ad oram meridionalem Ja-
> maicae (Schmarda).

10. Proceros miniatus.

Corpus planum ovato-truncatum, supra miniatum, maculis albis
obsoletis, margine undulato externo obscure coeruleo, interno coeruleo-
albo, vitta mediana obscura per totam fere corporis longitudinem
decurrente. *Pseudotentacula* remota angulosa corpori concoloria.
Ocellorum acervi quinque, bini frontales circulares juxtapositi inter
pseudotentacula, et tres subsequentes in triangulum dispositi. *Os* in
medio fere corporis. *Apertura* genitalis mascula in medio corporis,
feminea huic approximata. Longit. fere 3'', latit. ultra 2''.

> Eurylepta miniata *Schmarda:* Neue wirbell. Th. I. 1. 27. Tab. V. 60.
> Habitaculum. In oceano indico, prope Trinkomali ad oram
> orientalem Ceyloniae (Schmarda).

Species inquirendae:

11. Proceros limbatus.

> Eurylepta limbata *Oersted. — Dies.* Syst. Helm. I. 210.
> Habitaculum. Inter corallia maris rubri prope Tor (Rüppell).

12. Proceros Zebra.

> Eurylepta Zebra *Diesing:* Syst. Helm. I. 211.
> Habitaculum. Inter Corallia maris rubri prope Tor (Rüppell).
> Ocellorum praesentia in speciebus 11. et 12. ignota; quod si verum ad
> familiam Nautiloplanideorum essent referendae.

β) Corpus papillosum.

XXXI. PLANEOLIS *STIMPSON.*

> Eolidicerotis spec. *Quatrefages.* — Thysanozoi spec. *Diesing.*

Corpus dilatatum planum, supra papillosum, papillis sparsis serie
simplici in formam ellipsis dispositis, subtus laeve. *Caput* a corpore
discretum, pseudotentaculis duobus frontalibus. *Ocelli* numerosi
in capite et pseudotentaculis. *Os* ventrale in medio fere corporis,
oesophago . . . *Aperturae* genitales . . . — Maricolae, hemisphaerae
borealis.

1. **Planeolis Panormus** *STIMPSON.*

> Eolidiceros Panormus *Quatrefages:* in Annal. de sc. nat. 3. ser. IV. 142.
> 143. Tab. III. 2 (animal.) 3 (ocellor. dispos.) et 17. Tab. VI. 6 et 12
> (anatom.).
> Thysanozoon Panormus *Diesing:* Syst. Helm. I. 213.
> Planeolis Panormus *Stimpson:* Prodr. I. 2.
> Thysanozoon (Eolidiceros) Panormus *Schmarda:* Neue wirbell. Th.
> I. 1. 29.

H a b i t a c u l u m. Panormi ad rupes de Porta-Felice (Q u a t r e-
f a g e s).

XXXII. THYSANOZOON *GRUBE.*

Planariae spec. *Delle Chiaje* et *Risso.* — Stylochi spec. *Diesing.* — Eolidiceri
spec. *Quatrefages.* — Peasiae spec. *J. E. Gray.*

Corpus dilatatum planum, supra undique papillosum, papillis
longis, subtus laeve. *Caput* a corpore discretum, pseudotentaculis
duobus in margine frontali resupinato. *Ocelli* numerosi in capite et
interdum in pseudotentaculis. *Os* ventrale in medio fere corporis vel
antrorsum situm, oesophago cylindrico. *Apertura* genitalis mascula in
medio vel parum supra vel infra medium corporis, feminea in medio
corporis v. retrorsum sita. — Maricolae, utriusque hemisphaerae.

De systemate vasorum aquiferorum et de organis genitalibus hujus generis
cfr. *Schultze:* Bericht d. phys. med. Gesellsch. zu Würzburg 1853. 222. — Obser-
vationem de embryone probabiliter ad hoc genus spectante, vide in *Schmarda:*
Neue wirbell. Th. I. 1. 30.

* Ocelli in pseudotentaculis nulli.

1. **Thysanozoon Diesingii** *GRUBE.* — *Dies.* Syst. Helm. I. 212. adde:

> *Max. Müller:* Observ. anatom. de verm. quibusd. maritim. Diss. inaug.
> 1852. 27 (de corpusc. bacillar.). — *Grube:* in Troschel's Arch.
> 1855. I. 143 (cum diagn.). — *Stimpson:* Prodr. I. 2. — *Schmarda:*
> Neue wirbell. Th. I. 1. 29.

H a b i t a c u l o adde: In oceano indico, ad oram orientalem
Ceyloniae (S c h m a r d a).

2. **Thysanozoon tuberculatum** *OERSTED.* — *Dies.* Syst. Helm.
I. 212.

H a b i t a c u l u m. Inter algas castri Luculli (D e l l e C h i a j e).

3. **Thysanozoon Dicquemaris** *OERSTED.* — *Dies.* Syst. Helm. I.
212. adde:

> Planaria Dicquemari *Risso.* — *Verany:* Catalogo degli animali inverte-
> brati marini del golfo di Genova e Nizza. 1846. 9.
> Thysanozoon Dicquemaris *Oersted.* — *Stimpson* Prodr. I. 2.

Habitaculum. In mare mediterraneo inter lapides, Aprili (Risso), ibidem (Verany).

4. Thysanozoon Fockei *DIESING*: Syst. Helm. I. 213. adde:

Stimpson Prodr. I. 2.

Habitaculum. Ad littora maris adriatici, Tergesti (Focke).

5. Thysanozoon australe *STIMPSON*.

Corpus ovale, utrinque late rotundatum, supra fusco nigroque maculatum, papillis subaequalibus, regulariter dispersis, circiter 60 obsessum; papillae magnae, fuscae, tuberculis prominentibus flavis ornatae. *Pseudotentacula* mediocria, gracilia. *Ocellorum* acervus parvus, ovatus, postice macula alba cuneiformi interruptus. Longit. 1″, latit. ultra ½″.

> Thysanozoon australe *Stimpson:* in Proceed. Acad. Philad. VII. 389. — Idem Prodr. I. 2 et 7.

Habitaculum. Inter spongias profunditate 6 orgyiarum, in portu Jackson Australiae (Stimpson).

6. Thysanozoon discoideum *SCHMARDA*.

Corpus orbiculare, supra aurantiacum vel sanguineum papillis longis cylindricis, nigro-brunneis vel nigris, subtus dorso pallidius. *Pseudotentacula* semicylindrica. *Ocellorum* acervus cervicalis circularis halone decolore cinctus. *Apertura* genitalis mascula centralis, feminea in medio ultimi corporis trientis. Longit. ultra 7‴, latit. 7‴.

> Corpuscula bacilliformia curvata numerosa $\frac{1}{60}$‴ longa, $\frac{1}{360}$‴ lata in papillis inclusa.

> Thysanozoon discoideum *Schmarda:* Neue wirbell. Th. I. 1. 29. Tab. VI. 66.

Habitaculum. In oceano indico, prope Belligamme, ad oram meridionalem Ceyloniae (Schmarda).

7. Thysanozoon tentaculatum *DIESING*.

Corpus ovale tenue transparens, marginibus valde undulatis coccineis, supra clare isabellinum, papillis obscurioribus retractilibus numerosis subcylindricis, attenuatis vel subclavatis, apice mucronatis mucronibus retractilibus, subtus pallidius quam supra. *Pseudotentacula* approximata nigricantia. *Ocellorum* acervus unicus subcircularis haud procul a margine frontali. Longit. 1½″, latit. ad 1″ (secundum iconem).

Mucrones in apice papillarum fortasse nil aliud quam corpuscula bacilliformia sicut in specie praecedente sed extus prominentia.

Planarideum Pease in Proceed. Zool. Soc. Lond. 1860. 37. Taf, LXX. 56.

Peasia lentaculata *J. E. Gray* ibid.

Habitaculum. Sub lapidibus, raro ad littora insularum Sandvicensium (Pease).

* * Ocelli in pseudotentaculis.

8. Thysanozoon Brocchi *OERSTED.* — *Dies.* Syst. Helm. I. 213.
adde:

Thysanozoon Brocchi? *Grube:* in Troschel's Arch. 1855. I. 140—145
et 158 (cum descr. et anatom. specim. adulti). Tab. VI, 4. 5.

Thysanozoon Brocchi: *Stimpson* Prodr. I. 2. — *Schmarda:* Neue wirbell.
Th. I. 1. 29.

Habitaculum. Sub saxo calcareo, Julio, Villafrancae prope
Nicaeam (Jouanny Bruyard).

9. Thysanozoon violaceum *OERSTED.* — *Dies.* Syst. Helm. I. 214.
adde:

Thysanozoon (Eolidiceros) violaceum *Schmarda:* Neue wirbell. Th.
I. 1. 29.

Habitaculum. Neapoli (Delle Chiaje).

10. Thysanozoon ovale *SCHMARDA.*

Corpus planum ovale, crassiusculum, supra brunneum, papillis
conicis concoloribus, apice albescentibus, subtus flavidum. *Pseudotentacula* minima, crenulata. *Ocellorum* acervus cervicalis ovalis
halone laete brunneo cinctus; ocelli in pseudotentaculis exigui, rari.
Os circulare in fine primi corporis trientis. *Apertura genitalis* mascula centralis, feminea ante finem secundi corporis trientis. Longit.
4½′′′, latit. 2′′′.

Thysanozoon (Eolidiceros) ovale *Schmarda:* Neue wirbell. Th. I. 1. 29.
Tab. VI. 67.

Habitaculum. In oceano indico, prope Belligamme, ad oram
meridionalem Ceyloniae (Schmarda).

11. Thysanozoon cruciatum *SCHMARDA.*

Corpus planum ellipticum, marginibus undulatis, supra laete
brunneum fasciis duabus albidis, una mediana longitudinali, altera
transversali sub angulo recto decussatis, papillis conicis obscure brunneis, in fasciis nullis, subtus cinereo-ochraceum. *Pseudotentacula*
obtusa. *Ocellorum* acervi duo cervicales semicirculares; ocelli pseudotentaculorum utrinque in series duas lineares dispositi. *Os* ante

finem primi corporis trientis. *Apertura genitalis* mascula parum ante corporis medium, feminea in medio corporis sita. Longit. 1″, latit. ultra 8‴.

> Thysanozoon (Eolidiceros) cruciatum *Schmarda:* Neue wirbell. Th. I. 1. 30. Tab. VI. 68.

Habitaculum. In oceano pacifico, Port Jackson in Nova Cambria et in portu Auckland in Nova Zelandia (Schmarda).

Species inquirendae.

12. Thysanozoon flavum OERSTED. — *Dies.* Syst. Helm. I. 214.

13. Thysanozoon aurantiacum OERSTED. — *Dies.* Syst. Helm. I. 214. adde:

> Planaria aurantiaca. *Verany:* Catalogo degli animali marini del golfo di Genova e Nizza. 1846. 9.

Habitaculo adde: In sinu Genuensi et Nicaeensi (Verany).

14. Thysanozoon Mülleri OERSTED. — *Dies.* Syst. Helm. I. 215.

15. Thysanozoon nigrum GIRARD:

> in Proceed. Bost. Soc. IV. (1852), 137 (in specimine Bibliothecae Academiae Caesarine scientiarum pagina desideratur). — *Stimpson* Prodr. I. 1.

Habitaculum. Cap Florida (Girard).

Dendrocoela pseudotentaculis instructa genere dubia [1]).

1. Planaria cerebralis KELAART.

Corpus laeve, supra flavo-brunneum, linealis brunneis undulatis striatum, marginibus lateralibus linea nigra albostriata insignitis, subtus roseum. *Pseudotentacula* marginalia. *Os* ventrale amplum labiis albis, in primo corporis triente. Longit. fere 3½″, latit. 3″.

> Planaria cerebralis *Kelaart:* in Journ. of the Ceylon. Branch. of the Royal. Asiatic. Society I. 135.

Habitaculum. Ad rupes et algas in sinubus marinis prope Trincomale Ceyloniae (Kelaart).

2. Planaria violacea KELAART.

Corpus laeve, supra purpureo-violaceum, marginibus laete flavis, linea mediana flavida, subtus roseum. *Pseudotentacula* marginalia. Longit. 1¼″, latit. ¾″.

> Planaria violacea *Kelaart* l. s. c. 135.

Habitaculum. Ibid. (Kelaart).

---

[1]) Neglectis ab auctore ocellorum praesentia, oesophagi forma, nec non aperturarum genitalium dispositione omne conamen, species in genera recepta disponere, irritum esse, quisque intelliget.

3. Planaria viridis *KELAART.*

Corpus laeve, supra viride brunneo-maculatum, marginibus obscure cinereo-brunneis, subtus pallide viride. *Pseudotentacula* plicata. Longit. circa 1¼″.

Planaria viridis *Kelaart* l. s. c. 135.

Habitaculum. Ibid. (Kelaart).

4. Planaria purpurea *KELAART.*

Corpus laeve, supra pulchre purpureum, subtus pallide purpureum. *Pseudotentacula.* Longit. ad 1½″.

Planaria purpurea *Kelaart* l. s. c. 136.

Habitaculum. Ibidem (Kelaart).

5. Planaria fusca *KELAART.*

Corpus laeve, supra obscure fuscum, subtus pallide fuscum. *Pseudotentacula* ... Longit. 1½″.

Planaria fusca *Kelaart* l. s. c. 135.

Habitaculum. Ibid. (Kelaart).

6. Planaria striata *KELAART.*

Corpus laeve, supra brunneo-purpureum brunneo-striatum, subtus pallide aurantiaco-brunneum. *Pseudotentacula.* Longit. 2½″.

Planaria striata *Kelaart* l. s. c. 137.

Habitaculum. Ibid. (Kelaart).

7. Planaria undulata *KELAART.*

Corpus laeve, pallide flavum, lineis undulatis et maculis purpureo-brunneis, marginibus et linea mediana purpureis. *Pseudotentacula.* Longit 2″.

Planaria undulata *Kelaart* l. s. c. 137.

Habitaculum. Ibid. (Kelaart).

8. Planaria dulcis *KELAART.*

Corpus laeve, clare viride, maculis parvis rufescenti-brunneis, marginibus corporis albis, linea mediana brunnea. *Pseudotentacula.* Longit. 1″.

Planaria dulcis *Kelaart* l. s. c. 137.

Habitaculum. Ibid. (Kelaart).

9. Planaria Zeylanica *KELAART.*

Corpus laeve, supra obscure purpureo-brunneum, marginibus albis linea interna adjuncta aurantiaca et nigra, subtus pallidius. *Pseudotentacula.* Longit. 2½″, latit. 1½″.

Planaria Zeylanica *Kelaart* l. s. c. 138.

H a b i t a c u l u m.   Ibidem abunde, mense Majo et Junio
(K e l a a r t).

10. Planaria armata *KELAART.*

Corpus supra spinulis brevibus nigris armatum, obscure purpureum, subtus inerme pallide purpureum. *Pseudotentacula.* Longit.
ad 1½″, latit. fere 1¼″.

Planaria armata *Kelaart* l. s. c. 135.

H a b i t a c u l u m. Ibid. (K e l a a r t).

11. Planaria Papilionis. *KELAART.*

Corpus supra spinulis parvis nigris armatum, flavum albido-mar-
ginatum, subtus pallide flavum. *Pseudotentacula* nigra macula terminali alba. Longit. ad 1″.

Motus corporis motu alarum papilionis similis.
Planaria Papilionis *Kelaart* l. s. c. 136.

H a b i t a c u l u m. Ibid. (K e l a a r t).

In hac et praecedente specie spinulae dorsales nil aliud esse videntur
quam corpuscula bacilliformia prominentia.

* * * Tentacula genuina duo, dorsalia, cervicalia vel frontalia.

Familia XV. Planoceridea *STIMPSON.* Character
generis unici simul familiae.

XXXIII. PLANOCERA *BLAINVILLE.*

Peasiae spec. *J. E. Gray.*

Corpus planum dilatatum. *Caput* corpore continuum. *Tentacula*
duo genuina dorsalia. *Ocelli* nulli. *Os* ventrale, in medio corporis,
oesophago tubaeformi limbo lobato. *Aperturae genitales....* Ovipara. — Maricolae hemisphaerae borealis.

Aperturae genitales in spec. 1.—3. incognitae, in specie 4. probabiliter
una earum ante os sita.

Evolutio per metamorphosin completam. L a r v a agilis. Corpus ejus contractile, hyalinum, ciliis vibrantibus obsessum, retrorsum incrassatum, dorso nunc
concavo extremitatibus elevatis, nunc convexo extremitatibus declivis, marginibus lateralibus rotundatis, subtus processibus tribus, uno anteriore et duobus
posterioribus juxtapositis. Ocellorum acervi duo. Organa interna haud observata. — C h r y s a l i s immobilis. Corpus elongatum, parum curvatum, semicylin-
dricum, supra convexiusculum, subtus planum, medio transparens extremitatibus opacis. Organa interna haud observata. *Girard* de Planocera elliptica.

1. **Planocera Gaimardi** *BLAINVILLE*. — *Dies.* Syst. Helm. I. 217. adde:

> Planoceros Gaimardi *Ehrenberg:* Acaleph. d. rothen Meeres 67.
>
> Planocera Gaimardi *Stimpson* Prodr. I. 5.

Habitaculum. In itinere d'Urvillei legit: Gaimard.

In hac specie oesophagi limbus lobatus.

2. Planocera elliptica *GIRARD*.

Corpus ellipticum, marginibus integris, cinereo-flavum. Longit. ad 9'''.

> Planocera elliptica *Girard:* in Proceed. Amer. Assoc. Adv. Sc. 2 meeting (1849) 398 (de evolut.). — Idem in Boston. Soc. nat. hist. III. (1848—1851), 251 (descr. incompleta animalis) et ibid. 348 (de evolut.). — Idem: Researches upon Nemerteans and Planarians I. Philadelphia 1854 c. tab. tribus. (de evolut.) — *Stimpson*: Prodr. I. 5.

Habitaculum. Ad littus Massachusetts frequens (Girard).

3. Planocera nebulosa *GIRARD*.

Corpus ellipticum obscure hyalinum, supra obscure adspersum, inde cinereum, vitta mediana obscure brunneo-rufa a basi tentaculorum ad marginem corporis posticum usque excurrente, subtus griseum, antrorsum rubrotinctum, marginibus hyalinis. *Tentacula* albida, protracta 1½''' longa. Longit. ½'', latit. 3'''.

> Planocera nebulosa *Girard:* in Proceed. Acad. Philad. VI. 367.

Habitaculum. In limo arenoso prope Fort Johnston ad littus Carolinae (Kürtz et Stimpson).

4. Planocera reticulata *DIESING*.

Corpus planum ovale, pellucidum, marginibus crenulato-undulatis, supra et subtus pallide flavum v. isabellinum reticulo pallide brunneo insignitum et brunneo-maculatum. *Tentacula* parum ante corporis medium, brevia subcylindrica. *Os* rimaeforme, oesophago... *Apertura* genitalis ante os? Longit. 2¾'', latit. 2¼'' (secund. iconem).

> Ovula, in spiras multas dense agglomeratas disposita, sub lapidibus deposita. — Animalcula vivacia, natantia vel gliscentia.
>
> Planarideum Pease in Proceed. Zool. Soc. London 1860. 37. t. 70. 1. 2.
>
> Peasia reticulata *J. E. Gray* ibid.

Habitaculum. Ad littora insularum Sandvicensium (Pease).

Specie 5. et 6. propter ocellos a cl. *Kelaart* haud indicatos huic familiae nec Stylochideorum adnumeravimus.

5. Planocera elegans.

Corpus supra pallide flavum virescente-brunneo tinctum, nigro-punctatum, marginibus nigris aurantiaco-lineatis, subtus albidum. *Tentacula* in anteriore corporis triente, rubra. Longit. 1¼''.

> Planaria elegans *Kelaart:* in Journ. of the Ceylon. Branch. of the Royal Asiatic Society I. 136.

Habitaculum. Ad rupes et algas in sinubus prope Trincomale Ceyloniae (Kelaart).

6. Planocera aurea.

Corpus supra aureum albo brunneoque maculatum. *Tentacula* in anteriore corporis triente, acuta. Longit. 2½''.

> Planaria aurea *Kelaart* l. s. c. I. 137.

Habitaculum. Ad rupes et algas in sinubus prope Trincomale Ceyloniae (Kelaart).

> Typus fortasse novi generis in familia, cui, characteribus melius quondam cognitis, nomen genericum Pocillocerotis imponere mallem:

Planaria Thesea KELAART.

Corpus supra nigro-brunneum, marginibus flavis, subtus pallide purpureum. *Tentacula* duo albida apice rubra, singulum urceolo prope medium corporis trientem sito exceptum. *Os* in medio corporis, oesophago. . . *Organa* genitalia retro os sita. Longit. 1½''.

> Planaria Thesea *Kelaart* l. s. c. 136.

Habitaculum. Ad rupes et algas in sinubus prope Trincomale Ceyloniae (Kelaart).

Familia XVI. Stylochidea STIMPSON. Char. aucto.

Corpus planum saepius crassiusculum, laeve vel supra tuberculosum. Caput corpore continuum. Tentacula genuina duo frontalia vel cervicalia. Ocelli numerosi varie dispositi. Os antrorsum vel in medio fere corporis, rarissime retrorsum situm, oesophago cylindrico vel multilobo. Aperturae genitales duae retro os sitae. — Maricolae utriusque hemisphaerae.

> Evolutio per metamorphosin.

a) Corpus laeve. Tentacula frontalia v. cervicalia.

† Tentacula frontalia.

XXXIV. PROSTHECERAEUS SCHMARDA. Char. restr.

Corpus planum subovale laeve. *Caput* corpore continuum. *Tentacula* genuina duo frontalia. *Ocelli* numerosi cervicales et tentaculares. *Os* ventrale, antrorsum situm, oesophago cylindrico. Aperturae genitales retro os sitae. — Maricolae regionum tropicarum utriusque hemisphaerae.

Generi Proceroti *Quatrefayes* simile, sed tentaculis genuinis diversum.

1. Prostheceraeus microceraeus *SCHMARDA.*

Corpus planum ovale, capite attenuato, supra ochraceum, maculis parvis brunneis crebris undique, excepto margine, adspersum, vitta mediana pallidiore versus ultimam corporis partem sextam protracta, marginibus undulatis, flavis, subtus dorso concolor sed pallidius. *Tentacula* subconica brevissima. *Ocellorum* acervus cervicalis suborbicularis, prominens; ocelli tentaculorum in utraque superficie. *Os* oblongum in primo corporis triente. *Apertura* genitalis mascula in medio corporis, feminea masculae postposita. Longit. fere $\frac{1}{2}''$, latit. $4'''$.

> Prostheceraeus microceraeus *Schmarda:* Neue wirbell. Th. I. 1. 31. Tab. VI. 70.

Habitaculum. In oceano indico ad oram orientalem Ceyloniae (Schmarda).

2. Prostheceraeus nigricornis *SCHMARDA.*

Corpus planum oblongo-ovale, supra rufo-flavum, maculis crebris et marginibus obscure brunneis fere nigris, subtus isabellinum. *Tentacula* nigrescentia. *Ocellorum* acervus cervicalis orbicularis; ocelli tentaculares in acervos laterales oblongos dispositi. *Os* in primo corporis triente. *Apertura* genitalis mascula in medio corporis, feminea ante initium secundi corporis trientis. Longit. fere $2''$. latit. ultra $1''$.

> Penis ad 1 lineam longus, inter processus duos foliaceos prominens.
> Prostheceraeus nigricornis *Schmarda:* Neue wirbell. Th. I. 1. 31. Tab. VI. 71.

Habitaculum. In oceano pacifico ad rupes in sinu Paita in Peruvia (Schmarda).

3. Prostheceraeus latissimus *SCHMARDA.*

Corpus suborbiculare rufo-flavum, vitta mediana, excepta prima ac ultima quinta corporis parte, tres medianas percurrente, brunnea, subtus plumbeum maculis crebris obscurioribus circularibus notatum, marginibus corporis valde undulatis fere crispatis. *Tentacula* acuminata. *Ocellorum* acervus cervicalis orbicularis; ocelli tentaculares in acervos duos circulares ad basin tentaculorum dispositi.

Os circulare in primo corporis triente. *Apertura* genitalis mascula parum ante medium, feminea in medio corporis. Longit. ad 1 ½'', latit. 13'''.

> Prostheceraeus latissimus *Schmarda:* Neue wirbell. Th. I. 1. 31. Tab. VI. 72. 72 b.

Habitaculum. In oceano indico, prope Belligamme. ad oram meridionalem Ceyloniae (Schmarda).

4. Prostheceraeus clavicornis *SCHMARDA.*

Corpus oblongo-ovale postice attenuatum, capite truncato, marginibus undulatis, supra violaceum annulo flavido marginem sequente, subtus fusco-violaceum. *Tentacula* claviformia. *Ocellorum* acervus frontalis subovalis; ocelli tentaculares in acervos terminales dispositi. *Os* in primo corporis triente. *Apertura* genitalis mascula parum ante medium, feminea in corporis medio. Longit. ultra 2'', latit. 15'''.

> Prostheceraeus clavicornis *Schmarda:* Neue wirbell. Th. I. 1. 32. Tab. VII. 73.

Habitaculum. In oceano indico prope Belligamme ad oram meridionalem Ceyloniae (Schmarda).

5. Prostheceraeus viridis *SCHMARDA.*

Corpus oblongo-ovale postice attenuatum, supra viride maculis exiguis albis sparsis, vitta mediana pallidiore, margine undulato laete brunneo, subtus viridi-flavum. *Tentacula* flavida apicibus albis. *Ocelli* frontales in acervos tres juxtapositi, mediano circulari, reliquis minoribus, irregularibus; ocelli tentaculares ad medium marginis interni in acervum coaliti. *Os* in anteriore corporis triente. *Aperturae* genitales in medio fere corporis. Longit. 1'' 8''. latit. ultra 1''.

> Prostheceraeus viridis *Schmarda:* Neue wirbell. Th. I. 1. 32. Tab. VII. 74.

Habitaculum. In oceano indico ad oram meridionalem Ceyloniae (Schmarda).

†† Tentacula cervicalia.

XXXV. STYLOCHUS *HEMPRICH* et *EHRENBERG.* Char. amplificato.

Planariae spec. *Savigny* et *Leuckart.* — Planocerae spec. *Oersted.* — Imogine *Girard.* — Stylochoplana, Callioplana et Stylochopsis *Stimpson.* — Peasiae spec. *J. E. Gray.*

Corpus planum saepius crassinsculum, laeve. *Caput* corpore continuum. *Tentacula* duo genuina cervicalia. *Ocelli* numerosi varie dispositi. *Os* ventrale, in medio fere corporis, oesophago cylindrico. *Aperturae* genitales retro os sitae. — Maricolae, utriusque hemisphaerae.

Evolutio per metamorphosin; confer larvam S t y l o c h i lintei sp. 21.

Conspectus dispositionis specierum.

I. Ocelli solummodo tentaculares vel simul intertentaculares vel simul marginales.

a) Ocelli solummodo tentaculares sp. 1—10.
b) Ocelli tentaculares simulque ocelli intertentaculares sp. 11 — 17.
c) Ocelli tentaculares simulque ocelli in margine frontali sp. 18—19.
d) Ocelli tentaculares simulque ocelli in toto corporis margine sp. 20.

II. Ocelli solummodo intertentaculares, tentacularibus nullis sp. 21.

Species inquirenda 22.

I. Ocelli solummodo tentaculares vel simul intertentaculares vel simul marginales.

a) Ocelli solummodo tentaculares.

1. **Stylochus suesensis** *HEMPR.* et *EHRENB.* — *Dies.* Syst. Helm. 1. 215 adde:

Oesophagus. . . .

Stylochus suesensis *Stimpson* Prodr. I. 4.

H a b i t a c u l u m. Inter Corallia maris rubri (S a v i g n y), prope Suez et Tor (H e m p r i c h , E h r e n b e r g et R ü p p e l l).

2. **Stylochus corniculatus** *STIMPSON.*

Corpus oblongum capite et extremitate postica late rotundatis, pellucidum, flavo-brunneo maculatum, areola pellucida circulari intertentaculari. *Tentacula* triangulato - pyramidalia. *Ocelli* minuti in pagina tentaculorum externa ubique conferti. *Oesophagus*. . . Longit. 2", latit . . .

Stylochus corniculatus *Stimpson:* in Proceed. Acad. Philad. VII. 381. — Idem Prodr. I. 4 et 11.

H a b i t a c u l u m. In testis vacuis Bivalvium e fundo limoso, profunditate 6 orgyiarum in portu Hong-Kong (S t i m p s o n).

3. Stylochus obscurus *STIMPSON.*

Corpus subovatum capite latiore, supra obscure glaucum, maculis subnigris in linea mediana confertis. *Tentacula* parva. *Ocelli* minuti numerosi in tota superficie tentaculorum. *Oesophagus...* Longit. ultra 1½″, latit. 1″.

Stylochus obscurus *Stimpson* Prodr. I. 4 et 11.

H a b i t a c u l u m. Sublittoralis, ad oras insulae Jesso (S t i m p s o n).

4. Stylochus dictyotus *SCHMARDA.*

Corpus ovale, marginibus undulatis, supra flavum, reticulo rubro ramificationum tractus intestinalis transparente, subtus pallidius, reticulo pallido. *Tentacula* brevia cylindrica in initio secundae corporis partis quintae. *Ocelli* in tota superficie tentaculorum. *Os* in medio fere corporis, circulare, oesophago . . . *Apertura* genitalis mascula in medio corporis, feminea paulo retro sita. Longit. 9‴, latit. 6‴.

Stylochus dictyotus *Schmarda:* Neue wirbell. Th. I. 1. 33. Tab. VII. 75.

H a b i t a c u l u m. In mare Antillarum, ad Port Royal in Jamaica (S c h m a r d a).

5. Stylochus amphibolus *SCHMARDA.*

Corpus ellipticum supra et subtus flavidum. *Tentacula* cylindrica in initio secundi corporis quadrantis. *Ocelli* in series plures usque ad mediam tentaculorum partem dispositi. *Os* in medio fere corporis, ellipticum, oesophago.... *Apertura* genitalis mascula paulum infra corporis medium, feminea retro initium ultimi corporis trientis. Longit. 3″ 4‴, latit. 2″ 3‴ (ex icone).

Penis cylindricus.

Stylochus amphibolus *Schmarda:* Neue wirbell. Th. I. 1. 34. Tab. VII. 78.

H a b i t a c u l u m. In oceano indico ad oram orientalem Ceyloniae (S c h m a r d a).

6. Stylochus fasciatus *SCHMARDA.*

Corpus oblongum, capite rotundato, extremitate postica attenuata, marginibus undulatis, supra aurantiacum albo et fusco maculatum, vittis tribus albicantibus brevibus cum quatuor fuscis alternantibus. *Tentacula* brevia in fine primae corporis partis sextae. *Ocelli* in series 3—4 parallelas dispositi inter basin et medium paginae exterioris tentaculorum. *Os* in medio fere corporis, oesophago...

Apertura genitalis mascula parum infra corporis medium, feminea in initio ultimi corporis trientis. Longit. 14''', latit. 4'''.

> Stylochus fasciatus *Schmarda:* Neue wirbell. Th. I. 1. 33. Tab. VII. 76.

Habitaculum. In mare Antillarum ad oram meridionalem Jamaicae ad rupes Corallium (Schmarda).

7. Stylochus oxyceraeus *SCHMARDA.*

Corpus oblongo - ovale, supra fusco-viride, subtus olivaceum, marginibus undulatis cinnabarinis. *Tentacula* approximata subuliformia in fine primae corporis partis quintae, alba, annulo lato mediano rubro-brunneo. *Ocelli* numerosi in parte basilari tentaculorum. *Os* parum ante corporis medium, circulare, oesophago . . . *Apertura* genitalis mascula in medio fere corporis, femina huic approximata. Longit. 2½'', latit. 15'''.

> Stylochus oxyceraeus *Schmarda:* Neue wirbell. Th. I. 1. 35. Tab. VIII. 80.

Habitaculum. In oceano indico, ad oram orientalem et meridionalem Ceyloniae (Schmarda).

8. Stylochus oligoglenus *SCHMARDA.*

Corpus ovale, marginibus undulatis, supra et subtus pallide ochraceum. *Tentacula* 1 — 1½''' longa subcylindrica ante finem primi corporis trientis. *Ocelli* pauci ad basin tentaculorum, serie duplici, superiore incompleta. *Os* in medio fere corporis, oesophago . . . *Apertura* genitalis mascula parum infra corporis medium, feminea huic approximata. Longit. 1'' 4''', latit. 1''.

> Stylochus oligoglenus *Schmarda:* Neue wirbell. Th. I. 1. 34. Tab. VII. 77.

Habitaculum. In oceano indico, ad oram meridionalem Ceyloniae (Schmarda).

9. Stylochus truncatus.

Corpus ovale, capite truncato, marginibus undulatis, supra fusco-viride, vitta mediana obscure rubro-brunnea ab initio secundae usque in quartam corporis partem quintam decurrente, utrinque vitta obsoleta, grisea, brunneo-marginata, transverse striata limbata, subtus brunneo - flavum. *Tentacula* brevissima, cylindrica, in fine primae corporis partis sextae. *Ocelli* in apice tentaculorum. *Os* in medio fere corporis, ellipticum, oesophago . . . *Apertura* genitalis mascula pa-

6*

rum infra corporis medium, feminea in fine secundi corporis trientis. Longit. ultra 9''', latit. ultra $1/2$''.

Imagine truncata *Schmarda:* Neue wirbell. Th. 1. 1. 35. Tab. VIII. 81.

Habitaculum. In oceano indico, prope Trincomali, ad oram orientalem Ceyloniae (Schmarda).

10. Stylochus conoceraeus.

Corpus oblongum retrorsum attenuatum, supra rufo-brunneum vitta mediana lata obscure brunnea per tres medias corporis partes quintas extensa, subtus pallidius. *Tentacula* truncato-conica in fine primae corporis partis quintae. *Ocelli* in apice tentaculorum in circulum dispositi. *Os* in medio fere corporis, rimaeforme, oesophago... *Apertura* genitalis mascula parum infra corporis medium, feminea, in initio ultimi corporis trientis. Longit. ultra $1/2$'', latit. antrorsum 2'''.

Imagine conoceraea *Schmarda:* Neue wirbell. Th. 1. 1. 35. Tab. VIII. 82.

Habitaculum. In oceano indico, ad oram orientalem Ceyloniae (Schmarda).

b) Ocelli tentaculares simulque intertentaculares.

11. Stylochus tener.

Corpus ovato-cordatum, capite dilatato, tenue, hyalinum, supra fasciis duabus medianis pallide griseis. *Tentacula* subapproximata in areola pura. *Ocelli* in acervum transversum inter tentacula ad eorum basin extensum dispositi. *Oesophagus* .... Longit. 10''', latit. 5$1/2$'''.

Stylochoplana tenuis *Stimpson* Prodr. I. 4.
Stylochoplana tenera *Stimpson* ibid. 11.

Habitaculum. Pelagica: in mare atlantico inter 20 et 30° lat. bor. (Stimpson).

12. Stylochus Folium *GRUBE*. — *Dies.* Syst. Helm. I. 216 adde:

Oesophagus ....

Stylochoplana Folium *Stimpson* Prodr. I. 4.

Habitaculum. Panormi (Grube).

13. Stylochus maculatus *QUATREFAGES*. — *Dies.* Syst. Helm. I. 217 adde:

Oesophagus cylindricus.

Stylochoplana maculata *Stimpson* Prodr. I. 4.

Habitaculum. Prope St. Malo (Quatrefages).

14. Stylochus reticulatus *STIMPSON.*

Corpus late ovatum, supra pallide brunneum fusco-maculatum, filis nigro-punctatis reticulatum. *Tentacula* subapproximata et ocelli in areola intertentaculari clara in anteriore corporis quadrante sita. *Ocelli* in acervos quatuor dispositi, quorum duo ad basim anteriorem tentaculorum, et duo inter simulae ante tentacula siti. *Oesophagus…* Longit. 2″, latit. 1 ½″.

Stylochus reticulatus *Stimpson :* in Proceed. Acad. Philad. VII. 381.
Stylochoplana reticulata *Stimpson* Prodr. I. 4 et 11.

Habitaculum. Sublittoralis in rupium fissuris ad oras insulae Loo-Choo (Stimpson).

15. Stylochus marginatus.

Corpus ovale tenue, supra nigro-fuscum, margine cinnabarino. *Tentacula* parva, approximata, gracilia, styliformia, apice truncata, in areola alba, parva, lunata, transversali. *Ocelli* ad latus exterius tentaculorum prope basin, et ocellorum acervi duo lineares intertentaculares. *Oesophagus* … Longit. 2 ½″, latit. 14‴.

Callioplana marginata *Stimpson* Prodr. I. 4 et 11.

Habitaculum. Sub lapidibus, profunditate 4 pedum ad oras insulae Ousima (Stimpson).

16. Stylochus palmula *QUATREFAGES.* — *Dies.* Syst. Helm. I. 217. adde:

Oesophagus cylindricus.

Habitaculum. In Sicilia prope Taurominium ad Fucos (Quatrefages).

17. Stylochus heteroglenus *SCHMARDA.*

Corpus ovale, capite truncato, supra ochraceum, vitta mediana rufo-brunnea per medias tres corporis partes quintas decurrente, subtus pallide flavum. *Tentacula* cylindrica flavidula ad finem primae corporis partis sextae. *Ocelli* tentaculares in series plures ad basin paginae exterioris tentaculorum dispositi; ocelli intertentaculares quatuor in quadrangulum dispositi. *Os* parum ante corporis medium, circulare, oesophago … . *Aperturae* genitales approximatae paulum retro corporis medium. Longit. ½″, latit. 4 ½‴.

Ganglion cerebrale sub ocellis intertentacularibus situm, fila nervea tria antrorsum, duo versus tentacula, tria retrorsum directa emittit.

Stylochus heteroglenus *Schmarda:* Neue wirbell. Th. I. 1. 34. Tab. VIII. 79.

Habitaculum. In mare Antillarum ad oram meridionalem Jamaicae (Schmarda).

c) Ocelli tentaculares simulque in margine frontali; ocelli intertentaculares vel nulli.

18. Stylochus limosus.

Corpus oblongo-ovale, crassiusculum, mucosum, supra pallide fuscum, maculis oblongis, parvis, numerosis, griseo-fuscis. *Tentacula* remota. *Ocelli* tentaculorum magni, ocelli marginis frontalis minuti sparsim distributi. *Oesophagus.* . . Longit. 3″, latit. 1″ 4‴.

Stylochopsis limosus *Stimpson* Prodr. I. 4 et 12.

Habitaculum. Sublittoralis in fundo arenoso et algoso sub lapidibus, in sinu insulae Ousima (Stimpson).

19. Stylochus conglomeratus.

Corpus oblongo-ovale, crassiusculum, capite subtruncato vel late rotundato, supra pallide griseum, maculis nigricantibus angularibus confertis distinctissimis. *Tentacula* remota, brevia, ad apicem obtusa. *Ocelli* tentaculorum magni; ocelli minuti in margine frontali sparsim distributi et ocellorum minutorum acervus rhomboidalis intertentacularis. *Oesophagus* . . . Longit. 1⅓″, latit. ultra ½″.

Stylochopsis conglomeratus *Stimpson* Prodr. I. 4 et 11.

Habitaculum. Sub lapidibus, profunditate pedum duorum ad insulam Ousima (Stimpson).

d) Ocelli tentaculares simulque in toto corporis margine.

20. Stylochus oculiferus.

Corpus ellipticum planum fuscum maculis obscure rubris nebulosum, subtus unicolor. *Tentacula* in anteriore corporis tertia parte, subcylindrica, versus apicem incrassata. *Ocellus* magnus circularis in apice singuli tentaculi, ocelli numerosi minuti in tota corporis peripheria marginales. *Oesophagus* . . . Longit. 1½″, latit. 1″.

Imogine oculifera *Girard:* in Proceed. Acad. Philad. VI. 367. — *Stimpson* Prodr. I. 4.

Habitaculum. Sub lapidibus, Majo, Sullivans Island in Carolina australi (Girard).

II. Ocelli solummodo intertentaculares, tentacularibus nullis.

21. Stylochus linteus *J. MÜLLER.*

Corpus subellipticum retrorsum attenuatum, album, filis capilla-ribus marginalibus distantibus, et corpusculis bacillaeformibus cute inclusis. *Tentacula* dorsalia brevia. Ocelli 12 pone tentacula utrin-que per paria 3 dispositi. *Os* infra corporis medium. *Aperturae* ge-nitales . . . *Oesophagus* . . . Longit. ½'''.

> *Status larvae:* Corpus processibus 8 organo rotatorio corporis cinctis, album. *Tentacula* dorsalia brevia. *Ocelli* 12 pone tentacula utrinque per paria 3 dispositi. *Os* infra medium corporis. Longit. ⅕'''.
> Stylochus linteus *Joh. Müller:* in Berliner Akad. 12. Januar 1854. — Idem in ejus Arch. 1854. 75. Tab. IV. 1.

Habitaculum. *Statu perfecto:* Tergesti et Messinae in aqua marina (J. Müller).

Statu larvae: Messinae in aqua marina (J. Müller).

An hujus generis?

22. Stylochus corniculatus *LEUCKART* (nec *STIMPSON*).

> Planaria corniculata *Dalyell:* Powers of the Creator II. 101.
> Planocera vel Stylochus? *Leuckart* in Troschel's Arch. 1859. II. 183 (excerpt.).

Habitaculum. Ad littora Scotiae (Dalyell).

XXXVI. GNESIOCEROS *DIESING.*

Planariae spec. *Mertens.* — Stylochi spec. *Ehrenb.* — Planocerae spec. *Oersted.*

Corpus planum, laeve. *Caput* corpore continuum. *Tentacula* duo genuina cervicalia. *Ocelli* in apice vel simul ad basin tentaculo-rum. *Os* ventrale, in medio fere corporis, oesophago multilobo. *Aperturae* genitales retro os sitae. — *Maricolae* regionum calidio-rum hemisphaerae borealis.

1. Gnesioceros pellucidus *DIESING.*

> Planaria pellucida *Mertens:* in Mém. de l'Acad. Imp. des sc. de St. Pé-tersbourg six. ser. scienc. Mathem., Phys. et Nat. II. 8—13. Tab. II. 1—5 (et anatom.).
> Stylochus pellucidus *Ehrenberg:* Akaleph. d. rothen Meeres 67. — *Die-sing:* Syst. Helm. I. 216.
> Planocera pellucida *Oersted:* Entw. einer system. Einth. d. Plattw. 48.

Habitaculum. In oceano Atlantico inter 7° 48′ latitudinis borealis et 23° — 56° longitudinis occidentalis a Greenwich, tempe-ratura maris 19° R.; Majo (Mertens).

2. Gnesioceros Mertensi DIESING.

Planaria sargassicola *Mertens* l. s. c 13. Tab. I. 4—6 (et anatom.).
Stylochus sargassicolus *Ehrenberg*: Akaleph. d. rothen Meeres 67.
Planocera sargassicola *Oersted* l. s. c. 48.
Stylochus Mertensi *Diesing*: Syst. Helm. I. 216.

Habitaculum. In oceano atlantico inter 21—35° latitudinis borealis et 36—38° longitudinis occidentalis a Greenwich, temperatura maris 16—18° R.; Majo et Junio ad Fucos (Mertens).

β) Corpus supra tuberculatum.

XXXVII. TRACHYPLANA STIMPSON.

Corpus crassiusculum, supra tuberculatum. *Caput* corpore continuum. *Tentacula* duo genuina cervicalia. *Ocelli* ad tentacula. *Os* ventrale, in medio fere corporis, oesophago . . . *Aperturae* genitales retro os sitae. — Maricolae regionum calidiorum hemisphaerae borealis.

1. Trachyplana tuberculosa STIMPSON.

Corpus oblongo-ovale, supra flavum, tuberculis minutis carneis obsessum. *Tentacula* parva, hyalina. *Ocelli* pauci in superficie tota tentaculorum sparsim dispositi. Longit. 1⅓″, latit. ultra ½″.

Trachyplana tuberculosa *Stimpson* Prodr. I. 4 et 12.

Habitaculum. Inter lapides, profunditate 4 pedum, in sinu insulae Ousima (Stimpson).

Fortasse typus generis novi nomine Heterocerotis familiae propriae in tribu Digonopororum salutandi simulae.

Planaria meleagrina KELAART.

Corpus laeve, albo- et clare-purpureo : vittatum, marginibus undulatis, nigro-limbatis, linea mediana rufescente nigro-limbata. *Pseudotentacula* capitis duo ovalia. *Tentacula* genuina cervicalia duo linearia. *Ocelli* occipitales. Longit. 1¾″.

Planaria meleagrina *Kelaart*: in Journ. of the Ceylon. Branch. of the Royal Asiatic Society I. 137.

Habitaculum. Ad rupes et algas in sinubus prope Trincomale Ceyloniae (Kelaart).

Generi Galeocephalae e tribu Monogonopororum non absimile.

XXXVIII. HYDROLIMAX *HALDEMAN.*

Corpus gracile limaciforme. *Tentacula* nulla. *Ocelli* nulli. *Os* subterminale expansum campanulatum. *Porus* mucum excernens posticus? *Motus* gliscens limacinus. — Aquarum dulcium incolae.

1. Hydrolimax griseus *HALDEMANN.*

Corpus supra griseo-variegatum, subtus et antrorsum in utroque latere decolor. Longit. ½″.

Hydrolimax grisea *Haldeman:* in Proceed. Acad. Philad. I. (1842) 166.

Habitaculum. In limo fundi aquarum tranquillarum cum una *Cypride discolore* et *C. vitrea,* in fluvio Susquehanna (Haldeman).

XXXIX. GLOSSOSTOMA *LE CONTE.*

Corpus teretiusculum. *Caput* corpore continuum. *Ocelli* numerosi. *Os* ventrale subterminale anticum, utrinque appendice retractili, brevi. — Maricolae.

Tractus cibarius ramosus. ramulis brevibus obtusis.

1. Glossostoma nematoideum *LE CONTE.*

Corpus filiforme pallide flavicans, pellucidum. *Ocelli* minutissim utrinque 10—16 in acervum oblongum aggregati. Longit. 1″.

Glossostoma nematoideum *Le Conte:* in Proceed. Acad. Philad. V. 319.

Habitaculum. Ad isthmum Panamae, Decembri (Le Conte).

XL. POLYCYSTIS *KÖLLIKER.*

Corpus oblongum depressiusculum. *Os* anticum. Maricolae.

Corpus ciliatum. Tractus intestinalis bifurcatus, coecus. Androgyna.

1. Polycystis Naegelii *KÖLLIKER.*

Corpus utrinque attenuatum flavidum, punctulis rubris sparsis. Longit. 1⅓‴.

Polycystis Naegelii *Kölliker:* in Verhandl. d. schweizerisch. Naturf. Versamml. zu Chur im Juli 1844. Chur 1845. 96.

Habitaculum. In portu Messinae (Kölliker).

Index generum et specierum.

Anocelis Stimpson: coeca 494, fuliginosa 494.

Bdellura Leidy: fusca 519, longiceps 519, parasita 518, rustica 518.

Bipalium Stimpson: Cantori 515, dendrophilum 516, Ferudpoorense 515, fuscatum 515, Grayi 515, lunatum 517, maculatum 514, Stimpsoni 515, Tennenti 517, trilineatum 516, virgatum 514.

Callioplana Stimpson: *marginata* 569.

Carenoceraeus Schmarda: *oceanicus* 546.

Centrostomum Diesing: dubium 544, gigas 544, incisivum 543, lichenoides 543, polycyclium 543, polysorum 544, taenia 543.

Cephalolepta Diesing: macrostoma 524.

Cercyra O. Schmidt: hastata 501.

Cryptocoelum Stimpson: *opacum* 522.

Dicelis Schmarda: *megalops* 524.

Dioncus Stimpson: *badius* 528, *oblongus* 528.

Diopis Diesing: borealis 524, megalops 523.

Diplanaria Darwin: *notabilis* 542.

Diplonchus Stimpson: marmoratus 545.

Discocelis Ehrenberg: *lichenoides* 543.

Dendrocoelum Oersted: Angarense 504, fuscum 505, lacteum 504, Nausicaae 505, *pulcherrimum* 507, *superbum* 517, *superbum* 520, vitta 505.

Dugesia Girard: *Foremanii* 499, *gonocephaloides* 498, *maculata* 499.

Dunlopea Wright: *Cantoria* 515, *Ferudpoorensis* 516, *Grayia* 515.

Elasmodes Le Conte: *acutus* 527, *discus* 527, *flexilis* 526, *gracilis* 541, *modestus* 527, *tenellus* 528, *tigrinus* 527.

Eolidiceros Quatrefages: *cruciatus* 558, *ovalis* 557, *Panormus* 555, *violaceus* 557.

Eurylepta Hemprich et Ehrenberg: *Argus* 553, auriculata 550, *cardiosora* 552, coccinea 549, cornuta 548, *cristata* 547, flavomarginata 548, fulminata 548, guttato-marginata 549, japonica 549, *interrupta* 550, *limbata* 554, maculata 548, *miniata*

557, *Panormus* 555, tentaculatum 556, tuberculatum 555, violaceum 557.

Trachyplana S t i m p s o n: tuberculosa 572.

Typhlocolax S t i m p s o n: *acuminatus* 523, *acutus* 523, *marinus* 523.

Typhlolepta O e r s t e d: acuminata 523, acuta 523, bilobata 522, coeca 521, extensa 522, marina 523, opaca 522, retusa 523, rubrocincta 522, Stimpsoni 522.

Typhloplana E h r e n b e r g: *coeca* 494, *fuliginosa* 495.

Vortex G i r a r d: *candida* 518, *Warrenii* 502.

REVISION

DER

TURBELLARIEN.

ABTHEILUNG: RHABDOCOELEN.

VON

Dr. K. M. DIESING,

WIRKLICHEM MITGLIEDE DER KAISERL. AKADEMIE DER WISSENSCHAFTEN.

Aus dem XLV. Bande des Jahrganges 1862 der Sitzungsberichte der mathem.-naturw. Classe der
kais. Akademie der Wissenschaften besonders abgedruckt.)

(Vorgelegt in der Sitzung vom 28. November 1861.)

WIEN.

AUS DER K. K. HOF- UND STAATSDRUCKEREI.

—

IN COMMISSION BEI KARL GEROLD'S SOHN, BUCHHÄNDLER DER KAISERLICHEN AKADEMIE
DER WISSENSCHAFTEN.

1862.

Sonder-Abdruck aus dem XLV. Bde. der Sitzungsb. der kais. Akademie d. Wissenschaften.

Revision der Turbellarien. Abtheilung: Rhabdocoelen.

Von

Dr. K. M. Diesing,

wirklichem Mitgliede der kaiserlichen Akademie der Wissenschaften.

(Vorgelegt in der Sitzung vom 28. November 1861.)

Nachdem in jenem Aufsatze, welchen ich der kaiserl. Akademie in der Sitzung vom 3. October d. J. überreichte, die erste Abtheilung der Strudelwürmer, nämlich jene mit verzweigtem und blind endigendem Darmcanale behandelt worden ist, bildet die zweite Abtheilung, welche die Strudelwürmer mit einfachem Darmcanal enthält, den Gegenstand der vorliegenden Arbeit. Diese zweite Abtheilung zerfällt in zwei natürliche, in voller Schärfe zuerst durch Schultze begrenzte Gruppen: die rüssellosen und die rüsseltragenden Rhabdocoelen. Den grösseren Theil unserer näheren Kenntniss der ersteren und insbesondere ihres inneren Baues, so wie ihrer Entwicklungsgeschichte, verdanken wir den Bemühungen von M. Schultze und O. Schmidt. Was die Principien, die mich bei der systematischen Anordnung dieser Gruppe leiteten, betrifft, so habe ich das Vorhandensein oder Fehlen eines Afters besonders berücksichtigt, bei den Gattungen die Stellung des Mundes, in so fern dieser endständig ist oder auf der Bauchseite liegt, als wesentlich, dagegen die Lage der Mundöffnung auf der Bauchseite, ob sie vorne, in der Mitte, oder nach hinten zu gelegen ist, übereinstimmend mit M. Schultze, O. Schmidt u. m. a. als untergeordnet betrachtet. Ausserdem habe ich das Vorkommen oder die Abwesenheit von Seh- und Gehörorganen, so wie auch der Kopfgruben (Cephalopori), als massgebende Gattungscharaktere angenommen. Durch die Anwendung dieser Grundsätze wurde eine scharfe Begrenzung der Gattungen erzielt; die Consequenz der Durchführung machte jedoch die Aufhebung mancher der bereits nach anderen Eintheilungsprincipien aufgestellten Gattungen unerlässlich.

1

Was die rüsseltragenden Rhabdocoelen betrifft, so verdankt man die wichtigsten Beiträge zur Kenntniss der europäischen Formen im letzten Jahrzehnte M. S c h u l t z e, D a l y e l l und neuerlich V a n B e n e d e n in seiner Abhandlung: Recherches sur la Faune littorale de Belgique 1860, während die exotischen Rhynchocoelen durch S t i m p s o n und S c h m a r d a in ihren schon früher angeführten Werken wesentlich bereichert worden sind. Der erstere beschreibt von diesen 33, der letztere 17 neue Arten. Ferner wollte ich die ohne Text erschienenen schönen Tafeln zu den Voyages de la commission scientifique du Nord en Scandinavie, en Laponie, au Spitzberg et aux Feroë, pendant les années 1838, 1839, 1840 sur la Corvette la Recherche commandée par M. F a b v r e, publiés sous la direction de P a u l G a i m a r d, nicht unbenützt lassen, und habe mir daher erlaubt, die auf denselben dargestellten Gattungen und Arten, so weit dies nur allein nach Abbildungen möglich war, zu charakterisiren und ihnen bis zum Erscheinen des Textes zeitweilige Namen beizulegen.

Was die Eintheilung der rüsselführenden Strudelwürmer betrifft, so machte M. S c h u l t z e (in d. Zeitschr. f. wissensch. Zool. IV. 1853) den Vorschlag, dieselben nach dem Vorhandensein oder dem Mangel eines Rüsselstilets in zwei Abtheilungen zu bringen und von diesen die erste *Enopla*, die zweite *Anopla* zu benennen: da jedoch die Angaben über das Dasein oder die Beschaffenheit einer Rüsselbewaffnung bei einem grossen Theile der bekannten Rhynchocoelen noch fehlen oder sehr unvollständig sind, so halte ich eine solche Eintheilung für noch nicht durchführbar, habe jedoch wo immer Daten über Rüsselbewaffnung vorlagen, dieselben sorgfältig aufgeführt. Dagegen wurde das Dasein oder Fehlen der Kopfgruben, wie dies schon theilweise von mir im *Systema Helminthum* geschah und später durch S c h m a r d a eine weitere Anwendung fand, als Eintheilungsprincip gewählt.

So wie in anderen Ordnungen der *Helminthen,* bilden auch in der der Turbellarien einige Gattungen durch die grosse Anzahl ihrer Arten gewissermassen den Kern, um welchen sich die übrigen Geschlechter anschliessen; so unter den Dendrocoelen *Leptoplana* mit 66, unter den Rhabdocoelen die rüssellose *Turbella* mit 47, und die mit einem Rüssel versehene *Meckelia* mit 44 Arten.

Ein Überblick der Ordnung der Strudelwürmer lässt eine nahe Verwandtschaft derselben theils mit den Myzhelminthen, theils mit den Cephalocotyleen nicht verkennen. Ungeachtet des raschen Fortschrittes unserer Kenntniss der Turbellarien gibt es doch noch immer so viele unvollständige, ja sogar widersprechende Angaben über den äussern und innern Bau dieser Thiere, dass ein allen Anforderungen entsprechender systematischer Aufbau noch immer nicht zu erzielen war. Von Strudelwürmern mit einfachem Darmcanal (mit Ausschluss der ganz zweifelhaften) umfasst die Gruppe der rüssellosen 122 Arten in 27 Gattungen und 15 Familien, welche meistens süsse Wässer bewohnen, die der Rüsselträger 195 lebende und 9 erloschene Arten in 41 lebenden und 2 erloschenen Gattungen und 12 Familien, die grösstentheils im Meere leben, so dass die gesammte Ordnung aus 551 Arten, 105 Gattungen und 43 Familien besteht.

Endlich fühle ich mich noch verpflichtet, meinem edlen Freunde, Herrn August von Pelzeln, welcher mich auch bei dieser umfangreichen und schwierigen Arbeit auf das Kräftigste unterstützte, hier meinen herzlichsten Dank öffentlich auszusprechen.

SUBORDO II. TURBELLARIA RHABDOCOELA *EHRENBERG*.

Tractus intestinalis simplex coecus aut ano stipatus. Proboscis aggressoria nulla (Arhynchocoela) vel unica (Rhynchocoela).

Conspectus dispositionis familiarum et generum.

TRIBUS I. ARHYNCHOCOELA.

Subtribus I. Arhynchocoela aprocta.

Tractus cibarius coecus. — Androgyna.

ᵃ Acrostomata: Os terminale.

Familia I. Megastomea ¹).

1. **Megastomum.** Corpus subcylindricum. Caput corpore continuum. Os terminale rimaeforme transversum, oesophago subcylindrico. Ocelli nulli. Otolithi nulli. Aquarum dulcium incolae.

Familia II. Proporidea. Corpus ellipticum v. teretiusculum. Caput corpore continuum. Os terminale, oesophago tubaeformi. Ocelli nulli. Otolithus unus supra capsulam aut otolithotheca inclusus. Aquarum subsalinarum v. maris incolae.

2. **Acelis.** Corpus teretiusculum. Os oesophago margine sexlobato. Otolithus capsulae cervicali insidens. Aquarum subsalinarum incolae.

3. **Proporus.** Corpus ellipticum. Os oesophago margine integro. Otolithus otolithotheca inclusus. Maricolae.

Familia III. Acmostomea.

4. **Acmostomum.** Corpus teretiusculum. Caput corpore continuum. Os terminale, oesophago conico margine denticulato. Ocelli duo. Otolithus nullus. Aquarum dulcium incolae.

Familia IV. Otocelidea. Corpus teretiusculum vel depressiusculum. Caput corpore continuum. Os terminale, oesophago cylindrico. Ocelli duo. Otolithus 1 vel 2. Maricolae.

5. **Otocelis.** Corpus teretiusculum. Otolithus unus.

6. **Sidonia.** Corpus depressiusculum. Otolithi duo.

---

¹) Character generis unici simul familiae, quod de familiis omnibus subsequentibus, unicum solum genus continentibus, pariter valet.

** Hypostomata: Os ventrale, vel antrorsum, vel in medio fere corporis, vel retrorsum situm.

Familia V. Typhloplanidea.

7. **Typhloplana.** Corpus depressum vel teretiusculum. Caput corpore continuum. Os ventrale, superum subterminale, antrorsum vel in medio fere corporis situm. Ocelli nulli. Otolithus nullus. Aquarum dulcium rarius maris incolae, rarissime endoparasita.

Familia VI. Otophora. Corpus planum vel teretiusculum. Caput corpore continuum. Os ventrale, antrorsum v. in medio corporis v. retrorsum situm, oesophago cylindrico, conico v. amphoraeformi. Ocelli nulli. Otolithus unus prominentiis duabus vel nullis, otolithotheca inclusus, vel duo otolithothecis duabus. Aquarum dulcium v. maris incolae.

8. **Monotus.** Corpus planum vel teretiusculum. Os ventrale, antrorsum vel in vel retro medium corporis situm, oesophago cylindrico v. amphoraeformi. Otolithus unus prominentiis duabus v. nullis, otolithotheca inclusus. Maricolae v. aquarum dulcium incolae.

9. **Diotis.** Corpus planum. Os ventrale retrorsum situm, oesophago conico. Otolithi duo singulo otolithotheca propria incluso. Aquarum dulcium incolae.

Familia VII. Vorticinea. Corpus planum et teretiusculum. Caput corpore continuum, haud cristatum vel ciliis rigidis cristatum. Os ventrale, antrorsum, in medio corporis vel retrorsum situm, oesophago cylindrico, amphoraeformi, subgloboso, infundibuliformi vel panduraeformi. Ocelli 2 v. 4, rarissime 3. Otolithi nulli. Aquarum dulcium v. maris incolae.

10. **Turbella.** Corpus teretiusculum v. depressum .. Os ventrale superum, in medio fere corporis vel posticum subterminale, oesophago cylindrico, amphoraeformi vel infundibuliformi. Ocelli duo. Aquarum dulcium incolae, rarius maricolae.

11. **Spiroclytus.** Corpus gracile. Caput corpore continuum ciliis rigidis longis munitum. Os ventrale antrorsum situm, oesophago subgloboso. Ocelli duo. Maricolae.

12. **Tricelis.** Corpus planum. Os ventrale retro medium corporis situm, oesophago subgloboso. Ocelli tres. Maricolae v. aquarum dulcium incolae.

13. **Vortex.** Corpus teretiusculum vel depressum. Os ventrale, superum subterminale, antrorsum, in medio fere corporis vel retrorsum situm, oesophago amphoraeformi, subgloboso vel cylindrico. Ocelli quatuor. Aquarum dulcium vel maris incolae.

14. **Trigonostomum.** Corpus gracile. Caput corpore continuum ciliis rigidis longis munitum. Os ventrale trifissum antrorsum situm, oesophago panduraeformi. Ocelli 4. Maricolae.

Familia VIII. Vorticeridea.

15. **Vorticeros.** Corpus gracile. Caput a corpore subdiscretum, pseudotentaculis duobus frontalibus. Os ventrale antrorsum situm, oesophago subgloboso. Ocelli duo. Otolithus nullus. Maricolae.

Familia IX. Celidotidea. Corpus teretiusculum vel depressiusculum. Caput corpore continuum vel strictura discretum. Os ventrale, antrorsum vel infra medium corporis situm, oesophago cylindrico. Ocellus 1 vel 2. Otolithus unus, prominentiis duabus vel nullis, otolithotheca inclusus. Maricolae.

16. **Monops.** Corpus teretiusculum. Caput corpore continuum vel strictura discretum. Os ventrale in v. infra medium corporis situm. Otolithus unus, prominentiis duabus vel nullis, otolithotheca inclusus, ocello simul anteposito.

17. **Celidotis.** Corpus gracile. Caput corpore continuum. Os ventrale, superum subterminale rimaeforme longitudinale vel infra medium corporis situm. Ocelli duo. Otolithus unus, prominentiis nullis v. duabus, otolithotheca inclusus retro oculos.

Subtribus II. Arhynchocoela proctucha.

Tractus cibarius ano stipatus. — Sexus discretus, interdum periodice agama.

* Acrostomata: Os terminale.

Familia X. Orthostomea.

18. **Orthostomum.** Corpus proteum. Caput corpore continuum. Os terminale, oesophago subcylindrico. Ocelli nulli. Otolithus nullus. Anus posticus terminalis. Aquarum dulcium incolae.

Familia XI. Anorthidea.

19. **Anortha.** Corpus compressiusculum. Os terminale. Ocelli nulli. Otolithus unus. Anus posticus terminalis. Aquarum dulcium incolae.

Familia XII. Disorea.

20. **Disorus.** Corpus proteum. Caput corpore continuum. Os terminale. Ocelli 6, biternati. Otolithus nullus. Anus posticus terminalis. Maricolae.

** Hypostomata: Os ventrale, antrorsum situm, imo subterminale.

Familia XIII. Anotocelidea. Corpus teretiusculum v. planum. Caput corpore continuum. Cephalopori nulli v. duo marginales. Os ventrale antrorsum situm, oesophago subcylindrico angusto. Ocelli nulli. Otolithus nullus. Anus ventralis ante caudae apicem. Aquarum dulcium incolae.

Subfamilia I. Anotocelidea aporocephala.

21. **Typhlomicrostomum.** Corpus planum. Cephalopori nulli.

Subfamilia II. Anotocelidea porocephala.

22. **Anotocelis.** Corpus teretiusculum. Cephalopori duo marginales.

Familia XIV. Stenostomea. Corpus teretiusculum vel planum. Caput corpore continuum vel a corpore discretum. Cephalopori nulli vel duo marginales. Os ventrale antrorsum situm, oesophago subcylindrico angusto vel crasso, medio angustato. Ocelli nulli. Otolithus 1 v. 2. Anus ventralis ante caudae apicem. Aquarum dulcium incolae.

Subfamilia I. Stenostomea aporocephala.

23. **Catenula.** Corpus subcylindricum vel depressum. Caput a corpore discretum. Cephalopori nulli. Os ventrale, oesophago subcylindrico crasso, medio angustato. Otolithus unus.

Subfamilia II. Stenostomea porocephala.

24. **Stenostomum.** Corpus teretiusculum. Caput corpore continuum. Cephalopori duo marginales. Os ventrale, oesophago subcylindrico longo angusto. Otolithi duo ante vel retro os siti. Anus ventralis ante caudae apicem.

Familia XV. Microstomea. Corpus teretiusculum vel
depressum. Caput corpore continuum. Cephalopori nulli vel duo
marginales. Os ventrale, antrorsum situm v. superum subterminale,
circulare vel transversum, rimaeforme. Ocelli duo simplices vel 6,
quorum 2 compositi, 4 simplices. Otolithus nullus. Anus ventralis
ante caudae apicem. Aquarum dulcium v. maris incolae.

Subfamilia I. Microstomea aporocephala.

25. **Stylacium.** Corpus depressiusculum. Cephalopori nulli. Os
    ventrale superum subterminale. Ocelli 6, quorum 2 compo-
    siti, 4 simplices. Aquarum dulcium incolae.

26. **Dinophilus.** Corpus teretiusculum. Cephalopori nulli. Os ven-
    trale antrorsum situm transversum, rimaeforme. Ocelli duo.
    Maricolae.

Subfamilia II. Microstomea porocephala.

27. **Microstomum.** Corpus teretiusculum. Cephalopori duo mar-
    ginales. Os ventrale antrorsum situm, circulare. Ocelli duo.
    ✱ Aquarum dulcium et maris incolae.

Situ oris ignoto adhuc dubium num Acrostomatibus vel Hypostomatibus
adnumerandum:

28. **Aphanostomum.** Corpus oblongum. Os... Ocellus unus hya-
    linus. Maricolae.

TRIBUS II. RHYNCHOCOELA.

Subtribus I. Rhynchocoela aporocephala.

Cephalopori nulli. — Androgyna v. sexus discreti.

* Holocephala: Caput haud lobatum.

Familia XVI. Rhynchoscolecidea.

29. **Rhynchoscolex.** Corpus teretiusculum exappendiculatum. Ca-
    put corpore continuum. Proboscis terminalis pugione nullo.
    Os ventrale, antrorsum vel in medio corporis situm. Ocelli
    nulli. Androgyna. Aquarum dulcium et subsalinarum incolae.

Familia XVII. Gyratricinea. Corpus teretiusculum
vel oblongum ciliatum, exappendiculatum. Caput corpore continuum.
Proboscis terminalis pugione nullo. Os ventrale, antrorsum vel in

medio corporis situm. Ocelli 2, 4 v. 6. Androgyna. Maricolae, rarius aquarum dulcium incolae.

30. **Gyrator.** Corpus subcylindricum. Os in medio fere corporis situm. Ocelli 2. Aquarum dulciam v. maris incolae.

31. **Rhynchoprobolus.** Corpus oblongo-ovale. Os antrorsum situm. Ocelli 4. Aquarum dulcium incolae.

32. **Prostomum.** Corpus teretiusculum. Ocelli 6. Aquarum dulcium incolae.

Familia XVIII. Borlasiea. Corpus teretiusculum vel depressiusculum, exappendiculatum, disco caudali nullo v. uno. Caput corpore continuum vel discretum. Proboscis terminalis vel infera. Os ventrale antrorsum situm vel subterminale anticum. Ocelli nulli. Maricolae.

α) Proboscis terminalis.

33. **Borlasia.** Corpus teretiusculum vel depressum, disco caudali nullo. Caput corpore continuum v. discretum, sulcis lateralibus nullis. Proboscis terminalis. Os subterminale anticum.

34. **Taeniosoma.** Corpus depressum, disco caudali nullo. Caput subdiscretum sulco longitudinali (linea impressa incolorata) in utroque margine. Proboscis terminalis. Os antrorsum situm.

35. **Baseodiscus.** Corpus teretiusculum extremitate caudali in discum explanata. Caput a corpore discretum. Proboscis terminalis. Os retro caput situm.

β) Proboscis infera.

36. **Valencinia.** Corpus teretiusculum v. depressum. Caput strictura discretum. Proboscis in medio capitis paginae ventralis. Os infra ostium meatus proboscidem protractilem excipientis situm.

Familia XIX. Ommatophora. Corpus teretiusculum vel depressiusculum exappendiculatum. Caput corpore continuum v. discretum. Proboscis terminalis pugione et burseolis aciculiferis instructa. Os ventrale, antrorsum vel in medio fere corporis situm. Ocelli 2, 6 v. plurimi. Maricolae.

37. **Cephalothrix.** Corpus teretiusculum vel depressiusculum. Caput corpore continuum. Os antrorsum vel in medio fere corporis situm. Ocelli 2.

38. **Ommatoplea.** Corpus teretiusculum v. depressiusculum. Caput corpore continuum vel discretum. Os subterminale anticum. Ocelli 6 v. plurimi.

Familia XX. Micruraea. Corpus depressiusculum vel teretiusculum, extremitate caudali appendiculata. Caput corpore continuum vel discretum. Proboscis terminalis. Os ventrale antrorsum situm. Ocelli numerosi. Anus sub processu caudali. Maricolae.

39. **Micrura.** Corpus depressum, processu caudali terminali filiformi. Caput corpore continuum. Proboscis e plica transversa terminali protractilis. Os infra caput. Ocelli 10.

40. **Polystemma.** Corpus teretiusculum v. depressiusculum, (feminae) in procéssum ellipticum ovigerum postice dilatatum. Caput discretum. Os antrorsum situm. Ocelli plurimi.

Situs oris in generibus subsequentibus ignotus. — Corpus exappendiculatum. — Maricolae.

　† Proboscis terminalis e medio capitis protractilis.

O c e l l i n u l l i.

41. **Acrostomum.** Corpus elongatum depressum. Caput corpore continuum v. sulco circulari discretum. Proboscis terminalis. Os... Ocelli nulli.

O c e l l i 2.

42. **Diplomma.** Corpus depressiusculum. Caput corpore continuum vel discretum, fronte emarginatum. Proboscis terminalis. Os... Ocelli 2.

43. **Nareda.** Corpus subcylindricum. Caput a corpore discretum, triangulare. Proboscis... Os... Ocelli 2.

O c e l l i 4.

44. **Oerstedia.** Corpus teretiusculum vel depressiusculum. Caput corpore continuum. Proboscis terminalis pugione et burseolis aciculiferis duabus instructa. Os... Ocelli 4.

O c e l l i p l u r i m i.

45. **Hemicyclia.** Corpus teretiusculum filiforme. Caput corpore continuum, plica transversa terminali. Proboscis terminalis. Os... Ocelli plurimi semicirculo dispositi.

46. **Tatsnoskia.** Corpus depressum. Caput subdiscretum. Proboscis terminalis ex apertura cruciata protractilis. Os ... Ocelli plurimi in acervos duos aggregati.

† † Proboscis terminalis e margine capitis protractilis.

47. **Polina.** Corpus depressiusculum. Caput discretum vel subdiscretum. Proboscis terminalis e capitis margine frontali inferiore protractilis. Ocelli numerosi in acervos 4 aggregati.

48. **Cosmocephala.** Corpus depressum. Caput corpore continuum v. subdiscretum, pseudorimis inconspicuis (lineis impressis incoloratis) cervicalibus. Proboscis terminalis e capitis margine frontali inferiore protractilis. Ocelli numerosi utplurimum in margine capitis.

* * Lobocephala. Caput lobatum.

Familia XXI. Hypoloba. Corpus depressum. Caput discretum, subtus rima longitudinali vel marginibus longitudinalibus inflexis bilobum, cavum vel solidum. Proboscis et os ... Ocelli nulli. Maricolae.

49. **Colpocephalus.** Corpus depressum lineare. Caput subovatum subtus rima longitudinali bilobum, cavum.

50. **Chlamydocephalus.** Corpus elongatum planum. Caput cordatum, subtus marginibus longitudinalibus inflexis bilobum, solidum.

Familia XXII. Acroloba. Corpus proteum. Caput corpore continuum, unilobum vel bilobum, lobis terminalibus. Proboscis terminalis e capitis margine protractilis. Os terminale in medio capitis. Ocelli nulli. Maricolae.

51. **Stimpsonia.** Corpus subcylindricum compressiusculum. Caput membrana circulari retroflexa. Lobus terminalis spathaeformis in margine superiore capitis proboscidem protractam includens. Os terminale in medio capitis.

52. **Ramphogordius.** Corpus teretiusculum filiforme. Lobi capitis duo terminales, superpositi, supero majore. Ostium meatus proboscidem protractilem excipientis ad basin loborum. Os ...

53. **Lobilabrum.** Corpus elongatum depressum. Lobi capitis duo terminales horizontaliter patentes, bilobi. Ostium meatus proboscidem protractilem excipientis inter lobos. Os ...

Subtribus II. Rhynchocoela porocephala.

Cephaloporus unicus aut 2 vel 4 oppositi, rarius 2 juxta-positi. — Sexus discretus.

Familia XXIII. Prorhynchidea.

54. **Prorhynchus.** Corpus subcylindricum. Caput corpore conti-nuum. Cephalopori foveaeformes marginales duo oppositi. Proboscis terminalis pugione armata. Os proprium nullum. Apertura capitis terminalis nunc oesophagi, nunc proboscidis egressui inserviens. Ocelli nulli. Aquarum dulcium incolae.

Familia XXIV. Emeidea.

55. **Emea.** Corpus lineare depressum. Caput corpore continuum. Cephalopori foveaeformes marginales utrinque duo. Probos-cis terminalis pugione armata. Os et oesophagus . . . Ocelli nunc 4 nunc 6. Aquarum dulcium incolae.

Familia XXV. Typhlonemertinea. Corpus depres-
sum v. teretiusculum. Caput corpore continuum v. strictura discre-tum. Cephaloporus unus terminalis aut 2 marginales oppositi vel 4 cruciatim convergentes. Proboscis terminalis aut in capitis pagina ventrali collocatas, inermis, rarissime pugione et burseolis aciculiferis instructa. Os ventrale infra caput situm. Ocelli nulli. Maricolae.

α) Proboscis infera.

56. **Tubulanus.** Corpus teretiusculum. Caput strictura a corpore discretum. Cephaloporus terminalis transvérse rimaeformis. Proboscis in medio capitis paginae ventralis.

57. **Cerebratulus.** Corpus elongatum depressum v. teretiusculum. Caput corpore continuum v. subdiscretum. Cephalopori duo longitudinales, antice convergentes v. paralleli. Proboscis in pagina ventrali capitis.

β) Proboscis terminalis.

58. **Meckelia.** Corpus elongatum depressum vel teretiusculum. marginibus haud revolutis. Caput corpore continuum v. stric-tura discretum. Cephalopori duo longitudinales marginales. Proboscis terminalis.

59. **Diplopleura.** Corpus elongatum dilatatum marginibus pone caput revolutis in linea mediana dorsali vix contiguis. Caput

discretum. Cephalopori duo longitudinales marginales. Proboscis terminalis.

60. **Ophiocephalus.** Corpus elongatum supra convexum subtus planum. Caput discretum. Cephalopori quatuor longitudinales antice cruciatim convergentes. Proboscis terminalis.

Familia XXVI. Loxorrhochmidea. Corpus tere-
tiusculum filiforme vel depressiusculum, haud raro proteum. Caput corpore continuum v. discretum. Cephalopori transversales, interdum obliqui, 2 et tunc oppositi vel juxtapositi aut 4. Proboscis terminalis plerumque pugione st burseolis aciculiferis instructa. Os ventrale antrorsum situm. Ocelli 2, 4 v. numerosi. Maricolae.

61. **Cephalonema.** Corpus filiforme teretiusculum. Caput discretum. Cephalopori 2 oppositi. Ocelli duo.

62. **Tetrastemma.** Corpus filiforme teretiusculum. Caput corpore continuum v. discretum. Cephalopori 2 oppositi. Ocelli 4.

63. **Ditactorrhochma.** Corpus elongatum proteum. Caput discretum. Cephalopori duo juxtapositi. Ocelli numerosi.

64. **Loxorrhochma.** Corpus filiforme depressiusculum. Caput corpore continuum. Cephalopori 4 bini oppositi. Ocelli quatuor.

Familia XXVII. Eunemertinea. Corpus depres-
sum v. teretiusculum, haud raro proteum. Caput corpore continuum vel subdiscretum. Cephalopori duo longitudinales marginales continui vel bipartiti. Proboscis terminalis vel in capitis pagina ventrali, inermis vel pugione armata, aut apice capitellata, parte basilari organis urticantibus obsessa. Os ventrale subterminale vel infra caput situm. Ocelli 2, 6—12 aut numerosi varie dispositi. Maricolae, rarissime aquarum dulcium incolae.

α) Proboscis infera.

65. **Quatrefagea.** Corpus elongatum. Caput a corpore discretum. Cephalopori continui, subparalleli (?). Proboscis in pagina ventrali capitis. Os . . . Ocelli numerosi. Maricolae.

β) Proboscis terminalis.

66. **Polyhopla.** Corpus taeniaeforme. Caput subdiscretum. Cephalopori continui, subparalleli. Proboscis terminalis, apice capitellata, parte basilari organis urticantibus obsessa. Os subterminale. Ocelli numerosi. Aquarum dulcium incolae.

67. **Nemertes.** Corpus depressum v. teretiusculum. Caput corpore continuum vel subdiscretum. Cephalopori continui, convergentes v. paralleli. Proboscis terminalis, inermis v. pugione armata. Os infra caput situm. Ocelli 2, 6 — 12 aut numerosi. Maricolae.

68. **Emplectonema.** Corpus longissimum filiforme proteum. Caput subdiscretum. Cephalopori bipartiti, convergentes. Proboscis terminalis, inermis? Os... Ocelli numerosi. Maricolae.

Genus inquirendum.

69.? **Dichilus.** Corpus depressum l███re. Caput corpore continuum, plica transversa terminali bilabiatum, labio inferiore emarginato. Proboscis... Os... Ocelli duo. Maricolae.

Genera exstincta.

70. **Nemertites.** Corpus longissimum filiforme. — In formatione cambrica.

71. **Lumbricaria.** Corpus longissimum filiforme. -- In formatione calcarea lithographica.

TRIBUS I. ARHYNCHOCOELA *SCHULTZE.*

Vermes: Intestina *Linné* ex parte. — Vers planulaires *Lamarck* ex parte. -- Apodes planaires *Blainville.* — Apoda trematodina *Oersted* ex parte. — Turbellaria rhabdocoela *Ehrenberg* partim.

Animalcula solitaria libera, decolora vel colorata, utplurima microscopica, alia aliquot lineas longa, paucissima vix semipollicaria. *Corpus* molle, parenchymatosum, totum vel passim ciliis vibrantibus obsessum, utplurimum lineare, planum vel teretiusculum, rarius dilatatum, continuum, interdum corpusculis bacillaribus vel organis urticantibus (vesiculis elongatis appendice filiformi) subcutaneis vel apicibus prominentibus instructum. *Acetabulum* nullum. *Caput* corpore continuum vel discretum, cephaloporis nullis vel rarius duobus, uno in dextro, altero in sinistro capitis latere s. marginalibus[1]). *Proboscis* aggressoria nulla. *Tentacula* genuina nulla, rarissime pseudotentacula[2]). *Ocelli* nulli vel 1, 2, 3, 4 vel 6 simplices, rarissime 2 compositi et 4 simplices, nigri, rarissime rubri v. decolores. *Otolithi* nulli vel 1 vel 2, cum otolithotheca (s. tympano) 1 vel 2. *Os* terminale aut ventrale antrorsum, retrorsum vel in medio corporis situm,

---

[1]) Cephalopori sunt organa rimae- v. foveaeformia, utriculo instructa, incertae functionis, in Rhynchocoelis haud raro obvia.

[2]) In genere Vorticeroti.

oesophago s. pharynge rarissime protractili, integro vel limbo lobato. *Tractus* cibarius simplex coecus aut ano stipatus. *Apparatus aquiferus* cum poro excretorio, rarissime apertura duplici, una exceptoria, altera excretoria [1]) instructus. *Androgyna* et tunc apertura genitali unica (Monogonopora), aut sexus discreti et tunc interdum periodice agama. *Penis* chitineus v. mollis. *Organa genitalia* interna (in androgynis); mascula: utriculi duo (vasa seminalia) ductibus suis vesicula seminali communi inserta, ductu brevi ejaculatorio a vesicula seminali in organon copulationis saepe chitineum vel solummodo appendicibus chitineis insignitum excurrente; feminea: organon germinativum et organon vitelligerum, discreta, rarissime juncta [2]), paria, rarius imparia, utero, in quo ovula evolvuntur et testa dura teguntur, inserta, cum bursa seminali utero affixa; rarissime [3]): sacculi solitarii clausi ad latera intestini, quorum anteriores ovula, posteriores sperma virile continent; in illis sexus discreti, mascula: testiculus cylindricus cum vesicula seminali et pene chitineo; feminea: ovarium cum oviductu extrorsum patente. *Multiplicatio* per ovula, rarius per ovovivipartum [4]), haud raro per divisionem spontaneam transversalem. *Evolutio* directa. *Systema* musculare parum evolutum. *Ganglion* cerebrale duplex, fila nervea emittens. — Aquarum dulcium, rarius maris incolae, rarissime endoparasita.

Motus gliscens v. natatorius. *Ovula* aestiva solitaria, libera, ovula hyberna plurima, capsula libera subglobosa colorata (ootheca), pedicellata vel pedicello destituta inclusa.

Subtribus I. Arhynchocoela aprocta.

Tractus cibarius coecus. — Androgyna.

[3] Acrostomata. Os terminale.

Familia I. Megastomea *Dies*. Character generis unici simul familiae.

I. MEGASTOMUM *SCHMARDA*.

Telostomum *Schmarda*, nec *Oersted*.

Corpus subcylindricum. *Caput* corpore continuum. *Os* terminale rimaeforme transversum amplum, oesophago subcylindrico.

---

[1]) In genere Stylacio.

[2]) In genere Macrostomo *Oersted*, cujus species hujus loci generibus Turbellae, Spiroclyto et Monoto adnumeratae sunt.

[3]) In genere Sidonia.

[4]) In Vortice Warrenii *Girard*.

Ocelli nulli. *Otolithi* nulli. *Androgyna?* Apertura genitalis... *Anus* nullus. Aquarum dulcium Americae centralis incolae.

1. Megastomum ferrugineum *SCHMARDA.*

Corpus subcylindricum flavo-griseum. *Os* dimidiae fere corporis latitudinis. Longit. $1/2'''$.

Ovula matura magna. Organa genitalia mascula haud observata.
Telostomum ferrugineum *Schmarda:* Neue wirbell. Th. I. 1. 8.
Megastomum ferrugineum *Schmarda* l. s. c. Tab. I. 17.

Habitaculum. In aqua dulci, prope San Juan del Norte in America centrali (Schmarda).

Familia II. Proporidea *Dies.* Corpus ellipticum vel teretiusculum. Caput corpore continuum. Os terminale, oesophago tubaeformi. Ocelli nulli. Otolithus unus supra capsulam, aut otolithotheca una inclusus. Androgyna. Apertura genitalis retrorsum sita. Anus nullus. Aquarum subsalinarum Americae borealis vel maris Europae septentrionalis incolae.

II. ACELIS *DIESING.*

Aemostomi spec. *Schmarda.*

Corpus teretiusculum. *Caput* corpore continuum. *Os* terminale, oesophago protractili tubaeformi margine sexlobato. *Ocelli* nulli. *Otolithus* globosus capsulae cervicali insidens. *Androgyna. Penis* cultriformis retrorsum situs. *Anus* nullus. Aquarum subsalinarum Americae borealis incolae.

Ovaria magna uvaeformia retrorsum sita.

1. Acelis crenulata *DIESING.*

Corpus flavidulum. Longit. $1/2'''$.

Aemostomum crenulatum *Schmarda:* Neue wirbell. Th. I. 1. 3. Tab. I. 2.

Habitaculum. In aqua subsalsa prope Hobocken haud procul a New York (Schmarda).

III. PROPORUS *O. SCHMIDT.*

Gyratoris spec. *Busch.*

Corpus ellipticum retrorsum attenuatum. *Caput* corpore continuum. *Os* terminale, oesophago tubaeformi margine integro. *Ocelli* nulli. *Otolithus* unus otolithotheca inclusus (oculus Schmidt). *Androgyna. Apertura genitalis* dorsalis. *Anus* nullus. Maricolae.

1. Proporus Cyclops *O. SCHMIDT.* — *Dies.* Syst. Helm. I. 219.

Habitaculum. Faeroe in sinu Thorshavensi, vere (Schmidt).

2. **Proporus viridis** *R. LEUCKART.*

Corpus fere teretiusculum interdum retrorsum attenuatum, viride, corpusculis bacillaribus rubris vel violaceis prominentibus. Longit. $^1/_{10}$ — $^1/_8$.

> Gyrator viridis *Busch:* Beobacht. wirbell. Seethiere 117—118. Tab. XIV. 11—14 (cum anatom.).
>
> Proporus? viridis *Leuckart:* in Troschel's Arch. 1854. II. 349.

Habitaculum. In mare adriatico prope Tergestum (Busch).

> Penis (?): organum corneum imperforatum bipartitum, globulis duobus insidens. Organa genitalia solummodo mascula observata.

Familia III. Acmostomea *Schmarda.* Character generis unici simul familiae.

IV. ACMOSTOMUM *SCHMARDA.*

Corpus teretiusculum. *Caput* corpore continuum. *Os* terminale, oesophago protractili conico margine denticulato. *Ocelli* duo. *Otolithus* nullus. *Androgyna. Penis* flagelliformis retrorsum situs. *Anus* nullus. Aquarum dulcium stagnantium Australiae incolae.

> Testiculi duo fusiformes. Ovaria duo filiformia.

1. Acmostomum denticulatum *SCHMARDA.*

Corpus teretiusculum, capite rotundato, postice attenuatum, flavo-griseum. *Ocelli* elliptici nigri. Longit. 1 $^1/_2'''$.

> Acmostomum denticulatum *Schmarda:* Neue wirbell. Th. I. 1. 3. Tab. I. 1. 1 ª.

Habitaculum. In aqua stagnante ad Cook's River in Nova Cambria (Schmarda).

Familia IV. Otocelidea *Dies.* Corpus teretiusculum vel depressiusculum. Caput corpore continuum. Os terminale, oesophago cylindrico. Ocelli duo. Otolithus unicus vel otolithi duo. Androgyna. Anus nullus. Maricolae.

V. OTOCELIS *DIESING.*

Propori spec. *O. Schmidt.*

Corpus teretiusculum ciliatum. *Caput* corpore continuum. *Os* terminale, oesophago. . . *Ocelli* duo. *Otolithus* unus otolithotheca inclusus. *Androgyna. Apertura genitalis* haud procul ab extremitate postica. *Anus* nullus. Maricolae.

1. Otocelis rubropunctata *DIESING.*

Corpus hyalinum. *Ocelli* marginales, rubri. Longit. $1/2'''$.

Proporus rubropunctatus *O. Schmidt:* in Sitzungsb. d. kais. Akad. d. Wissensch. IX. (1852) 498. Tab. XLVI. 10.

Habitaculum. Prope Lesinam (O. Schmidt).

VI. SIDONIA *SCHULTZE.*

Corpus depressiusculum gracile. *Caput* corpore continuum. *Os* terminale, oesophago gracili cylindrico intestino oblique inserto. *Ocelli* duo. *Otolithi* duo. *Androgyna. Apertura* genitalis ... *Anus* nullus. Maricolae.

Organa genitalia: sacculi solitarii clausi ad latera intestini, quorum anteriores majores ovula in omni evolutionis stadio, posteriores sperma virile plus minusve perfectum continent. — Genus structura et dispositione organorum genitalium ab Arhynchocoelis omnino differens, cum Rhynchocoelis contra maxime congruens, valde memorabile.

1. Sidonia elegans *SCHULTZE.*

Corpus album, dorso lateritio cruciato, capite rotundato. Longit. $2 1/4'''$, latit. $1/3'''$.

Corpuscula calcarea subcutanea numerosa teretiuscula.

Sidonia elegans *M. Schultze:* in Verhandl. d. phys. med. Gesellsch. zu Würzburg IV. (1854) 223 (cum anatom.).

Habitaculum. Prope Tergestum haud raro Augusto (Schultze).

* * Hypostomata: Os ventrale, vel antrorsum, vel in medio fere corporis, vel retrorsum situm.

Familia V. Typhloplanidea *Dies.* Character generis unici simul familiae.

VII. TYPHLOPLANA *HEMPRICH* et *EHRENBERG.* Char. amplif.

Fasciolae et Planariae spec. *Müller.* — Derostomatis spec. *Dugès* et *Schmarda.* Opistomum *O. Schmidt.* — Mesostomi spec. *O. Schmidt.* — Anoplodium *Schneider.* — Macrostomi spec. *Schmarda.*

Corpus depressum v. teretiusculum. *Caput* corpore continuum. *Os* ventrale, superum subterminale, antrorsum v. in medio fere corporis situm. *Ocelli* nulli. *Otolithus* nullus. *Androgyna. Apertura* genitalis retrorsum sita. *Anus* nullus. *Aquarum* dulcium, rarius maris incolae, rarissime endoparasita.

° Os superum subterminale vel antrorsum situm.

Opistomum *O. Schmidt.* — Macrostomi, Derostomi et Strongylostomi spec. *Schmarda.* — Anoplodium *Schneider.*

1. Typhloplana pallida.

Corpus latiusculum, albicans, transparens. *Os* superum subterminale, oesophago amphoraeformi. *Aculei* ad basin continuationis vasorum deferentium vomeriformes. *Penis* armatus tortuosus. Longit. ultra 1'''.

> Opistomum pallidum *O. Schmidt.* — *Dies.* Syst. Helm. I. 233. — *O. Schmidt:* in Sitzungsb. d. k. Akad. XXV. (1857) 87. — Idem in Denkschr. XV. 27.

Habitaculum. Prope Axien ad Albim: in paludosis, Martio et Aprili (O. Schmidt).

2. Typhloplana Schultzeana *DIESING.*

Corpus gracile. *Os* superum subterminale, oesophago amphoraeformi. *Aculei* ad basin continuationis vasorum deferentium haud vomeriformes. *Penis* armatus tortuosus. Longit. $1\frac{1}{2}'''-2'''$. latitudo $\frac{1}{3}'''$.

> Opistomum pallidum *Schmidt.* — *M. Schultze:* Beitr. Turbell. I. 40, 74 et 75 (cum descript.). Tab. III. 1 (animal.). Tab. I. 13, 14, 26, 39. Tab. III. 2—3 (anatom.). — Idem in *V. Carus:* Icon. Zootom. Tab. VIII. 17.
>
> Opistomum pallidum *M. Schultze* neque *Schmidt.* — *O. Schmidt:* in Sitzungsb. d. kais. Akad. XXV. 27. — Idem in Denkschr. XV. 27.

Habitaculum. In fossa pratensi, Decembri et per totam hyemem sub glacie, animalcula organis genitalibus imperfectis (sub calore cubiculi mox evolutis); Martio usque ad Aprilem animalcula organis genitalibus instructa, Gryphiae (Schultze); Majo organis genitalibus evolutis prope Cracoviam (O. Schmidt).

3. Typhloplana pellucida.

Corpus depressiusculum utrinque attenuatum decolor et pellucidum. *Os* subterminale circulare, oesophago amphoraeformi. *Penis* tubulosus apiculo longo setiformi terminali, retrorsum situs. Longit. 1''', latit. $\frac{1}{3}'''$.

> Vortex coecus *Oersted.* — *Dies.* Syst. Helm. I. 283.
>
> Vortex pellucidus *Schultze:* Beitr. Turbellar. 49 et 96. Tab. IV. 5 (animal.).

Habitaculum. In littoribus Daniae (Oersted). In mare baltico ad algas, Septembri Gryphiae, rarissime (Schultze).

4. Typhloplana ceylonica.

Corpus taeniaeforme pallide griseum. *Os* subterminale rimaeforme. Longit. ²/₃'''.

> In medio corporis organum tubulosum postice apertura circulari patente.
> (An vas aquiferum? *Schmarda*.)
>
> Macrostomum ceylanicum *Schmarda:* Neue wirbell.Th.I.1.8. Tab.I.16.

Habitaculum. Ad oras Ceyloniae (Schmarda).

5. Typhloplana parasita.

Corpus planum ellipticum. *Os* antrorsum situm, oesophago . . .
Penis tubulus mollis inermis. Longit. 1—2'''.

> Tractus cibarius antrorsum regulariter sinuatus. Bursa seminalis. Ovum
> unicum in singulo individuo.
>
> Anoplodium parasita *Schneider:* in Müller's Arch. 1858. 324. Tab.
> XII. 1—4 (cum anatom.). — Idem ibid. 1861. 183.

Habitaculum. *Holothuria tubulosa:* in cavo corporis
(Schneider).

6. Typhloplana elongata.

Corpus elongatum depressum retrorsum attenuatum rufo-
griseum. *Os* antrorsum situm ellipticum, oesophago doliiformi.
Longit. 1'''.

> Derostomum elongatum *Schmarda:* Neue wirbell. Th.I. 1.7. Tab. I. 9.

Habitaculum. In aqua subsalsa paludosa, New Orleans in
America septentrionali (Schmarda).

7. Typhloplana coeca.

> Derostoma coecum *Oersted.* — *Dies.* Syst. Helm. I. 283.

Habitaculum. In fossis, Hafniae (Oersted).

** Os in medio fere corporis situm.

Typhloplana *H.* et *E.*

8. Typhloplana variabilis *OERSTED.* — *Dies.* Syst. Helm. I. 231.

Habitaculum. In Daniae pratis inundatis (Müller, Fabricius et Oersted, — in Gallia: Dugès).

9. Typhloplana viridata *EHRENBERG.*

> Akaleph. d. roth. Meeres 66.
>
> Typhloplana viridata *O. Schmidt.* — *Dies.* Syst. Helm. I. 232. —
> *Schmarda:* Neue wirbell. Th. I. 1. 9.
>
> Mesostomum viridatum *Schultze:* Beitr. Turbellar. I. 53.

Habitaculo adde: In aqua dulci prope Auckland in Nova Zeelandia (Schmarda).

10. Typhloplana lapponica *O. SCHMIDT.*

Mesostomum (Typhloplana) lapponicum *O. Schmidt:* in Sitzungsb. d.
kais. Akad. IX. (1852) 562. Tab. XLVII. 16. — Idem ibid. XXV.
(1857) 87. — Idem in Denkschr. XV. (1858) 36.

Habita culum. In Lapponia, in palude aquae dulcis prope
Muonioniska; inter Torneo et Haparanda et prope Cracoviam haud
raro (O. Sch midt).

Specimina Cracoviensia os paulum ante medium, specimina lapponica exacte
in corporis medio exhibent.

11. Typhloplana gracilis *SCHMARDA.*

Corpus subcylindricum flavidulum. *Os* in medio corporis situm.
Penis curvatus. Longit. $1/2'''$.

Typhloplana gracilis *Schmarda:* Nene wirbell. Th. I. 1. 9. Tab. I. 19.

Habita culum. In aqua dulci prope Cali in valle Cauca in Nova
Granada (Schmarda).

12. Typhloplana Hirudo.

Mesostomum (Typhloplana) Hirudo *O. Schmidt:* in Sitzungsb. d. kais.
Akad. XXV. 87 et in Denkschr. XV. 35 et 46. Tab. III. 9, 10, 11.

Habita culum. Prope Cracoviam (O. Sch midt).

Generi Typhloplanae fortasse adnumeranda:

Convoluta anotica *SCHMARDA.*

Os semilunare in quarta corporis parte. Longit. $1/2'''$.

Convoluta anotica *Schmarda:* Neue wirbell. Th. I. 1. 8. Tab. I. 18.

Habita culum. In aqua stagnante prope Peili-Aar et prope
Badulla in Ceylonia (Schmarda).

Familia VI. Otophora *Dies.* Corpus planum vel teretiusculum. Caput corpore continuum. Os ventrale, vel antrorsum vel
in medio corporis vel retrorsum situm, oesophago cylindrico, conico
v. amphoraeformi. Ocelli nulli. Otolithus unus prominentiis duabus
v. nullis, otolithotheca inclusus v. duo otolithothecis duabus inclusi.
Androgyna. Apertura genitalis ... Anus nullus. Aquarum dulcium
vel maris incolae.

VIII. MONOTUS *DIESING.*

Monocelis *Auctorum.* — Convoluta *Oersted.* — Monostomi spec. *Schultze.* —
Mesopharyngis spec. *Schmarda.*

Corpus planum v. teretiusculum, utroque margine involutum vel
marginibus haud involutum, extremitate caudali interdum in discum

dilatabili. *Caput* corpore continuum. *Os* ventrale antrorsum vel in vel retro medium corporis situm, oesophago cylindrico v. amphorae-formi. *Ocelli* nulli. *Otolithus* unus prominentiis duabus vel nullis, otolitotheca inclusus. *Androgyna*. *Penis* retrorsum situs. *Anus* nullus. Maricolae vel aquarum dulcium incolae.

⁑ Os antrorsum situm. Corpus utroque margine longitudinaliter involutum. Convoluta *Oersted*.

1. Monotus paradoxus.

Convoluta paradoxa *Oersted*. — *Dies* Syst. Helm. I. 218. — *O. Schmidt:* in Sitzungsb. d. kais. Akad. IX. (1852) 492. Tab. XLIV. 1. — *Gosse:* in Ann. nat. hist. 2. ser. XVI. (1855) 312. — *Leuckart:* in Tro-schel's Arch. 1859. II. 183.

Planaria haustrum *Dalyell:* Powers of the Creator II. (1853) 106. Tab. XIV. 36 – 38.

Habitaculo adde: Prope Bergen in Norwegia (O. Schmidt). — Ad littora Scotiae (Dalyell).

2. Monotus Johnstoni.

Convoluta Johnstoni *Diesing:* Syst. Helm. I. 219.

Habitaculum. In sinu Berwickcensi, inter Confervas (John-ston).

3. Monotus Diesingii.

Convoluta Diesingii *O. Schmidt:* in Sitzungsb. d. kais. Akad. IX. 493. Tab. XLIV. 2.

Habitaculum. Ad insulam Lesinam (O. Schmidt).

4. Monotus Schultzii.

Convoluta Schultzii *O. Schmidt:* in Sitzungsb. d. kais. Akad. IX. 493. Tab. XLIV. 3. — *M. Schultze:* in Würzburg. phys. med. Gesellsch. IV. (1854) 223 et 224 (cum anatom.).

Habitaculum. Ad insulam Lesinam (O. Schmidt). Septem-bri, Anconae (M. Schultze).

5. Monotus albicinctus.

Corpus planum oblongum ovatum, antice rotundatum, retror-sum acuminatum, fasciis duabus transversalibus dorsalibus albis. Longit. . . . . .

Convoluta albicincta *M. Schultze:* in Troschel's Arch. 1849. I. 281.

Habitaculum. Ad Batrachospermum in littore orae orientalis insulae Rugiae (M. Schultze).

* * Os in medio corporis situm. Corpus marginibus haud involutum.
Mesopharynx *Schmarda* partim.

6. Monotus mesopharynx *DIESING.*

Corpus planum oblongum retrorsum attenuatum, rufo - griseum.
Os in medio corporis situm, oesophago cylindrico. *Otolithus* promi-
nentiis duabus lenticularibus. *Penis* retrorsum situs, sagittaeformis.
Longit. 1/3‴.

> Ganglion cerebrale antrorsum emittit ramulum crassum apice urceiformem
> otolithum excipientem. — Ovula obscure rubra.
>
> Mesopharynx otophorus *Schmarda:* Neue wirbell. Th. I. 1. 4. Tab. I.
> 10. 11.

Habitaculum. In aqua dulci stagnante prope Stellenbosch ad
caput bonae spei (Schmarda).

* * * Os retro medium corporis situm. Corpus marginibus haud involutum.
Monocelis *Auctor.*

7. Monotus unipunctatus *DIESING.*

> Otolithus prominentiis duabus. Penis pyramidatus armatus.
>
> Monocelis unipunctata *Oersted.* — *Dies.* Syst. Helm. I. 185. — *M.
> Schultze:* Beitr. Turbell. I. 38 et 75. Tab. II. 8—10 (anatom.).

Habitaculo adde: Sub superficie aquae ad littus maris baltici
(Schultze).

8. Monotus rutilans.

> Monocelis rutilans *Hempr.* et *Ehrenb.* — *Dies.* Syst. Helm. I. 185.

Habitaculum. Ad Fucos maris baltici (Müller).

9. Monotus hyalinus.

Corpus ovale postice rotundatum, hyalinum. *Caput* rotundatum.
Longit. 2 1/2‴, latit. 1/2‴.

> Embryo breve post exclusionem subglobosus ciliis vibrantibus obsitus, ex-
> cavatione circulari.
>
> Monocelis hyalina *Beneden:* Recherch. Faun. litt. Belgique 40 et 56.
> Tab. VII. 5—9 (et de evolut. embryonis).

Habitaculum. Ad littora Belgiae (Beneden).

10. Monotus lacteus *DIESING.*

Corpus sublineare antrorsum attenuatum, extremitate postica
interdum in discum dilatabili, lacteum. *Os* retro medium corporis
situm, oesophago amphoraeformi limbo crenulato. *Otolithus* globosus in otolithotheca globosa. Longit. . . .

Gaimard: Voyage en Scandinavie etc. Zool. Tab. *D.* (Aporocephala)
1—11 (et fig. anatom.).

Habitaculum. In mari boreali (Gaimard).

Species inquirendae.

11. Monotus glaucus.

Monocelis glauca *Diesing:* Syst. Helm. I. 186.

Habitaculum. In aquis Daniae (Müller).

12. Monotus subulatus.

Monocelis subulata *Diesing:* Syst. Helm. I. 186.

Habitaculum. Inter Convervas marinas et in fundo limoso
cavernarum rupium aquam sub aestu retinentium, in Groenlandia
copiose (Fabricius).

13. Monotus excavatus.

Monocelis excavata *Diesing:* Syst. Helm. I. 187.

Macrostomum auritum *M. Schultze:* Beitr. Turbell. 58 et 77. Tab. V. 4
(animal.).

Habitaculo adde: Ad littus maris baltici Gryphiae aestate et
autumno (Schultze).

IX. DIOTIS *SCHMARDA.*

Corpus planum oblongum. *Caput* corpore continuum. *Os* ventrale retrorsum situm, oesophago conico. *Ocelli* nulli. *Otolithi* duo,
singulo otolithotheca propria incluso. *Androgyna. Penis... Anus*
nullus. Aquarum dulcium Americae aequinoctialis incolae.

1. Diotis grisea *SCHMARDA.*

Corpus oblongum ovale depressum griseum. Longit. $1\frac{1}{2}'''$.

Diotis grisea *Schmarda:* Neue wirbell. Th. I. 1. 5. Tab. I. 14.

Habitaculum In aqua dulci, San Juan del Norte in America
centrali (Schmarda).

Familia VII. Vorticinea *Hempr.* et *Ehrenb.* Charact.

amplif. Corpus planum vel teretiusculum. Caput corpore continuum,
haud cristatum v. ciliis rigidis cristatum. *Os* ventrale, antrorsum, in
medio corporis v. retrorsum situm, oesophago cylindrico, amphoraeformi, subgloboso, infundibuliformi v. panduraeformi. Ocelli 2 v. 4,
rarissime 3. Otolithi nulli. Androgyna. Apertura genitalis retrorsum
sita. Ovipara, rarissime ovovivipara. Anus nullus. Aquarum dulcium
vel maris incolae.

† Ocelli duo.

X. TURBELLA *HEMPRICH* et *EHRENBERG*. Char. amplificato.

Planaria *Fabricius*. — Derostoma *Dugès* partim. — Mesostomi spec. *Dugès*. — Macrostoma *Oersted*. Strongylostoma *Oersted*. — Orthostomum *O. Schmidt* nec *Hempr.* et *Ehrenb.* — Schizostomum *Schmidt*. — Mesopharyngis spec. *Schmarda*. — Chonostomum *Schmarda*. — Catesthia *Leidy*.

Corpus teretiusculum v. depressum. *Caput* corpore continuum. *Os* ventrale superum, rimaeforme, longitudinale vel transversum, vel subellipticum, v. in medio fere corporis situm circulare, v. posticum subterminale, oesophago cylindrico, amphoraeformi vel infundibuliformi, protractili v. haud protractili. *Ocelli* duo antici. *Otolithus* nullus. *Androgyna. Anus* nullus. Aquarum dulcium, rarius maris incolae.

Conspectus dispositionis specierum.

* Os superum, rimaeforme, subellipticum v. circulare sp. 1—25.
** Os in medio vel paulum supra vel retro corporis medium situm sp. 26—46.
*** Os subterminale posticum sp. 47.
  Species inquirendae: 48—57.

---

* Os superum, rimaeforme, subellipticum v. circulare.

Turbella *Hempr.* et *Ehrenb.* — Derostoma *Dugès* partim. Macrostoma *Oersted.* — Strongylostomi et Vorticis spec. *Schmarda.*

1. Turbella platyura *HEMPRICH* et *EHRENBERG*. — *Dies.* Syst. Helm. I. 223.

Habitaculum. Monspessulani (Dugès). — Berolini (Ehrenberg).

2. Turbella appendiculata *DIESING*: Syst. Helm. I. 224 adde.

Macrostomum Hystrix *Oerst.* — *Schultze*: Beitr. Turbell. I. 56, 73 et 77. Tab. V. 3 (animal.). Tab. I. 15 (anatom.).

Habitaculo adde: Prope littus in profunditate aliquot pedum in mare baltico ab initio aestatis usque ad autumnum organis genitalibus evolutis (Schultze).

Sed. cl. *Schultze* cum specie subsequente identica.

3. Turbella Hystrix *DIESING*: Syst. Helm. I. 224 adde.

Macrostomum Hystrix *Oersted.* — *Schultze*: Beitr. Turbellar. I. c. — *O. Schmidt*: in Sitzungsb. d. kais. Akad. XXV. (1857) 87 et in Denkschr. d. kais. Akad. XV. 36.

Habitaculo adde: Prope Cracoviam (Schmidt).

4. **Turbella pisciculus** *HEMPRICH* et *EHRENBERG*. — *Dies.* Syst. Helm. I. 224.

Habitaculum. Berolini (Ehrenberg).

5. **Turbella Squalus** *EHRENBERG*:
Akaleph. d. rothen Meeres 66.
Turbella Squalus *Diesing*: Syst. Helm. I. 224.

Habitaculum. Monspessulani, in paludosis (Dugès).

6. **Turbella lunulata** *HEMPRICH* et *EHRENBERG*. — *Dies.* Syst. Helm. I. 225.

Habitaculum. Berolini (Ehrenberg).

7. **Turbella selenops** *EHRENBERG*:
Akaleph. d. rothen Meeres 66.
Turbella selenops *Diesing*: Syst. Helm. I. 225.

Habitaculum. Monspessulani, in paludosis (Dugès).

8. **Turbellaria unipunctata** *DIESING*: Syst. Helm. I. 225 adde.
Derostomum Schmidtianum *Schultze*: Beitr. Turbellar. I. 50, 73 et 76. Tab. IV. 6 (animal.). Tab. I. 7, 8, 38. Tab. IV. 7—9 (anatom.).
? Planaria fodinae *Dalyell*: Powers of the Creator II. 110. Tab. XV. 7—12.
Derostomum unipunctatum *Oersted?* — *Leuckart*: in Troschel's Arch. 1859. II. 183.

Habitaculo adde: In fossis et piscinis, Januario — Martio organis genitalibus minus evolutis, Gryphiae (Schultze). — Ad littora Scotiae (Dalyell).

Secundum cl. *Schultze* cum specie subsequente identica.

9. **Turbella Schmidtiana** *DIESING*: Syst. Helm. I. 225 adde:
Derostomum Schmidtianum *Schultze*: Beitr. Turbell. I. c.

Habitaculum. Prope Axien ad Albim in limosis, Junio (Schmidt).

10. **Turbella gibba** *DIESING*: Syst. Helm. I. 226.

Habitaculum. Hafniae (Fabricius), ad Hofmansgave (Oersted).

11. **Turbella viridis.**

Corpus subcylindricum, capite rotundato, extremitate postica acuminata, viride tinctum. *Os* subterminale circulare, oesophago amphoraeformi. *Ocelli* ovales, nigri. Longit. $1 - 1\frac{1}{2}$''', latit. $\frac{1}{3} - \frac{1}{2}$'''.

Vortex viridis *Schultze*: Beitr. Turbell. I. 47, 73—74. Tab. III. 4 (animal.). Tab. I. 1, 2, 2ª, 6ª, 17, 30, 35, 37 et Tab. III. 5 (anatom.).
— *O. Schmidt*: in Sitzungsb. XXV. 87 et in Denkschr. XV. 22.

? Hypostomum viride *Schmidt*. -- *Dies*. Syst. Helm. I. 229. — *Leuckart:*
in Troschel's Arch. 1854. II. 348 (de identitate cum Pl. Helluone;
cfr. Turbellae sp. inquirendas Nr. 4. — *Leydig:* in Müller's Arch.
1857. 415. — *Leuckart:* in Troschel's Arch. 1858. II. 89.

Habitaculum. In pratis inundatis Decembri usque ad finem
Martii organis genitalibus haud evolutis, haud raro decoloria; postea
versus aestatem organis genitalibus instructa et rarissime decoloria,
prope Gryphiam (Schultze) — Axien ad Albim in Borussia, Martio
et Aprili in lacubus prope Cracoviam (Schmidt).

12. Turbella scoparia.

Vortex scoparius *O. Schmidt:* in Sitzungsb. d. kais. Akad. XXV. 87 et
in Denkschr. XV. 22 et 46. Tab. I. 1—4 (cum anatom.).

Habitaculum. In piscino prope Cracoviam copiose cum
T. viridi (O. Schmidt).

13. Turbella baltica *SCHULTZE.*

Corpus subcylindricum, capite obtusato, extremitate postica
acuminata, laete brunneum. *Os* subterminale subcirculare, oesophago
amphoraeformi. *Ocelli* ovales vel reniformes, nigri. *Penis* corneus
subcylindricus uncinulo terminali, retrorsum situs. Longit. $'_{/2}$—$^2/_3'''$,
latit. $^1/_8'''$.

Vortex balticus *Schultze:* Beitr. Turbellar. I. 48, 74 et 76. Tab. IV. 1
(animal.). Tab. I. 28 b. Tab. IV. 2—4 (anatom.). — *Van Beneden:*
Recherch. Faun. litt. Belgique 34. Tab. V. 10—12 (ovula).

Habitaculum. In mare baltico prope Gryphiam frequenter
animalcula organis genitalibus evolutis et simul juvenilia ab Aprili
usque ad autumnum; animalcula solum juvenilia Martio (Schultze).

In uno ovulo embryones duo.

14. Turbella notops.

Corpus subfusiforme postice attenuatum, albidum. *Os* antrorsum
situm. *Ocelli* nigri rotundati. Longit. ad 2'''.

Derostoma notops *Dugès:* in Annal. des sc. nat. XV. 141. Tab. IV. 2.
Turbella? Phaenocora? *Ehrenberg:* Akaleph. des rothen Meeres 66.
Gyrator hermaphroditus (partim) *Diesing:* Syst. Helm. I. 227.

Habitaculum. Monspessulani (Dugès).

15. Turbella galiziana.

Derostomum galizianum *O. Schmidt:* in Sitzungsb. d. kais. Akad. XXV.
I. (1857) 87 et in Denkschr. XV. (1858) 26 (et de organ. genital.).
Tab. III. 1.

Habitaculum. Prope Cracoviam saepe cum Vortice viridi et scopario (O. Schmidt).

16. Turbella reticulata.

Vortex reticulatus *O. Schmidt:* in Sitzungsb. d. kais. Akad. IX. (1852) 496. Tab. XLV. 7.

Vortex reticulatus? Idem ibid. XXIII. (1857) 353. Tab. II. 4.

Habitaculum. Prope Lesinam et prope Neapolin (Schmidt).

17. Turbella leucocelis.

Corpus subcylindricum, pallide griseum. *Os* antrorsum situm rimaeforme, oesophago doliiformi. *Ocelli* circulares albescentes. Longit 1 1/4'''.

Derostomum leucocelis *Schmarda:* Neue wirbell. Th. I. 1. 6. Tab. I. 7.

Habitaculum. In aqua dulci prope San Juan del Norte in America centrali (Schmarda).

18. Turbella truncata.

Corpus subcylindricum, retrorsum depressiusculum, antice truncatum, lateritium. *Os* antrorsum situm, rimaeforme, oesophago amphorae- s. doliiformi. *Ocelli* pyriformes nigri. *Penis* hamatus in basi semilunari, retrorsum situs. Longit. 1 1/2'''.

Derostomum truncatum *Schmarda:* Neue wirbell. Th. I. 1. 6. Tab. I. 8.

Habitaculum. In aqua stagnante cum Stentore nigro prope Illawara, in Nova Cambria (Schmarda).

19. Turbella siphonophora.

Orthostomum siphonophorum *O. Schmidt:* in Sitzungsb. d. kais. Akad. IX. 500. Tab. XLVII. 14.

Macrostomum siphonophorum *Schmarda:* Neue wirbell. Th. I. 1. 8 (nota).

Habitaculum. Prope Lesinam (O. Schmidt).

20. Turbella andicola (Schmarda).

Corpus planum oblongum, antice truncatum, postice latum, flavo-griseum. *Os* antrorsum situm circulare. *Ocelli* in fronte remoti nigri. *Penis* curvatus, aculeis retrorsum directis utrinque duobus brevibus. Longit. 3/4'''.

Strongylostomum andicola *Schmarda:* Neue wirbell. Th. I. 1. 9. Tab. II. 20.

Habitaculum. In aqua dulci stagnante ad pedem montis Pichincha in republica Ecuador (Schmarda).

21. Turbella metopoglena.

Corpus planiusculum oblongum, flavo-griseum. *Os* in primo corporis triente. *Ocelli* frontales nigri. *Penis* curvatus aculeis retrorsum directis utrinque duobus longioribus. Longit. $^1/_4'''$.

Ovula matura ochracea, testa dura chitinacea.

Strongylostomum metopoglenum *Schmarda*: Neue wirbell. Th. I. 1. 9. Tab. II. 21 et 21ª.

Habitaculum. In aqua stagnante prope Sidney in Australia (Schmarda).

22. Turbella sphaeropharynx.

Corpus planum, oblongo ovale, rufo-griseum, tractu cibario brunneo transparente. *Os* circulare antrorsum situm, oesophago globoso. *Ocelli* elliptici nigri. Longit. $1'''$.

Vortex sphaeropharynx *Schmarda*: Neue wirbell. Th. I. 1. 5. Tab. I. 3.

Habitaculum. In aqua stagnante prope Cali in valle Cauca, Novae Granadae (Schmarda).

23. Turbella caudata.

Corpus cylindricum postice in formam caudae attenuatum, rufogriseum. *Os* antrorsum situm, oesophago ovali. *Ocelli* sphaerici nigri. *Penis* subuliformis, basi incrassatus, scutello insidens. Longit. $1^1/_2'''$.

Ganglion cerebrale distinctum, fila nervea 5 emittens, quorum duo versus oculos excurrunt. *Os* ciliis vibrantibus magnis obsessum.

Vortex caudatus *Schmarda*: Neue wirbell. Th. I. 1. 5. Tab. I. 4.

Habitaculum. In fonte prope Popayan Novae Granadae (Schmarda).

24. Turbella trigonoglena.

Corpus subcylindricum, medio parum dilatatum, retrorsum attenuatum. *Os* antrorsum situm, oesophago ovali. *Ocelli* triangulares nigri. *Penis* longe subulatus. Longit. $^1/_2'''$.

Testiculi duo elongati. Vesicula seminalis globosa. Ovaria duo longa utriculiformia.

Vortex trigonoglena *Schmarda*: Neue wirbell. Th. I. 1. 6. Tab. I. 5.

Habitaculum. In aqua stagnante prope Bathurst in Nova Cambria (Schmarda).

25. Turbella Conus.

Corpus conicum. *Os* antrorsum situm, oesophago doliiformi margine denticulato. *Ocelli* reniformes nigri. Longit. $1^1/_4'''$.

Intestinum conicum.

Vortex conus *Schmarda:* Neue wirbell. Th. I. 1. 6. Tab. I. 6.

Habitaculum. In aquis stagnantibus sylvarum, San Juan del Norte, in America centrali (Schmarda).

** Os in medio vel paulum supra vel retro corporis medium situm.

Mesostomum *Dugès.* — Strongylostoma *Oersted.* — Mesopharyngis spec. et Chonostomum *Schmarda.*

26. Turbella fusiformis.

Derostoma (Mesostoma) fusiforme *Dugès.* — *Ehrenberg:* Akaleph. des rothen Meeres 66.

Mesostomum fusiforme *Dugès.* — *Diesing:* Syst. Helm. I. 222.

Strongylostoma assimile *Oersted.* — *Schultze:* Beitr. Turbellar. 53.

Habitaculum. In aquis stagnantibus Galliae (Dugès); — in Dania (Oersted).

27. Turbella radiata.

Mesostomum radiatum *Diesing:* Syst. Helm. I. 222.

Strongylostoma radiatum *Schultze:* Beitr. Turbellar. 53.

Habitaculum. In Daniae aquis paludosis et piscinis (Müller et Oersted).

28. Turbella rostrata.

Derostoma (Mesostoma) rostratum *Dugès.* — *Ehrenberg:* Akaleph. des rothen Meeres 66.

Mesostomum rostratum *Dugès.* — *Diesing:* Syst. Helm. I. 220. — *Schultze:* Beitr. Turbell. I. 73—74. Tab. I. 10—12, 23 (anatom. et de corp. bacill.). — *Schmarda:* Neue wirbell. Th. I. 1. 10.

Habitaculo adde: Prope Badulla in Ceylonia (Schmarda).

29. Turbella Ehrenbergii.

Os in calycem s. receptaculum vasorum aquiferorum excurrens.

Planaria tetragona var. *Ehrenberg:* Akaleph. d. roth. Meeres 66.

Mesostomum Ehrenbergi *Oersted.* — *Diesing:* Syst. Helm. I. 220. — *Leuckart:* in Troschel's Arch. 1852. I. 234 (anatom.).

Mesostomum Ehrenbergii *O. Schmidt:* in Sitzungsb. d. kais. Akad. XXV. 87, 88 et in Denkschr. XV. 32 et 46. Tab. III. 34 (anatom. cum notit. biograph.).

Habitaculo adde: Prope Cracoviam frequenter (O. Schmidt).

30. Turbella Lingua.

Mesostomum Lingua *Schmidt.* — *Diesing:* Syst. Helm. I. 221.

Habitaculum. Prope Axien ad Albim, Aprili et Junio (O. Schmidt).

31. Turbella personata.

Mesostomum personatum *Schmidt*. — *Diesing*: Syst. Helm. I. 221. —
O. *Schmidt*: in Sitzungsb. d. kais. Akad. XXV. 87 et in Denkschr.
XV. 81. Tab. III. 2.

Habitaculo adde: Prope Cracoviam frequenter (O. Schmidt).

32. Turbella pusilla.

Mesostomum pusillum *Schmidt*. — *Diesing*: Syst. Helm. I. 221.

Habitaculum. Prope Axien ad Albim, Majo (Schmidt).

33. Turbella tetragona.

Mesostomum tetragonum *Schmidt*. — *Dies*. Syst. Helm. I. 222. —
M. Schultze: Beitr. Turbell. I. 73—74. Tab. I. 4—6. 18—20, 24 *a—d.*
25, 29, 31—33. 34 (anatom.).

Habitaculo adde: Gryphiae (Schultze).

34. Turbella Craci.

Mesostomum Craci O. *Schmidt*: in Sitzungsb. d. kais. Akad. XXV. 87 et
in Denkschr. XV. 27—29 et 46. Tab. II. 1—3.

Habitaculum. Prope Cracoviam (Schmidt).

35. Turbella lenticulata.

Mesostomum lenticulatum O. *Schmidt*: in Sitzungsb. d. kais. Akad. IX.
(1852) 497. Tab. XLVI. 9.

Habitaculum. Färö in portu Thorshavn (Schmidt).

36. Turbella producta.

Schizostomum productum *Schmidt*. — *Diesing*: Syst. Helm. I. 226.
Mesostomum productum *Leuckart*: in Troschel's Arch. 1854. II. 349.
— O. *Schmidt*: in Sitzungsb. d. kais. Akad. XXV. 88 et in Denkschr.
XV. 34.

Habitaculum. Prope Axien ad Albim. in lacunis pluvialibus
gregarie, Majo et Junio (Schmidt).

37. Turbella fallax.

Mesostomum fallax O. *Schmidt*: in Denkschr. d. kais. Akad. XV. 34.
Tab. III. 6—7.

Habitaculum. Prope Cracoviam fine Maji et initio Junii frequenter (O. Schmidt).

38. Turbella cyathus.

Mesostomum cyathus O. *Schmidt*: in Sitzungsb. d. kais. Akad. XXV. 87
et in Denkschr. XV. 29. Tab. II. 6. 7 (anatom.).

Habitaculum. Prope Cracoviam variis locis, frequens, nec non prope Gratiam (O. Schmidt).

39. Turbella Wandae.

Mesostomum Wandae *O. Schmidt:* in Sitzungsb. d. kais. Akad. XXV. 87 et in Denkschr. XV. 33 et 46. Tab. II. 8—9. Tab. III. 5.

Habitaculum. In paludibus prope Cracoviam Aprili raro, fine Maji frequenter (O. Schmidt).

40. Turbella bacillifera *DIESING.*

Corpus planum oblongum, capite truncato, extremitate postica rotundatum, corpusculis bacillaribus retrorsum prominentibus munitum, flavidum. *Os* in medio fere corporis. *Ocelli* elliptici nigri. Longit. 1'''.

Mesostomum hystrix *Schmarda:* Neue wirbell. Th. I. 1. 10. Tab. II. 23.

Habitaculum. In aqua dulci stagnante prope Pisino in Istria (Schmarda).

41. Turbella diglena.

Corpus subcylindricum depressiusculum, capite rotundato, extremitate postica sensim attenuatum, cyaneo-griseum. *Os* in medio corporis, oesophago cylindrico protractili. *Ocelli* nigri. *Penis* tricuspidatus. Longit. 3/4'''.

Mesopharynx diglena *Schmarda:* Neue wirbell. Th. I. 1. 4. Tab. I. 12.

Habitaculum. In aqua dulci stagnante prope Sidney et Paramatta in Nova Cambria (Schmarda).

42. Turbella crenulata.

Corpus subcylindricum retrorsum parum attenuatum. *Os* in medio corporis situm, oesophago infundibuliformi, margine crenulato, protractili. *Ocelli* purpurei. *Penis* cirriformis. Longit. 1'''.

Chonostomum crenulatum *Schmarda:* Neue wirbell. Th. I. 1. 4. Tab. I. 13 et 13ᵃ.

Habitaculum. In aqua dulci stagnante pope Auckland in Nova Zeelandia (Schmarda).

43. Turbella ovoidea.

Mesostomum ovoideum *O. Schmidt:* in Sitzungsb. d. kais. Akad. IX. 497. Tab. XLV. 8.

Habitaculum. Prope Lesinam (O. Schmidt).

44. Turbella Solea.

Mesostomum Solea *O. Schmidt* ibid. XXIII. 354 et 365. Tab. II. 5.

Habitaculum. In mare prope Neapolim (O. Schmidt).

45. Turbella truncula.

Mesostomum trunculum *O. Schmidt:* in Sitzungsb. XXV. 87 et in Denkschr. XV. 35 et 46. Tab. III. 8

Habitaculum. Prope Cracoviam, rarissime (O. Schmidt).

46. Turbella nigrovenosa *DIESING.*

Capus elongatum planum, capite obtuso, extremitate postica acuminata, clare brunneum, nigrovenosum. *Os* parum retro medium corporis situm. *Ocelli* reniformes nigri. *Penis* longissimus tortuosus. *Apertura* genitalis retrorsum sita. Longit. 1‴, latit. ¼‴.

Mesostomum marmoratum *M. Schultze:* Beitr. Turbell. I. 54. Tab. V. 2. 2 *a*, 2 *β*. — *Van Beneden:* Recherch. Faun. litt. Belgique 41.

Habitaculum. Ad algas marinas raro, Gryphiae; animalcula organis genitalibus evolutis sed numquam cum ovulis ab Aprili per totum aestatem (Schultze). fine Maji, vulgaris. Ostendae (Beneden).

* * * Os subterminale posticum.

Catesthia *Leidy.*

47. Turbella stellato-maculata *LEIDY.*

Corpus subcylindricum capite et extremitate postica rotundatis. supra maculis stellato-ramosis nigris versus margines evanescentibus dense et regulariter, antrorsum maculis tribus cum ocellis alternantibus notatum, subtus albidum transparens. *Os* subterminale posticum, oesophago amphoraeformi. *Ocelli* globosi nigri. Longit. 3—8‴. latit. ¼—1‴.

Animalcula voracissima; specimina longitudinis 8‴ ore suo valde dilatabili Planariam maculatam 6‴ longam deglutire cl. *Leidy* testat.

Catesthia stellato-maculata *Leidy:* in Proceed. Acad. Philad. V. (1851) 290.

Habitaculum. Sub saxis in fluviis Delaware et Schuylkill (Leidy).

Species inquirendae:

48. Turbella assimilis *DIESING:* Syst. Helm. I. 226.

49. Turbella caudata.

Corpus oblongum, capite truncato, extremitate postica in caudam attenuata, griseo-flavescens. *Os...* *Ocelli* lunati vel subrotundi. *Penis* ovalis in appendicem styliformem antice uncinatam attenuatus. Longit. 3'''.

> Vortex caudatus *Oersted:* in Kroyer's Naturhist. Tidssk. I. (1844—1845), 416.

Habitaculum. Prope Dröbak inter algas (Oersted).

50. Turbella strigata.

> Mesostomum strigatum *Oersted.* — *Dies.* Syst. Helm. I. 222.

51. Turbella bistrigata.

> Mesostomum bistrigatum *Oersted.* — *Dies.* Syst. Helm. I. 223.

52. Turbella? stagni.

> Planaria stagni *Dalyell:* Powers of the Creator II. 118. Tab. XVI. 30.
> Mesostomum? *Leuckart:* in Troschel's Arch. 1859. II. 183.

Habitaculum. In Scotia (Dalyell).

53. Turbella Planaria.

> Distigma[1]) Planaria *Hempr.* et *Ehr.* — *Diesing:* Syst. Helm. I. 187.

54. Turbella Proteus.

> Distigma Proteus *Hempr.* et *Ehr.* — *Dies.* Syst. Helm. I. 187 et 648. —
> *Bailey* in Smithson. Contrib. II. 45.

Habitaculo adde: Salem in Massachusetts (Cole).

55. Turbella viridis.

> Distigma viride *Hempr.* et *Ehr.* — *Dies.* Syst. Helm. I. 188 et 648.

56. Turbella Helluo.

> Distigma? Helluo *Diesing:* Syst. Helm. I. 188.
> Vortex viridis *Schultze:* Beitr. Turbell. 47 (solum in nota).
> Planaria graminea *Dalyell:* Powers of the Creator II. 119—121.
> Mesostomum viridatum? *Leuckart:* in Troschel's Arch. 1859. II. 183.

Habitaculo adde: In Scotia (Dalyell).

57. Turbella tenax.

> Distigma? tenax *Hempr.* et *Ehr.* — *Diesing:* Syst. Helm. I. 188 et 648.

XI. SPIROCLYTUS *O. SCHMIDT.*

Macrostomi et Goniocarenae spec. *Schmarda.*

Corpus gracile ciliatum. *Caput* corpore continuum, ciliis rigidis longis cristatum. *Os* ventrale circulare vel rimaeforme, antrorsum

---

[1]) Cfr. Stimpson Prodr. I. I (de translatione ad Rhabdocoela).

situm, oesophago subgloboso. *Ocelli* duo ante os. *Otolithus* nullus. *Androgyna. Penis* corneus bispiralis apiculo recto, retrorsum situs. *Anus* nullus. Maricolae.

1. Spiroclytus Nisus *O. SCHMIDT:*

in Sitzungsb. d. kais. Akad. XXIII. (1857) 356 et 365. Tab. III. 8 (cum anatom.).

Habitaculum. Neapoli (O. Schmidt).

2. Spiroclytus setosus.

Corpus cylindricum ciliis vibrantibus et rigidis, extremitate postica corporis lanceolata, flavo-griseum. *Caput* rotundatum setis 4 symmetrice dispositis. *Os* rimaeforme, oesophago... *Ocelli* circulares nigri. Longit. 1'''.

Superficies corporis corpusculis bacillaribus solitariis, binis v. ternis prominentibus exasperatum.

Macrostomum setosum *Schmarda:* Neue wirbell. Th. I. 1. 7. Tab. I. 15, 15 a.

Habitaculum. In aqua stagnante vallis Cauca prope Popayan (Schmarda).

Species inquirenda:

3. Spiroclytus capitatus.

Corpus oblongum, postice acuminatum, marginibus undulatis, subpellucidum flavescens. *Caput* a corpore discretum trigonum ciliis longis obsitum. *Ocelli* lunati. *Os*... Longit. ³/₄'''.

Vortex capitata *Oersted:* Entw. syst. Einth. Plattw. 65, fig. 7.

Goniocarena capitata *Schmarda:* Neue wirbell. Th. I. 1. 14.

Habitaculum. In profunditate 6 orgyiarum in fretu Öresund semel repertum (Oersted).

†† Ocelli tres.

XII. TRICELIS QUATREFAGES.

Mesostomi spec. Schultze.

Corpus planum dilatatum. *Caput* corpore continuum. *Os* ventrale, retro medium corporis situm, oesophago subgloboso. *Ocelli* tres antrorsum siti transverse uniseriales. *Androgyna. Apertura* genitalis... *Anus* nullus. Maricolae v. aquarum dulcium incolae.

1. Tricelis fasciata *QUATREFAGES.* — *Dies.* Syst. Helm. I. 189.

Habitaculum. Milazo in Sicilia inter lapides maris (Quatrefages).

2. **Tricelis quadripunctata** *DIESING:* Syst. Helm. I. 190.

Habitaculum. Inter *Ulram Linzam.* Hafniae (Fabricius).

3. **Tricelis obtusa**.

Corpus planum, capite et extremitate postica obtusis, album. *Ocelli* subfrontales. *Os* retro corporis medium situm, oesophago subgloboso? Longit. 1—1½''', latit. ⅓—½'''

Mesostomum obtusum *Schultze:* Beitr. Turbell. 54. Tab. V. 1.

Habitaculum. In fossa, Julio, specimina duo, prope Gryphiam (Schultze).

††† Ocelli 4.

XIII. VORTEX *HEMPRICH* et *EHRENBERG.* Charactere amplific.

Planaria *Müller.* — Vertex *Hempr.* et *Ehrenb.* — Tetracelis *Hempr.* et *Ehr.*
Prostoma *Leidy* — Pseudostomum, Hypostomum et Trigonostomum *O. Schmidt.*
 -- Telostomum et Cylindrostomum *Oersted.* — Allostoma *Beneden.*

Corpus teretiusculum v. depressum. *Caput* corpore continuum. *Os* ventrale, superum subterminale, v. antrorsum v. in medio fere corporis v. retrorsum situm, oesophago amphoraeformi, subgloboso vel cylindrico, protractili v. haud protractili. *Ocelli* quatuor in quadrangulum dispositi, interdum bini lineola curva nigra longitudinaliter juncti, quasi semilunati. *Androgyna. Apertura* genitalis retrorsum sita. *Anus* nullus. Aquarum dulcium aut maris incolae.

* Os antrorsum situm, imo subterminale.

Vortex *Hempr.* et *Ehrenb.*

1. **Vortex truncatus** *HEMPRICH* et *EHRENBERG. — Dies.* Syst. Helm. I. 229. adde:

Schmarda: in Denkschr. d. kais. Akad. VII. 7. — *O. Schmidt:* in Sitzungsb. XXV. 87 et in Denkschr. XV. 22.
Planaria cuneus *Dalyell:* Powers of the Creator II. 121. Tab. XV. 15. 16.
Vortex truncatus? *Leuckart:* in Troschel's Arch. 1859. II. 183.

Habitaculo adde: In aqua stagnante, Februario prope Alexandriam (Schmarda) — in Scotia (Dalyell) — prope Cracoviam (O. Schmidt).

2. **Vortex pictus** *O. SCHMIDT. — Dies.* Syst. Helm. I. 230. adde:

O. Schmidt: in Sitzungsb. d. kais. Akad. XXV. 87 et in Denkschr. XV. 24 et 46. Tab. I. 5—9 (anatom. et physiol.).

Habitaculo adde: Prope Cracoviam (O. Schmidt).

3. Vortex coronarius *O. SCHMIDT:*

in Sitzungsb. d. kais. Akad. XXV. 87 et in Denkschr. XV. 26 et 46. Tab. I. 10—11 (de organ. genital.).

Habitaculum. Prope Cracoviam, raro (O. Schmidt).

4. Vortex Benedeni *O. SCHMIDT:*

in Sitzungsb. d. kais. Akad. IX. 496. Tab. XLV. 6.

Habitaculum. Prope Lesinam (O. Schmidt).

5. Vortex penicillatus *O. SCHMIDT:*

in Sitzungsb. d. kais. Akad. XXIII. 352. Tab. I. 3.

Habitaculum. Prope Lesinam (O. Schmidt).

6. Vortex Girardi *O. SCHMIDT:*

in Sitzungsb. d. kais. Akad. l. c. 351. Tab. I. 2.

Habitaculum. Neapoli prope St. Luciam (O. Schmidt).

7. Vortex ferrugineus *SCHMARDA:*

in Denkschr. d. kais. Akad. VII. 16, 26 et 28. Tab. V. 2.

Habitaculum. In lacu subsalso prope El-Kab in Egypto, Martio (Schmarda).

** Os in medio fere corporis.

Cylindrostomum *Oersted.* — Pseudostomum *O. Schmidt.*

8. Vortex quadrioculatus *FREY* et *LEUCKART.* — *Dies.* Syst. Helm. I. 130. adde:

Pseudostomum Feroense *O. Schmidt.* — *Diesing:* Syst. Helm. I. 236. — *Van Beneden:* Recherch. Faun. litt. Belgique 41.

Pseudostomum quadrioculatum *Leuckart:* in Götting. gel. Anzeig. 1851. 1940 et in Troschel's Arch. 1854. II. 348.

Habitaculo adde: Faeroe in sinu Thorshavensi, vere (O. Schmidt) ad superficiem *Ostrearum* ad littora Belgiae (Beneden).

9. Vortex caudatus.

Corpus oblongo-ovale, cauda minuta acuminata terminatum, grisescens, medio nigrescens. *Os* in medio corporis situm, oesophago cylindrico. *Ocelli* posteriores magis inter se remoti quam anteriores. Longit. 1'''.

Cylindrostoma caudatum *Oersted:* in Kroyer's Naturhist. Tidssk. I. 1844—1845. 416.

4 *

Habitaculum. Inter algas prope Dröbak haud procul a Christiania (Oersted).

10. Vortex dubius.

Corpus oblongum, capite obtuso, postice in caudam attenuatum, subhyalinum, medio grisescens. *Os* in medio corporis situm, oesophago cylindrico. *Ocelli* posteriores magis inter se remoti quam anteriores. Longit....

> Cylindrostomum dubium *Oersted* l. s. c. 417.

Habitaculum. Prope Dröbak (Oersted).

11. Vortex mutabilis.

> Planaria mutabilis *Eichwald*. — *Dies.* Syst. Helm. I. 649.

Habitaculum. In aquis stagnantibus prope Kaugern, Julio (Eichwald).

*** Os retrorsum situm.

> Allostoma *Beneden*. — Telostoma *Oersted.* — Tetracelis spec. *Diesing.*

12. Vortex pallidus.

Corpus proteum. *Os* transversale, retrorsum situm, oesophago subgloboso retrorsum directo. *Ocelli* quatuor in quadrangulum dispositi. *Apertura* genitalis retro os sita. Longit. 1—1½'''.

> In capite statu expanso foveolae (cephalopori?) duae. — Filamenta spiralia vesicalis ovalibus inclusa antrorsum prope ganglia cerebralia sita, incertae functionis. Vas aquiferum in postica corporis parte poro excretorio terminali. Organum vitelligenum? Ovaria duo ad latera oesophagi symmetrice disposita. Testiculi duo in vicinis ovariorum. Vesicula seminalis. Spermatozoidea spiralia. Ovula ovalia, pedicellata. — Embryo breve post exclusionem sacciformis, ovalis, ciliatus, coccus, ocellis sub evolutionis progressu apparentibus primum 2, lente cristallina instructis.
>
> Allostoma pallida *Van Beneden:* Recherch. Faun. litt. Belgique 34—39 et 55. Tab. VI. 1—21 (et de evolut. et anatom.).

Habitaculum. Ad saxa in aqua marina ad littora Belgiae copiose (Beneden).

13. Vortex Mytili.

Corpus depressum, ovale, ferrugineum. *Os* subterminale posticum. *Ocelli* nigri, gemini. antici minores. Longit. ½'''.

> Planaria tubulosa *Fabricius?* in Kongl. Danske Vidensk. Selsk. Skr. II. 32. Tab. III. T. 1—2.
>
> Telostoma Mytili *Oersted:* in Kroyer's Naturhist. Tidsskr. IV. 555. — Idem: Entw. einer system. Einth. d. Plattw. 59.
>
> Tetracelis Mytili *Diesing:* Syst. Helm. I. 190.

Habitaculum. *Mytilus edulis:* ad branchias (Oersted).

Species inquirendae:

14. **Vortex marginatus** *DIESING :* Syst. Helm. I. 230.

15. **Vortex emarginatus** *DIESING :* Syst. Helm. I. 231.

16. **Vortex cruciatus** *DIESING :* Syst. Helm. I. 231.

17. **Vortex Warrenii** *GIRARD.*

Corpus elongatum sublineare, rufo-brunneum, capite et extremitate postica rotundatis. *Os.. Ocelli...* Longit....

Vortex Warrenii *Girard :* Proceed. Bost. Soc. nat. hist. III. 264 et 363.

Habitaculum. Ad littus, Boston Harbour, haud vulgaris (Girard).

Species vivipara; juvencula ocellis destituta.

18. **Vortex variegatus** *LEUCKART.*

Corpus flavum, fasciis transversalibus duabus nigris, priore retro oculos sita.

Planaria variegata *Dalyell :* Powers of the Creator II. 115. Tab. XVI. 20.
Planaria (Vortex) variegata *Leuckart :* in Troschel's Arch. 1859. II. 183.

Habitaculum. Ad littora Scotiae (Dalyell).

19. **Vortex chlorostictus.**

Mesostomum? chlorostictum O. *Schmidt :* in Sitzungsb. d. kais. Akad. XXIII. 354 et 363. Tab. II. 5.

Habitaculum. Prope Neapolim (O. Schmidt).

20. **Vortex marmoratus.**

Tetracelis marmorata *Hempr.* et *Ehrenb* — *Dies.* Syst. Helm. I. 190.

21. **Vortex fontanus.**

Tetracelis fontana *Diesing :* Syst. Helm. I. 191.

XIV. TRIGONOSTOMUM *O. SCHMIDT.*

Spiroclyti spec. *Schmidt.*

Corpus gracile, ciliatum. *Caput* corpore continuum, ciliis rigidis longis, cristatum. *Os* ventrale, trifissum, antrorsum situm, oesophago elliptico medio constricto s. panduraeformi. *Ocelli* 4 retro os. *Androgyna? Penis* corneus trispiralis apiculo recto, retrorsum situs. *Anus* nullus? Maricolae.

1. **Trigonostomum setigerum** *O. SCHMIDT :*

in Sitzungsb. d. kais. Akad. IX. 500. Tab. XLVII. 13.
Spiroclytus Euryalus *O. Schmidt* ibid. XXIII. 356—358.

Habitaculum. Prope Lesinam (O. Schmidt).

Familia VIII. Vorticeridea. *Dies.* Character generis unici simul familiae.

XV. VORTICEROS *O. SCHMIDT.*

Corpus gracile. *Caput* a corpore subdiscretum, pseudotentaculis duobus frontalibus. *Os* ventrale, antrorsum pone ocellos situm, subcirculare, oesophago subgloboso. *Ocelli* duo. *Otolithus* nullus. *Androgyna? Anus* nullus? Maricolae.

1. **Vorticeros pulchellum** *O. SCHMIDT.*
   in Sitzungsb. d. kais. Akad. IX. 499. Tab. XLVI. 11.
   Habitaculum. Prope Lesinam (O. Schmidt).

Familia IX. Celidotidea. *Dies.* Corpus teretiusculum vel depressiusculum. Caput corpore continuum v. strictura discretum. Os ventrale, antrorsum, in vel infra medium corporis situm, oesophago cylindrico. Ocelli 1 vel 2. Otolithus unus prominentiis duabus vel nullis, otolithotheca inclusus. Androgyna. Apertura genitalis retrorsum sita. Anus nullus. Maricolae.

† Ocellus unicus.

XVI. MONOPS *DIESING.*

Monocelis *Schultze* nec *Hempr.* et *Ehrenb.*

Corpus teretiusculum, extremitate postica interdum in discum dilatabili. *Caput* corpore continuum vel strictura discretum. *Os* infra medium vel in medio corporis situm, oesophago cylindrico. *Otolithus* unus globosus prominentiis nullis vel 2, otolithotheca inclusus. *Androgyna. Penis* retrorsum situs. *Apertura* genitalis feminea... *Ocellus* otolitho antepositus. *Anus* nullus. Maricolae.

* Os infra medium corporis situm.

1. **Monops lineatus.**
   Otolithus prominentiis duabus.
   Monocelis lineata *Oersted.* — *Dies.* Syst. Helm. I. 185. — *Schultze:* Beitr. Turbell. I. 39 et 75. Tab. II. 12 (anatom.).

   Habitaculo adde: Gryphiae, aestate organis genitalibus evolutis (Schultze).

2. **Monops agilis.**
   Corpus antrorsum attenuatum, postice obtusum, hyalinum, brunneo-tinctum. *Otolithus* prominentiis duabus. *Ocellus* magnus

semilunaris nigrobrunneus otolitho antepositus. *Penis* papillaeformis, mollis. Longit. 1—1½''', latit. ⅛'''.

> Species haec corpore postico in formam acetabuli membranacei dilatato Hirudinum more sese affigit *(Van Beneden).*
>
> Monocelis agilis *Schultze:* Beitr. Turbellar. I. 37 et 75. Tab. II. 1 (animal.). Tab. II. 2—7 (anatom.). — *Van Beneden:* Recherch. Faune litt. Belgique 39—40 et 56. Tab. VII. 1—4.

Habitaculum. Ad superficiem algarum, vere usque ad autumnum, copiose, Gryphiae (M. Schultze); ad littora Belgiae, abunde (Beneden).

3. Monops fuscus.

> Otolithus prominentiis duabus.
>
> Monocelis fusca *Oersted.* — *Dies.* Syst. Helm. I. 186. — *M. Schultze:* in Zeitschr. f. wissensch. Zool. IV. (1852) 184.

Habitaculo adde: Prope Cuxhaven, Martio (M. Schultze).

4. Monops umbrinus *DIESING.*

Corpus antrorsum attenuatum, extremitate caudali in discum dilatabili, umbrinum, haud raro albo-variegatum. *Os* retro corporis medium, oesophago subcylindrico. *Otolithus* prominentiis nullis. *Ocellus* brunneus, transverse sublinearis, otolitho antepositus. *Penis* subulatus. Longit....

> *Gaimard:* Voyage en Scandinavie etc. Zool. Tab. *D.* (Aporocephala) 12—18.

Habitaculum. In mari boreali (Gaimard).

5. Monops elegans *DIESING.*

Corpus sublineare, extremitate postica in discum dilatabili, hyalinum, tractu cibario transparente. *Os* retro medium corporis, oesophago subcylindrico. *Otolithus* prominentiis duabus. *Ocellus* brunneus, transverse sublinearis, otolitho antepositus. Longit....

> Corpuscula bacillaria dorsalia passim prominentia.
>
> *Gaimard:* Voyage en Scandinavie etc. Zool. Tab. *F.* (Apocecophala) 1—15 (cum fig. anatom.).

Habitaculum. In mari boreali (Gaimard).

6. Monops obesus *DIESING.*

Corpus crassum utrinque attenuatum, extremitate caudali in discum dilatabili, flavo-brunneum. *Os* retro corporis medium, oesophago subcylindrico medio incrassato. *Otolithus* prominentiis nullis.

Ocellus rufo-brunneus, transverse sublinearis, otolitho antepositus. *Penis* subulatus. Longit....

Corpuscula bacillaria dorsalia versus extremitatem caudalem prominula.

Gaimard: Voyage en Scandinavie etc. Zool. Tab. *F.* (Apococephala) 16—39? (cum fig. anatom.).

Habitaculum. In mari boreali (Gaimard).

7. Monops nigroflavus *DIESING.*

Corpus gracile antrorsum attenuatum, extremitate postica in discum dilatabili, nigrum flavo-limbatum. *Os* retro corporis medium, oesophago subcylindrico. *Otolithus* prominentiis nullis. *Ocellus* transverse sublinearis, otolitho antepositus. *Penis* subulatus. Longit....

Gaimard: Voyage en Scandinavie etc. Zool. Tab. *D.* (Aporocephala) 19—26?

Habitaculum. In mari boreali (Gaimard).

• • Os in medio corporis situm.

8. Monops assimilis.

Corpus lineare, retrorsum in caudam depressam dilatatum, fusco-grisescens, pone otolithum rubescens. *Caput* a corpore strictura discretum. *Os* in medio corporis situm. *Ocellus* otolitho antepositus. *Penis* globosus apice subulatus. Longit....

Monocelis assimilis *Oersted:* in Kroyer's Naturhist. Tidsskr. 1844— 1845. 416.

Habitaculum. Inter algas prope Dröbak (Oersted).

Species incertae sedis:

9. Monops agilis.

Corpus elongatum ellipticum, capite et extremitate postica subacutis, nigrum vel fuliginosum. *Ocellus* (?) brunneus. Longit. 1''', latit. 1/8'''.

Monocelis agilis *Leidy:* in Journ. Acad. Philad. 2. ser. III. (1855) 11.

Habitaculum. Ad *Mytilum edulem*, Augusto, Point Judith, Rhode Island (Leidy).

Adhuc incertum num huic generi, num Monoto haec species adnumeranda sit.

10. Monops spatulicaudus *GIRARD* [1]).

Monocelis spatulicauda *Girard:* in Keller et Tiedemann's Nord-Amer. Monatsber. II. 1851. 1.

Habitaculum. Bostoniae (Girard?).

---

[1]) Operibus in quibus descriptiones specierum n. 10 et 11 continentur, mihi non visis, diagnoses earum subjungere nequeo.

11. Monops Flustrae.

Planaria flustrae *Dalyell:* Powers of the Creator II. 118. Tab. XVI. 32.
Monocelis sp. *Leuckart:* in Troschel's Arch. 1859. II. 183.

Habitaculum. Ad littora Scotiae (Dalyell).

†† Ocelli duo.

XVII. CELIDOTIS *DIESING.*

Monocelis *O. Schmidt* et *Leydig.* — Schizoprora *O. Schmidt.*

Corpus gracile. *Caput* corpore continuum. *Os* ventrale superum, subterminale, longitudinaliter rimaeforme vel infra medium corporis situm, oesophago subcylindrico vel fusiformi, exsertili. *Ocelli* duo. *Otolithus* unus retro ocellos, prominentiis nullis vel duabus, otolithotheca inclusus. *Androgyna. Apertura* genitalis retrorsum sita. *Anus* nullus. Maricolae.

1. Celidotis venenosa *DIESING.*

Os superum subterminale longitudinaliter rimaeforme, oesophago... Otolithus prominentiis nullis. Organa urticationis cutanea: vesiculae elongatae, appendice filiformi.

Schizoprora venenosa *O. Schmidt:* in Sitzungsb. d. kais. Akad. IX. 501. Tab. XLVII. 15.

Habitaculum. Prope Lesinam (O. Schmidt).

2. Celidotis Anguilla *DIESING.*

Os infra medium corporis situm, oesophago fusiformi. Otolithus prominentiis nullis.

Monocelis Anguilla *O. Schmidt:* in Sitzungsb. d. kais. Akad. XXIII. 358 et 365. Tab. IV. 9.

Habitaculum. St. Lucia, prope Neapolim (O. Schmidt).

3. Celidotis bipunctata.

Corpus gracile, album. *Caput* attenuatum. *Os* infra corporis medium situm, oesophago subcylindrico. *Ocelli* rubro brunnei, lente destituti. *Otolithus* prominentiis duabus. *Apertura* genitalis retrorsum sita. Longit. vix 2'''.

Monocelis bipunctata *Leydig:* in Müller's Arch. 1854. 288. Tab. XI. 3.

Habitaculum. Inter algas marinas, Genuae (Leydig).

Subtribus II. Arhynchocoela proctucha.

Tractus cibarius ano stipatus. — Sexus discretus, interdum periodice agama.

* Acrostomata: Os terminale.

Familia X. Orthostomea. *Dies.* Character generis unici simul familiae.

XVIII. ORTHOSTOMUM *HEMPRICH* et *EHRENBERG*.

Corpus elongatum teretiusculum proteum, ciliis vibrantibus munitum. *Caput* corpore continuum. *Os* terminale, oesophago subcylindrico. *Ocelli* nulli. *Otolithus* nullus. Sexus discretus. *Apertura* genitalis... *Anus* posticus terminalis. Aquarum dulcium incolae.

1. **Orthostomum pellucidum** *HEMPRICH* et *EHRENBERG*. — *Dies.* Syst. Helm. I. 237 adde:

Schmarda: in Denkschr. d. kais. Akad. VII. 5.

Habitaculo adde: In aqua stagnante, Januario, prope Alexandriam (Schmarda).

Familia XI. Anorthidea *Dies.* Character generis unici simul familiae.

XIX. ANORTHA *LEIDY*.

Anarthra *Leuckart.*

Corpus compressiusculum. *Os* terminale, oesophago... *Ocelli* nulli. *Otolithus* unus, otolithotheca inclusus. *Sexus*... *Anus* posticus terminalis. Aquarum dulcium Americae borealis incolae.

1. **Anortha gracilis** *LEIDY*.

Corpus panduraeforme, album, opalizans. Longit. totalis animale. sub partitione $^1/_2$—2'''.

Multiplicatio divisione spontanea transversali operata.

Anortha gracilis *Leidy:* in Proceed. Acad. Philad. V. 1851. 124.

Anarthra gracilis *Leuckart:* in Troschel's Arch. 1854. II. 350.

Habitaculum. In paludosis prope Philadelphiam: motu gliscens, corpore verticaliter erecto quiescens.

Familia XII. Disorea *Dies.* Character generis unici simul familiae.

XX. DISORUS *HEMPRICH* et *EHRENBERG*.

Corpus teretiusculum, obsolete annulatum, proteum. *Caput* corpore continuum. *Os* terminale, oesophago... *Ocelli* sex cervicales biternati. *Otolithus* nullus. *Sexus*... *Anus* posticus terminalis. Maricolae.

1. **Disorus viridis** *HEMPRICH* et *EHRENBERG*. — *Dies.* Syst. Helm. I. 237.

Habitaculum. Inter Corallia maris rubri prope Tor (Hemprich et Ehrenberg).

** Hypostomata: Os ventrale, antrorsum situm, imo subterminale.

Familia XIII. Anotocelidea *Dies.* Corpus teretius-culum vel planum. Caput corpore continuum. Cephalopori nulli aut duo marginales. Os ventrale, antrorsum situm, oesophago sub-cylindrico angusto. Ocelli nulli. Otolithus nullus. Sexus... Anus ventralis ante caudae apicem. Aquarum dulcium incolae.

Subfamilia I. Anotocelidea aporocephala.

XXI. TYPHLOMICROSTOMUM *DIES.*

Strongylostomi spec. *Schmarda.*

Corpus planum oblongum. *Caput* corpore continuum. *Cepha-lopori* nulli. *Os* ventrale, antrorsum situm, oesophago... *Ocelli* et *otolithi* nulli. *Sexus* et *anus* ... *Aquarum* dulcium incolae.

1. Typhlomicrostomum coerulescens *DIESING.*

Corpus planum oblongum, antice truncatum, coerulescens. *Os* ellipticum. Longit. ad ⅓'''.

Organa genitalia nulla observata; animalcula plurima in partitione spon-tanea transversali versantia.

Strongylostomum coerulescens *Schmarda :* Neue wirbell. Th. 1. 1. 10. Tab. II. 22.

Habitaculum. In aqua dulci stagnante prope Kingston in Jamaica (Schmarda).

Genus, characteribus nonnullis gravioris momenti ignotis, adhuc anceps.

Subfamilia II. Anotocelidea porocephala.

XXII. ANOTOCELIS *DIESING.*

Stenostomi spec. *O. Schmidt.* — Microstomi spec. *Leidy.*

Corpus teretiusculum gracile. *Caput* corpore continuum. *Cephalopori* duo marginales. *Os* ventrale, antrorsum situm, oeso-phago subcylindrico longo, angusto vel amphoraeformi. *Ocelli* et *otolithi* nulli. *Organa genitalia* ... *Anus* ventralis supra caudae apicem. Aquarum dulcium Europae et Americae borealis incolae.

* Tractus intestinalis in oesophagum subcylindricum angustum productus.

1. Anotocelis unicolor *DIESING.*

Multiplicatio ovulorum? ac partitionis spontaneae transversalis opera.

Derostoma leucops *Dugès?* in Annal. des sc. nat. XV. 141. Tab. IV. 4. — *Hempr.* et *Ehrenb.:* Symb. Phys. Turbell. Nr. 9, nota 2. Nr. 17, nota 1.

Stonostomum unicolor *Schmidt:* Die rhabdocoelen Strudelwürmer 60.
Tab. VI. 19.

Microstomum (Stenostomum) achroophthalmum partim *Diesing:* Syst.
Helm. I. 235.

Microstomum (Stenostomum) unicolor *Diesing:* Syst. Helm. I. 235.

Habitaculum. Axien ad Albim, Majo et Junio, haud raro
(Schmidt).

* * Tractus intestinalis supra os productus apice clausus, oesophago
amphoraeformi.

2. Anotocelis philadelphica.

Corpus lineare, retrorsum parum attenuatum, postice obtuse
rotundatum, transparens, decolor. *Caput* conicum, papilla ovali terminali. *Cephalopori* hemisphaerici ad basin capitis. *Os* antrorsum
situm, ovale, oesophago amphoraeformi. Longit. $1/3'''$.

Multiplicatio divisionis spontaneae transversalis opera; segmentis binis.

Microstomum (Eustomum) Philadelphicum *Leidy:* in Proceed. Acad.
Philad. V. 350.

Habitaculum. In paludibus et piscinis prope Philadelphiam
(Leidy).

3. Anotocelis variabilis.

Corpus lineare latum, capite et extremitate postica obtuse rotundatis, decolor. *Cephalopori* longitudinaliter ovales, laterales. *Os*
antrorsum situm, oesophago amphoraeformi. Longit. ad $1/2'''$.

Multiplicatio divisionis spontaneae transversalis opera; segmentis binis.

Microstomum (Eustomum) variabile *Leidy* l. c. 350.

Habitaculum. Cum praecedente (Leidy).

4. Anotocelis caudata.

Corpus lineare angustum, capite obtuse rotundato, extremitate
postica in caudam angustam obtusam elevatam producta. *Cephalopori...* *Os* antrorsum situm, oesophago amphoraeformi. Longit.
$3/4 - 1\,1/4'''$.

Multiplicatio partitionis spontaneae transversalis opera; segmentis binis.

Microstomum (Eustomum) caudatum *Leidy* l. c. 350.

Habitaculum. Cum praecedentibus (Leidy).

5. Anotocelis Coluber.

Corpus gracile, tortuosum, album. *Cephalopori* ... *Os* antrorsum situm, transversale rimaeforme, oesophago utriculiformi. Longit. 3‴.

Stenostomum Coluber *Leydig:* in Müller's Arch. 1854. 284. Tab. XI. 1.

Habitaculum. In palude prope Moenum, Novembri (Leydig).

6. Anotocelis flavicans.

Derostoma flavicans *Hempr.* et *Ehrenb.* — *Diesing:* Syst. Helm. I. 283.

Habitaculum. Berolini (Ehrenberg).

7. Anotocelis linearis.

Corpus lineare, decies longius quam latum, albidum. Longit. ad ³/₄‴.

Derostoma lineare *Dugès:* in Annal. des sc. nat. XV. 141. Tab. IV. 3. — *Ehrenberg:* Akaleph. d. rothen Meeres 66.

Microstomum lineare? *Diesing:* Syst. Helm. I. 234.

Habitaculum. Monspessulani (Dugès).

Familia XIV. Stenostomea. Corpus teretiusculum vel planum. Caput corpore continuum vel a corpore discretum. Cephalopori nulli aut duo marginales. Os ventrale, antrorsum situm, oesophago subcylindrico, augusto vel crasso, medio angustato. Ocelli nulli. Otolithi 1 vel 2. Sexus... Anus ventralis ante caudae apicem. Aquarum dulcium incolae.

Subfamilia I. Stenostomea aporocephala.

XXIII. CATENULA *DUGÈS.*

Derostomatis spec. *Leydig.*

Corpus subcylindricum vel depressum. *Caput* a corpore discretum. *Cephalopori* nulli. *Os* ventrale, subtriangulare, antrorsum situm, oesophago subcylindrico, crasso, medio angustato. *Ocelli* nulli. *Otolithus* globosus, otolithotheca inclusus. *Sexus* ... *Anus* ... Aquarum dulcium utriusque hemisphaerae incolae.

Oesophagus subcylindricus medio angustatus, ciliis vibrantibus obsessus; intestinum utriculiforme haud ciliatum, ano .... Systema vasorum aquiferorum. Organa genitalia nulla. — Multiplicatio partitione spontanea transversali *(Leydig).*

1. **Catenula Lemnae** *DUGÈS.* — *Dies.* Syst. Helm. I. 284 adde:

Derostomum Catenula *Leydig:* in Müller's Arch. 1854. 285. Tab. XI. 2.

Habitaculo adde: In fossula ad Moenum, copiose, Augusto (Leydig).

2. **Catenula quaterna** *SCHMARDA.*

Corpus oblongo-ovale, capite latius, flavidum. Longit. $1/4'''$.

Organa genitalia nulla. Individua (segmenta) semper quaternatim juncta. Vasa aquifera duo longitudinalia.

Catenula quaterna *Schmarda:* Neue wirbell. Th. I. 1. 12. Tab. II. 27. 28.

Habitaculum. In aqua dulci stagnante prope Stellenbosch ad promontorium bonae spei (Schmarda).

Species inquirenda:

3. **Catenula bina** *SCHMARDA.*

Corpus teretiusculum gracile laete ochraceum. *Caput* corporis latitudine. Longit. vix $1/2'''$.

Otolithus nullus. Nec vasa aquifera, nec organa genitalia observata. Individua (segmenta) semper per paria juncta.

Catenula bina *Schmarda:* Neue wirbell. Th. I. 1. 12. Tab. II. 29.

Habitaculum. In aqua dulci stagnante prope Bathurst in Nova Cambria (Schmarda).

Subfamilia II. Stenostomea porocephala.

XXIV. STENOSTOMUM *O. SCHMIDT.*

Corpus teretiusculum. *Caput* corpore continuum. *Cephalopori* duo marginales. *Os* ventrale, antrorsum situm, oesophago subcylindrico longo angusto. *Ocelli* nulli. *Otolithi* duo ante vel retro os siti. *Sexus* discretus. *Anus* ventralis ante caudae apicem. *Aquarum* dulcium incolae.

Multiplicatio ovulorum simulque partitionis spontaneae transversalis opera.

1. **Stenostomum leucops** *O. SCHMIDT.*

Microstomum (Stenostomum) achroophthalmum *Dies.:* Syst. Helm. I. 235.

Microstomum (Eumicrostomum) leucops *Oersted?* — *Diesing:* Syst. Helm. I. 234.

Stenostomum leucops *O. Schmidt.* — *Schultze:* in Troschel's Arch. 1849. I. 281 et 285 (de sexu discreto). — *Leuckart* ibid. 1854. II. 343 (de vasis aquiferis et de cephaloporis vibrantibus) et 350 (deotolithis). — *O. Schmidt:* in Sitzber. d. k. Akad. XXV. 87 et in Denkschr. XV. 36.

Habitaculo adde: Gryphiae, aestate statu agamo, autumno individuum femineum evolutum (Schultze). — Prope Cracoviam (O. Schmidt).

2. Stenostomum torneense *O. SCHMIDT.*

in Sitzungsb. d. kais. Akad. IX. 502. Tab. XLVII. 17.

Habitaculum. Inter Torneo et Haparanda in Lapponia (O. Schmidt).

Familia XV. Microstomea *Oersted.* Corpus teretiusculum v. depressum. Caput corpore continuum. Cephalopori nulli aut duo marginales. Os ventrale antrorsum situm vel superum subterminale, circulare vel transversum, rimaeforme, oesophago… Ocelli duo simplices vel 6, quorum 2 compositi, 4 simplices. Otolithus nullus. Sexus discretus. Apertura genitalis retrorsum sita. Anus ventralis ante caudae apicem. Aquarum dulcium v. maris incolae.

Subfamilia I. Microstomea aporocephala.

XXV. STYLACIUM *CORDA.*

Corpus elongatum depressiusculum. *Caput* corpore continuum. *Cephalopori* nulli. *Os* ventrale superum subterminale circulare ciliarum vibrantium coronula simplici cinctum, oesophago clavaeformi. *Ocellorum* paria tria, par primum ocellulis sex, septimum centrale cingentibus compositum, ocelli paris secundi et tertii simplices, globosi. *Otolithus* nullus. *Apparatus* aquiferus apertura duplici, una receptoria, altera excretoria instructus. *Sexus* discretus. *Anus* ventralis subterminalis. Aquarum dulcium incolae.

Tractus intestinalis amplus rectus. Organon hippocrepiforme transparens subcutaneum, os cingens, utraque extremitate globulo terminatum, ignotae functionis. Apparatus aquiferus (app. respiratorius Corda) utriculus summe contractilis extremitate anteriore organo infundibuliformi intus villis et ciliis vibrantibus instructo; posteriore tubulo cum poro excretorio circulari, dorsali extusque patenti extremitate stipatus, aquam rhytmice recipiens. Ovarium vesiculaeforme et ovulum in posteriore corporis parte. Multiplicatio praeter ovula per partitionem spontaneam transversalem.

1. Stylacium isabellinum *CORDA.*

Corpus extremitate postica acuminata, isabellinum, agile, gelatinosum. *Caput* rotundatum. *Ocelli* paris primi antici maxime ab invicem remoti, paris tertii quam maxime sibi approximati, ocelli paris secundi illis tertii multo majores: omnes juventute purpurei, demum decolores. Longit. fem. $1/10'''$.

Stylacium isabellinum *A. C. Corda:* in Weitenweber's Beitr. zur gesammt. Natur- u. Heilwissensch. Prag. IV. 1840. 71—78. Tab. VI.

Habitaculum. Ad folia submersa praesertim putrescentia *Alismae Plantaginis* et *Potamogetonum*, Lieben prope Pragam (Corda).

XXVI. DINOPHILUS *O. SCHMIDT.* Charactere reformato.

Vorticis spec. *Frey* et *Leuckart.* — Gyratoris spec. *Diesing.* — Prostomatis spec. *Maitland.* — Plagiostomum *O. Schmidt.*

Corpus elongatum tereliusculum vel proteum. *Caput* corpore continuum. *Cephalopori* nulli. *Os* ventrale, antrorsum situm transversum, rimaeforme, oesophago... *Ocelli* duo reniformes vel circulares. *Otolithus* nullus. *Sexus* discretus. *Apertura* genitalis retrorsum sita. *Anus* ventralis subterminalis. Maricolae.

Character genericus secundum descriptiones cl. virorum *Frey* et *Leuckart* et *Van Beneden* reformatus.

1. Dinophilus vorticoides *O. SCHMIDT.*

Corpus proteum, lateritium vel aurantiacum. *Os* oesophago clavaeformi. *Ocelli* reniformes. Longit. $3/4$—$1'''$.

Testiculi duo ovales retrorsum ad latera intestini siti, spermatozoideis repleti. Ovaria: bursae duae vel plures retrorsum ad latera intestini sitae, in quibus ovula formantur.

> Dinophilus vorticoides *O. Schmidt.* — *Diesing:* Syst. Helm. I. 235. — *Schultze:* in Troschel's Arch. 1849. I. 290. — *Van Beneden:* in Bullet. Acad. Belgique XVIII. I. 15—23 (et anatom.) cum tab. — *Quatrefages* ibid. 368. — *Leuckart:* in Troschel's Arch. 1854. II. 351. — *Beneden:* Recherch. Faun. litt. Belgique 29. Tab. V. 13—18 (de evolut.).

Habitaculo adde: Martio et Aprili Ostendae (Beneden).

2. Dinophilus gyrociliatus *O. SCHMIDT:*

> in Sitzungsb. d. kais. Akad. XXIII. II. (1857) 348—351 et 364. Tab. I. 1, 1 a, 1 b. (cum anatom.).

Habitaculum. S. Luciae, prope Neapolin (O. Schmidt).

3. Dinophilus borealis *DIESING.*

Corpus subcylindricum v. fusiforme, extremitate postica acuminata, album, vittis tribus latis transversalibus rubris v. brunnescentibus. *Ocelli* circulares in adultis nigri. Longit. ad $1'''$.

Ovula in capsulis pyriformibus, filamentis quibus ovula *Homari* inter se junguntur, vel *Homari* appendicibus abdominalibus adhaerentibus; de praesentia ani et de sexu discreto confer *Van Beneden* l. i. c.

Zeeslak *Slabber* Natuurk. Verlust. bl. 62. Tab. VIII. 2.

Vortex vittata *Frey* et *Leuckart:* Beitr. zur Kenntniss wirbell. Th. 149.

    Leuckart: in Troschel's Arch. 1854. II. 348. — *Van Beneden:*

    Recherch. Faun. litt. Belgique 30—33. Tab. 1—9 (cum anatom.).

Gyrator vittatus *Diesing:* Syst. Helm. I. 228.

Prostoma vittatum *Maitland:* Faun. Belg. sept. I. 183.

Plagiostomum boreale *O. Schmidt:* in Sitzungsb. d. kais. Akad. IX. 499.

    Tab. XLVI. 12.

Habitatulum. In Belgia (Slabber). — Ad littora Helgo-
landiae inter *Fucos*, vulgaris (Frey et Leuckart). — Färö, insula
Loppen in Norvegia boreali (O. Schmidt); inter *Sertularias* et
Fucos haud raro, Ostendae, cum ovulis maturis Majo (Beneden).

Subfamilia II. Microstomea porocephala.

XXVII. MICROSTOMUM *OERSTED.*

Fasciola et Planaria *Müller.* — Derostoma *Dugès* part.

Corpus elongatum teretiusculum ciliatum. *Caput* corpore continuum. *Cephalopori* duo, marginales. *Os* ventrale, antrorsum situm,
circulare. *Ocelli* duo. *Otolithus* nullus. *Sexus* discretus, periodice
agama. *Apertura* genitalis retrorsum sita. *Anus* ventralis ante caudae apicem. Aquarum dulcium et maris incolae.

1. Microstomum lineare *OERSTED.*

Organa genitalia feminea: Ovarium cum oviductu extrorsum patente;
organa genitalia mascula: Testiculus cylindricus cum vesicula seminali et pene
chitineo tortuoso apice curvato. Spermatozoidea in testiculo evoluta in que
vesicula seminali immobilia, moniliformia utraque extremitate attenuata. —
Animalcula periodice (vere et aestate) agama et periodice (autumno) organis
genitalibus discretis instructa. Propagatio per ovula vel per partitionem spontaneam transversalem ita, ut pars posterior animalculi materni, organa genitalia
includens, strictura separetur et in parte anteriore animalculi materni organa
genitalia nova, interdum sexus oppositi, oriantur. Sic in uno individuo interdum sexus uterque alternat (M. Schultze).

    Microstomum (Eumicrostomum) lineare *Oersted.* — *Diesing:* Syst. Helm.

    I. 234.

    Microstomum lineare *Oersted.* — *M. Schultze:* in Troschel's Arch.

    1849. I. 280—292. Tab. VI. (de modo propagationis, anatom. etc.).

    — Idem Beitr. Turbell. 15 (de organ. urticat.). — *Leuckart:* in

    Götting. gel. Anzeig. 1851. 929. — *O. Schmidt:* in Sitzungsb. der

    kais. Akad. XXV. 87 et in Denkschr. XV. 36.

Habitaculo adde: Ad *Charam* et *Batrachospermum* in mare
baltico et in aquis dulcibus prope Gryphiam (Schultze). Prope
Cracoviam (O. Schmidt).

Species inquirenda.

2. Microstomum littorale OERSTED.

Corpus oblongum lineare, capite et extremitate postica aequaliter obtusis, fuscum. *Os* apertura longitudinali. *Ocelli* in margine
laterali, ab apice corporis quinta ejus parte remoti. Longit. 2‴.

Multiplicatio per partitionem spontaneam transversalem.

Microstoma littorale *Oersted:* in Kroyer's Naturhist. Tidsskr. 1844—
1845. 417.

Habitaculum. Prope Dröbak haud procul a littore (Oersted).

Genus situ oris ignoto adhuc dubium num Acrostomatibus v. Hypostomatibus
adnumerandum:

XXVIII. APHANOSTOMUM OERSTED.

Corpus oblongum. *Os* . . . *Ocellus* (otolithus?) unicus hyalinus
in medio corpore anteriore. *Sexus* . . . *Anus* . . . Maricolae.

1. Aphanostomum griseum OERSTED.

Corpus oblongum, antice obtusum, posteriora versus sensim angustius, grisescens vel flavescens. Longit. 1‴.

Aphanostoma griseum *Oersted:* in Kroyer's Naturhist. Tidsskr. I.
1844—1845. 417.

Habitaculum. Ad littus prope Dröbak (Oersted).

2. Aphanostomum virescens OERSTED.

Corpus oblongum utrinque ferme aequaliter obtusum, virescens,
maculis duabus brunneis in margine anteriore laterali. Longit. . . .

Aphanostoma virescens *Oersted* l. c. 417.

Habitaculum. Ibidem (Oersted).

3. Aphanostomum diversicolor OERSTED.

Corpus oblongum, antice obtusum, flavescens. medio latius,
cyaneum, postice subacuminatum, fuscum. Longit. 1‴.

Aphanostoma diversicolor *Oersted* l. c. 417.

Habitaculum. Ibidem (Oersted).

4. Aphanostomum latum OERSTED.

Corpus oblongum utrinque aequaliter dilatatum, rotundatum,
medio angustius, grisescens. Longit. 1‴.

Aphanostoma latum *Oersted* l. c. 417.

Habitaculum. Ibidem (Oersted).

TRIBUS II. RHYNCHOCOELA *SCHULTZE.*

Teretularia *Blainville.* — Turbellaria rhabdocoela *Ehrenberg.* — Apoda nemertina *Oersted.*

Animalia solitaria libera, rarius tubicola, coeca v. ocellata, pollicaria imo pedalia, rarius microscopica. *Corpus* molle parenchymatosum v. parenchymatoso-cavernosum, lineare, planum v. teretiusculum, multo longius quam latum, saepissime ciliis vibrantibus munitum, interdum summe contractile, tum utplurimum sponte transverse fragile, exappendiculatum, rarissime appendiculo caudali. *Acetabulum* proprium nullum, rarissime discus acetabuliformis basilaris. *Caput* corpore continuum v. discretum, cephaloporis nullis aut unico terminali aut 2 v. 4, i. e. uno vel binis in capitis latere dextro et sinistro s. marginalibus, rarius duobus in capitis pagina infera juxtapositis instructum, integrum vel lobatum [1]). *Proboscis* aggressoria (agonorhynchus) aut terminalis et tunc vel ex medio capitis vel rarius ex ejus margine protractilis [2]), aut infera s. ex pagina infera capitis [3]) protractilis, sub quiete retracta, inermis vel pugione armata, musculo retractorio basilari cum tractu cibario juncta. *Ocelli* nulli v. 2, 4, 6 v. plurimi. *Os* ventrale, antrorsum situm, oesophago integro. *Tractus cibarius* simplex ano stipatus. *Hepar* longum cum intestino parallelum, uno latere tractu cibario altero ligamentorum ope parieti interno corporis adhaerens, cellulis hepaticis expletum [4]). *Systema circulationis* liquore limpido rarius rubro repletum, vasa longitudinalia parietibus contractilibus absque ciliis vibrantibus munita, ad ganglia cerebralia excurrentia. *Vasa aquifera* s. *excretoria* introitu ciliata ad cephaloporos excurrentia.

Cor nullum vel corda duo [5]). *Androgyna* et tunc apertura genitali in posteriore corporis parte, et pene plerumque chitineo, aut sexus discreti et tunc organis genitalibus externis propriis nullis; mas a femina habitu externo non differt, solummodo brevior. *Organa genitalia* interna (in androgynis); mascula: testiculus, vesicula seminalis, et vesicula altera humore granuloso repleta, cum pene communicantes; feminea: organon germinativum et organon vitelli-

---

[1]) Nec tentacula nec otolithi in generibus hujus tribus, quod sciam, hucusque observata.

[2]) Polina, Cosmocephala et Stimpsonia.

[3]) Valencinia, Tubulanus, Cerebratulus et Quatrefagea.

[4]) Beneden Rech. Faune Belg. 43.

[5]) Cf. Schmarda: Neue wirbell. Th. 1. 1. 43 (Nemertes polyhopla).

genum discreta, et bursa seminalis (in illis sexus discreti); tam mascula quam feminea sunt sacculi undique clausi, in pagina interna gignentes spermatozoidea vel ovula, per poros separatos tot, quot sunt glandulae, in cavum abdominis expellenda et per dehiscentias in integumento communi extus demum delata [1]). *Multiplicatio* per ovula vel per ovovivipartum, quod in animalculis sexus discreti, foecundationem ovulorum intra sacculum maternum aut saltem intra cavum corporis materni absolute exigeret, et spermatozoideorum introitum in corpus maternum supponere suaderet; nec non per segmenta transverse fissilia? *Evolutio* directa, rarius per metamorphosin. Strata muscularia subcutanea duo, externum e fibris circularibus, internum e fibris longitudinalibus contextum, cum integumento communi arcte juncta. *Ganglia* duo, commissura una aut duabus juncta, ante os sita, rubra, fila nervea antrorsum et retrorsum praesertim ad ocellos emittentia. — Maris rarius aquarum dulcium incolae, maricola rarissime parasita.

Corpus in nonnullis mucum copiosum excernit. — Motus gliscens vel natatorius. — Animalcula proboscidem retractam sub stimulatione corporis haud raro protrahunt. — Ovula exclusa vagina communi excepta.

Subtribus I. Rhynchocoela aporocephala.

Cephalopori nulli, Androgyna vel sexus discreti.

* Holocephala. Caput haud lobatum.

Familia XVI. Rhynchoscolecidea. *Dies.* Character generis unici simul familiae.

XXIX. RHYNCHOSCOLEX *LEIDY.*

Rhynchoproboli spec. *Schmarda.*

Corpus teretiusculum exappendiculatum. *Caput* corpore continuum haud lobatum. *Proboscis* terminalis, protractilis pugione nullo. *Os* ventrale antrorsum v. in medio corporis situm, oesophago subgloboso. *Ocelli* nulli. Androgyna. *Penis*.... *Anus* terminalis posticus. Aquarum dulcium et subsalsarum Americae borealis incolae. — Formae minores imo microscopicae.

---

[1]) De peculiari modo propagationis Malacobdellae, haud absimili confer genus hoc in Sitzungsb. d. k. Akad. XXXIII. (1858). 491.

1. Rhynchoscolex simplex *LEIDY*.

Corpus subcylindricum ciliatum transverse striatum opacum, flavo-albidum. *Proboscis* clavata. *Os* antrorsum situm, oesophago... *Anus* posticus terminalis. Longit. 2—3‴, latit. $1/_6$‴.

Rhynchoscolex simplex *Leidy:* in Proceed. Acad. Philad. V. (1851) 124.

Habitaculum. Inter confervas in fundo rivulorum prope Philadelphiam (Leidy).

2. Rhynchoscolex papillosus *DIESING*.

Corpus teretiusculum retrorsum attenuatum, pallide cinereum. *Proboscis* papillosa. *Os* in medio corporis situm, oesophago subgloboso crenato-plicato. Longit. $1/_4$‴.

Rhynchoprobolus papillosus *Schmarda:* Neue wirbell. Thiere. I. 1. 11. Tab. II. 25.

Habitaculum. In aqua subsalsa, Hoboken prope New-York (Schmarda).

Familia XVII. Gyratricinea. *Hempr.* et *Ehrenb.*

(Charactere restricto). Corpus teretiusculum vel oblongum ovale, ciliatum, exappendiculatum. Caput corpore continuum haud lobatum. Proboscis terminalis protractilis, pugione nullo. Os ventrale antrorsum vel in medio corporis situm, oesophago subgloboso vel doliiformi. Ocelli 2, 4 vel 6. Androgyna, apertura genitali retrorsum sita, pene chitineo. Anus terminalis posticus. — Maricolae, rarius aquarum dulcium incolae. — Formae minores imo microscopicae.

XXX. GYRATOR *EHRENBERG*. Charactere emendato.

Gyratrix *Ehrenberg* — Prostoma *Auctor.* — Rhynchoproboli spec. *Schmarda.*

Corpus subcylindricum ciliis vibrantibus. *Caput* corpore continuum. *Proboscis* terminalis, protractilis (directe retractilis, parte anteriore intus papillis obsita, posteriore musculosa). *Os* ventrale in medio fere corporis situm, oesophago subgloboso. *Ocelli* duo cervicales. *Androgyna. Penis* chitineus retrorsum situs. *Anus* terminalis posticus. — *Aquarum* dulcium vel maris incolae.

Penis in speciebus aquarum dulcium (1. et 2.), suffulcro instructus, quo in maricolis caret. Forma penis in speciebus diversis diversa.

1. Gyrator hermaphroditus EHRENBERG.

Corpus oblongo-lineare antrorsum attenuatum, pellucidum, flavescens. *Proboscis* subconica. *Ocelli* nigri. *Penis* posticus subuliformis, suffulcro lineari annulo terminali instructo, cum hoc chitineus.
Longit. 1'''.

> Gyrator hermaphroditus *Ehrenb.* — *Diesing:* Syst. Helm. I. 227 (excl.
> syn. *Dugès.*
> Prostomum lineare *Oersted.* — *Schultze:* Beitr. 73 et 74. Tab. I. 9, 27,
> 40 (anatom.). — Idem in V. Carus Icon. Zool. Tab. VIII. 16 (cum
> anatom.). — *Leuckart:* in Zusätze zu van der Hoeven's Handb.
> der Zool. 1856, 111 (de proboscide).

Habitaculo adde: Prope Gryphiam (Schultze).

2. Gyrator furiosus.

> Prostomum furiosum *O. Schmidt:* in Sitzungsb. d. k. Ak. XXV. (1857)
> 87, 88 et in Denkschr. XV. 38 et 46. Tab. III. 12, 13.

Habitaculum. Prope Cracoviam (O. Schmidt).

3. Gyrator Botterii.

> Prostomum Botterii *O. Schmidt:* in Sitzungsb. d. k. Ak. IX. (1852) 494.
> Tab. XLIV. 4.

Habitaculum. Prope Lesinam (O. Schmidt).

4. Gyrator immundus.

> Prostomum immundum *O. Schmidt:* in Sitzungsb. XXIII. II. (1857) 355
> et 365. Tab. III. 7.

Habitaculum. S. Luciae prope Neapolim (O. Schmidt).

5. Gyrator Steenstrupii.

> Prostomum croceum *Oerst.?* — *O. Schmidt:* Neue Beitr. 16. Tab. I. 4
> (organ. genital.).
> Prostomum Steenstrupii *O. Schmidt:* in Sitzungsb. IX. 494. Tab. XLV. 5.

Habitaculum. In portu Thorshavn in Stromö, insularum
Faeröensium (O. Schmidt).

6. Gyrator erythrophthalmus.

Corpus teretiusculum flavo-griseum. *Proboscis* subcylindrica.
Os oesophago plicato. *Ocelli* rubri. *Penis* retrorsum situs subuliformis. Longit. $\frac{1}{4}$'''.

> Rhynchoprobolus erythrophthalmus *Schmarda:* Neue wirbell. Th. I. I.
> 11. Tab. II. 26.

Habitaculum. In aqua stagnante prope Stellenbosch ad promontorium bonae spei (Schmarda).

Species inquirendae:

7. **Gyrator croceus** *DIESING.* — Syst. Helm. I. 228.

8. **Gyrator suboviformis** *DIESING.* — Syst. Helm. I. 227.

9. **Gyrator littoralis** *DIESING.* — Syst. Helm. I. 228.

10. **Gyrator leucophraeus** *DIESING.* — Syst. Helm. I. 228.

XXXI. RHYNCHOPROBOLUS *SCHMARDA.* Charact. restricto.

Corpus oblongo-ovale, ciliatum. *Caput* corpore continuum. *Proboscis* terminalis protractilis. *Os* ventrale antrorsum situm, oesophago doliiformi. *Ocelli* 4. *Androgyna*... *Penis* retrorsum situs. *Anus*... Aquarum dulcium Indiae occidentalis incolae.

1. Rhynchoprobolus tetrophthalmus *SCHMARDA.*

Corpus oblongo-ovale, flavo-griseum. *Proboscis* fusiformis, brevis, gracilis. *Ocelli* duo frontales nigri, et duo cervicales fere decolores. *Penis* globosus tricuspidatus. Longit. ultra $1/_{3}'''$.

Rhynchoprobolus tetrophthalmus *Schmarda:* Neue wirbell. Th. I. 1. 10. Tab. II. 24 et 24ᵃ.

Habitaculum. In aqua dulci in Jamaica (Schmarda).

XXXII. PROSTOMUM *DUGÈS* nec *OERSTED.* Charact. emend.

Corpus teretiusculum ciliis vibrantibus. *Caput* corpore continuum. *Proboscis* terminalis, protractilis. *Os*... *Ocelli* 6 antrorsum siti, bini postpositi paralleli. *Androgyna?*... *Penis*... *Anus* terminalis posticus. — *Aquarum* dulcium Europae temperatae incolae.

1. Prostomum clepsinoideum *DUGÈS.* — *Dies.* Syst. Helm. I. 236. — *Schultze* Beitr. Turbell. I. 61.

Habitaculum. Monspessulani, sub lapidibus rivulorum (Dugès).

Familia XVIII. Borlasiea. *Dies.* Corpus teretiusculum vel depressiusculum, exappendiculatum, disco acetabuliformi caudali nullo, rarissime unico. Caput corpore continuum vel discretum, haud lobatum. Proboscis terminalis aut infera, protractilis. Os ventrale subterminale v. antrorsum situm. Ocelli nulli. Sexus discretus. Anus terminalis posticus. — Maricolae utriusque hemisphaerae. Formae majores saepe pedales, imo longitudinem orgyiae excedentes.

Juvencula Borlasiae unicoloris *Johnst.* ocellis duobus, adulta ocellis nullis instructa.

XXXIII. BORLASIA *OKEN* et *OERSTED*. Charact. reformato.

Planariae spec. *Johnston.* — Nemertis spec. *Hemprich* et *Ehrenberg.* — Polia? *Delle Chiaje.* — Astemma, Cephalothrix et Amphiporus *Oersted.*

Corpus longum teretiusculum vel depressum, valde contractile, haud raro sponte transverse fissile (fragile), disco caudali nullo. *Caput* corpore continuum v. discretum, sulcis lateralibus nullis. *Proboscis* terminalis, protractilis. *Os* ventrale subterminale anticum, interdum acetabuliforme. *Ocelli* nulli. *Sexus* discretus. *Anus* terminalis posticus. Maricolae utriusque hemisphaerae.

Caput corpore continuum.

1. Borlasia nigrofusca *OERSTED.* — *Dies.* Syst. Helm. I. 239.

Habitaculum. Sinus Suezensis maris rubri, sub lapidibus (Hemprich et Ehrenberg).

2. Borlasia viridis *GRUBE.* — *Dies.* Syst. Helm. I. 239.

Habitaculum. Prope Cataneam et Neapolim, inter Algas (Grube).

3. Borlasia bilineata *SCHMARDA.*

Corpus longissimum depressum ex albo coerulescens, supra lineis duabus brunneis longitudinalibus parallelis. *Caput* corpore continuum, ovatum. *Os* subterminale subcirculare. Longit. 10″, latit. 1 ½″.

Borlasia bilineata *Schmarda:* Neue wirbell. Th. I. 1. 40. Tab. IX. 84.

Habitaculum. In mare Antillarum ad oram meridionalem Jamaicae (Schmarda).

4. Borlasia Dröbachensis.

Corpus badio-nigrescens, antice album. *Caput* corpore continuum. *Os* dupla corporis latitudine ab apice remotum. Longit. 3—4″.

Astemma Dröbachense *Oersted:* in Kroyer's Naturh. Tidsskr. I. (1844—1845) 418.

Habitaculum. Prope Dröbak in Norvegia (Oersted).

5. Borlasia longa *DIESING.*

Corpus teretiusculum lineare, antice acutiusculum, coeruleo-griseum. *Caput* corpore continuum. *Os* haud procul ab extremitate antica. Longit. 3½", latit. 1¼'".

Borlasia longa *Diesing:* Syst. Helm. I. 241.

Habitaculum. Ad littora prope Skagen (Oersted).

6. Borlasia rufifrons *JOHNSTON.*

Corpus teretiusculum lineare, flavescens. *Caput* corpore conti-nuum, rotundatum, fuseum. *Os* antrorsum situm. Longit. 2", latit. ½'".

Borlasia rufifrons *Johnston.* — *Diesing:* Syst. Helm. I. 241.

Astemma rufifrons *Oersted.* — De region. marinis 79.

Habitaculum. In sinu Berwickcensi (Johnston). — In regione argillacea s. *Buccinoideorum*, aestate in fretu Öresund (Oersted).

7. Borlasia Neesii.

Amphiporus Neesii *Oersted.* — *Diesing:* Syst. Helm. I. 245. — *Leuckart:* in Troschel's Arch. 1849. I. 149—152.

Habitaculum. Ad insulas Faröenses (Nees), ad littus austro-occidentale Islandiae (Bergmann).

8. Borlasia groenlandica.

Amphiporus groenlandicus *Oersted.* — *Diesing:* Syst. Helm. I. 245.

Habitaculum. Ad littora Groenlandiae.

9. Borlasia sanguinea.

Corpus depressum antrorsum increscens retrorsum attenuatum, sanguineo-rubrum. *Caput* corpore continuum, acuminatum. *Os* valde elongatum. Longit. . . .

Amphiporus sanguineus *Girard:* in Proceed. Acad. Philad. VI. 366.

Habitaculum. Ad oras Carolinae meridionalis (Girard).

Caput a corpore discretum.

10. Borlasia Hemprichii *OERSTED.* — *Dies.* Syst. Helm. I. 240.

Habitaculum. Prope Scherm et Scheech in sinu maris rubri sinaitico. Pinnam vetustam inhabitabat (Ehrenberg).

11. Borlasia tricuspidata *QUOY* et *GAIMARD.* — *Dies.* Syst. Helm. I. 240.

Habitaculum. Ad insulam Guam (Quoy et Gaimard).

Situs oris in speciebus subsequentibus ignotus.

12. **Borlasia coerulescens** *DIESING:* Syst. Helm. I. 241.

Habitaculum. Prope Neapolino inter tophos (Delle Chiaje).

13. **Borlasia Cephalothrix** *DIESING:* Syst. Helm. I. 241.

Habitaculum. Ad littora Hafniae (Oersted).

14. **Borlasia filiformis** *JOHNSTON.* — *Dies.* Syst. Helm. I. 242.

Habitaculum. Ad littora Britanniaè, in limo inter lapides (Johnston).

15. **Borlasia flaccida** *JOHNSTON.* — *Dies.* Syst. Helm. I. 242.

Habitaculum. Sinus Berwickcensis, e profundo maris cum rete piscatorum allata (Johnston).

16. **Borlasia linearis** *DIESING:* Syst. Helm. I. 242.

Habitaculum. Ad littora Daniae (Rathke).

17. **Borlasia unicolor** *JOHNSTON.* — *Dies.* Syst. Helm. I. 242.

Habitaculum. Inter radices *Laminariarum* in Britannia haud raro (Johnston).

18. **Borlasia trilineata** *SCHMARDA.*

Corpus depressiusculum proteum, supra brunnescens, lineis parallelis tribus, mediana nigra, externis laete rubris. *Caput* corpore continuum. Longit. ultra 5″, latit. intumescentiarum periodicarum ad 1″.

Borlasia trilineata *Schmarda:* Neue wirbell. Th. I. 1. 40. Tab. IX. 85.

Habitaculum. Sub saxis maritimis ad promontorium bonae spei (Schmarda).

19. **Borlasia unilineata** *SCHMARDA.*

Corpus teretiusculum rufescens, linea mediana brunnea, marginibus flavis. *Caput* corpore continuum. Longit. ad 4″. latit. ad 1½‴.

Borlasia (?) unilineata *Schmarda:* Neue wirbell. Th. I. 1. 41. Tab. IX. 88.

Habitaculum. In oceano pacifico, in arena sinus Paita ad oras Peruviae (Schmarda).

20. **Borlasia cardiocephala** *SCHMARDA.*

Corpus depressum vix proteum, testaceo-rubrum. *Caput* cordiforme. Longit. fere 5½″, latit. 2½‴.

Borlasia cardiocephala *Schmarda:* Neue wirbellose Thiere I. 1. 41.
Tab. IX. 87.

Habitaculum. In oceano pacifico in arena prope Viña del
Mar ad oram Chilensem (Schmarda).

21. Borlasia dorycephala SCHMARDA.

Corpus teretiusculum proteum nigrum. *Caput* lanceolatum.
Longit. ultra 4½″. latit. ½—3½‴.

Borlasia dorycephala *Schmarda:* Neue wirbell. Th. I. 1. 40. Tab. IX. 86.

Habitaculum. In limo, ad promontorium bonae spei
(Schmarda).

22. Borlasia Kurtzii GIRARD.

Corpus subcylindricum depressiusculum, brunneo-rufum, subtus
pallidius. *Caput* discretum rotundatum, retractum ellipticum, pro-
tractum conicum. Longit. 3—4″.

Borlasia Kurtzii *Girard:* in Proceed. Acad. Philad. VI. 366.

Habitaculum. Ad littus Carolinae meridionalis (Stimpson).

XXXIV. TAENIOSOMA STIMPSON.

Borlasiae spec. *Quoy* et *Gaimard.*

Corpus longissimum, lineare depressum, disco caudali nullo.
Caput vix discretum sulco indistincto (rima obsoleta v. linea impressa
decolore) longitudinali in utroque margine. *Proboscis* terminalis
protractilis. *Os* ventrale antrorsum situm. *Ocelli* nulli. *Sexus* et
anus . . . Marium orientalium incolae.

1. Taeniosoma quinquelineatum STIMPSON.

Borlasia quinquelineata *Quoy* et *Gaimard.* — *Diesing:* Syst. Helm. I. 240.
Taeniosoma quinquelineatum *Stimpson:* Prodr. II. 18.

Habitaculum. Ad portum Dorey in Nova Guinea et ad Novam
Hiberniam, nec non et aliis locis Oceani pacifici (Quoy et Gaimard).

2. Taeniosoma septemlineatum STIMPSON.

Corpus depressum retrorsum complanatum subangustatum,
supra album, lineis longitudinalibus antice septem, postice quinque
ornatum; subtus bilineatum. *Caput* lineis supra tribus (interdum
quinque) subtus duabus notatum. Longit. 2—3′. latit. ultra 4‴.

Taeniosoma septemlineatum *Stimpson:* Prodr. II. 18.

Habitaculum. Sublittorale, ad insulas freti „Gaspar“
(Stimpson).

3. Taeniosoma aequale *STIMPSON*.

Corpus lineare subobesum, coeruleo-album, lineis purpureo-nigris supra quinque (tribus vel quatuor in capite), subtus duabus ornatum; lineis omnibus versus corporis extremitates confluentibus. *Caput* continuum antice rotundatum. *Os* parvum minus antrorsum situm. Longit. 2′, latit. vix 4′″.

Taeniosoma aequale *Stimpson*: Prodr. II. 18.

Habitaculum. Littorale sub lapidibus, in sinu insulae „Ousima" (Stimpson).

XXXV. BASEODISCUS *DIESING*.

Poliae spec. *Delle Chiaje.* — Borlasiae (?) spec. *Oersted.*

Corpus longum teretiusculum, extremitate caudali in discum acetabuliformem explanata. *Caput* a corpore discretum. *Proboscis* terminalis, protractilis. *Os* ventrale retro caput situm. *Ocelli* nulli. *Sexus* . . . . *Anus* in centro disci caudalis? Maricolae hemisphaerae borealis.

1. Baseodiscus delineatus *DIESING*: Syst. Helm. I. 243.

Habitaculum. Prope Neapolim (Delle Chiaje) — Panormi (Grube).

β. Proboscis infera.

XXXVI. VALENCINIA *QUATREFAGES*. Charact. reform.

Borlasiae spec. *Quoy* et *Gaimard.*

Corpus longum, teretiusculum v. depressum. *Caput* a corpore strictura discretum. *Proboscis* ex apertura in medio capitis paginae ventralis sita protractilis. *Os* ventrale infra ostium meatus proboscidem protractilem excipientis. *Ocelli* nulli. *Sexus* discretus. *Anus* . . Maricolae utriusque hemisphaerae. — Tubicolae.

Proboscis pugione nullo instructa (Quatrefages).

1. Valencinia splendida *QUATREFAGES*. — *Dies.* Syst. Helm. I. 243.

Habitaculum. Ad insulam Bréhat raro (Quatrefages).

2. Valencinia ornata *QUATREFAGES*. — *Dies.* Syst. Helm. I. 244.
adde:

Joh. *Müller*: in ejus Arch. 1854. 83. — *Grube*: Ausflug nach Triest und dem Quarnero. 1861. 129.

Valencinia elegans *Grube*: l. c. 35.

Habitaculo adde: In limo maris adriatici Muggiae (Joh. Müller) — in mare adriatico (Grube).

Confer Tubulanum elegantem hujus loci.

3. **Valencinia longirostris** *QUATREFAGES.* — *Dies.* Syst. Helm. I. 244.

Habitaculum. Ad insulam Chausey et Bréhat (Quatrefages).

4. **Valencinia striata** *DIESING:* Syst. Helm. I. 244.

Habitaculum. Ad insulam Guam, Agagua et Humata oceani pacifici (Quoy et Gaimard).

5. **Valencinia elegans** *STIMPSON.*

Corpus gracile, fere lineare, supra convexum purpureo-fuscum, trilineatum; lineis albis, mediana antice in fronte, lateralibus post cervicem incipientibus; et fasciis transversis albis ad 16 annulatum. *Caput* breve, paulo latius quam corpus, truncatum, fronte in medio sinuata, lateribus rotundatis, fascia postfrontali pallide fusca. Longit. 3″, latit. ultra 1‴.

Valencinia annulata *Stimpson* (nec *Quatrefages*): in Proceed. Acad. Philad. VII. 380.

Valencinia elegans *Stimpson:* Prodr. II. 19.

Habitaculum. Inter algas in fundo arenoso profunditate 12 orgyiarum prope promontorium bonae spei (Stimpson).

Tubulum membranaceum format.

Species inquirenda:

6. **Valencinia annulata** *QUATREFAGES.* — *Dies.* Syst. Helm. I. 244.

Habitaculum. Ad littora Britanniae inter conchas Cyprinae vulgaris Sow.; tubicola.

Familia XIX. Ommatophora. *Dies.* Corpus teretiusculum vel depressiusculum exappendiculatum. Caput corpore continuum vel discretum haud lobatum. Proboscis terminalis, protractilis, pugione et burseolis aciculiferis instructa. Os ventrale antrorsum vel in medio fere corporis situm. Ocelli 2, 6 vel plurimi. Sexus discretus. Anus terminalis posticus. Maricolae. Formae mediocres.

XXXVII. CEPHALOTRIX *OERSTED.*

Tetrastemma *Oersted* ex parte. — Poliae spec. *Quatrefages* et *Van Beneden.*

Corpus teretiusculum vel depressiusculum, liberum vel tubulo inclusum. *Caput* corpore continuum. *Proboscis* terminalis, protractilis, pugione et burseolis aciculiferis instructa. *Os* ventrale antrorsum vel in medio fere corporis situm. *Ocelli* duo. *Sexus* discretus. *Anus* terminalis posticus. — Maricolae. — Formae longitudinis mediocris (5''' — 3'').

Proboscis armata cum burseolis solummodo in specie 2. certissima.

1. **Cephalotrix Oerstedii** *DIESING:* Syst. Helm. I. 246. adde:
   Cephalothrix bioculata *Oersted.* De region. marinis 79.

Habitaculum. In regione argillacea s. *Burcinoideorum* aestate in fretu Öresund (Oersted).

2. **Cephalotrix involuta** *DIESING.*

Corpus subcylindricum flavidum vel roseum, tubulo inclusum. *Proboscis* brevis, antice dilatata, per intussusceptionem retractilis, pugione subuliformi et burseolis aciculiferis duabus instructa. *Os* in medio fere corporis. *Ocelli* circulares. Longit. maris 5''', fem. 9—14'''.

Ovula in vagina hyalina et glabra deposita. — Embryo ovulo exclusus flagello frontali interdum et caudali instructus; postea cutem vibrantem exuit. — Individua 2 - 3 sexus diversi in uno tubulo squamato firmo inclusa.
Polia involuta *Van Beneden:* Faune litt. Belgique. 18. Tab. III (de evolutione et de foecundatione).

Habitaculum. In tubulis appendicibus subabdominalibus *Canceris maenadis* affixis, in Belgia (Beneden).

Species inquirendae:

3. **Cephalothrix Filum** *DIESING:* Syst. Helm. I. 246.

4. **Cephalothrix Kroyeri** *DIESING:* Syst. Helm. I. 246.

XXXVIII. OMMATOPLEA *HEMPR.* et *EHRENB.*

Fasciola et Planaria *Müller.* — Polia *Delle Chiaje.* — Nemertes et Prostoma *Johnston.* — Amphiporus *Hemprich et Ehrenberg,* nec *Oersted.* — Polystemmalis spec. *Oersted.*

Corpus teretiusculum vel depressiusculum. *Caput* corpore continuum v. discretum. *Proboscis* terminalis, protractilis, pugione et burseolis aciculiferis duabus instructa. *Os* ventrale subterminale anticum.

Ocelli sex vel plurimi varie dispositi. *Sexus* . . . . *Anus* terminalis posticus. Maricolae. — Formae mediocres pollicares et majores pedales.

Situs proboscidis, oris et praesentia pugionis et burseolarum nec non in omnibus speciebus exacte indicati; in specie 5 pugiones tres observati.

° Ocelli sex.

1. **Ommatoplea peronea** *DIESING:* Syst. Helm. I. 248.

Habitaculum. Ad insulam Bréhat (Quatrefages).

** Ocelli plurimi longitudinaliter dispositi.

2. **Ommatoplea Polii** *DIESING:* Syst. Helm. I. 249. adde:

Polia oculata *Verany:* Catalogo degli animali marini. 1846. 9.

Habitaculum. Prope Neapolim (Delle Chiaje) in sinu Genuensi et Nicaeensi (Verany).

3. **Ommatoplea punctata** *DIESING:* Syst. Helm. I. 249.

Habitaculum. Prope Neapolim (Delle Chiaje).

4. **Ommatoplea balmea** *DIESING:* Syst. Helm. I. 249.

Habitaculum. Ad insulam Bréhat, communis (Quatrefages).

5. **Ommatoplea heterophthalma** *SCHMARDA.*

Corpus depressum taeniaeforme, supra rubrum linea mediana alba, subtus pallide rubrum. *Caput* indistinctum acuminatum. *Proboscis* terminalis organis urticantibus tota sua longitudine obsessa, pugionibus tribus longe lanceolatis. *Os* . . . . *Ocelli* in parte acuminata capitis duo, subsequentes septem in lineam longitudinalem dispositi, et tres ultimi in triangulum dispositi. Longit. $2\frac{1}{2}$'', latit. 2'''.

Ommatoplea heterophthalma *Schmarda:* Neue wirbell. Thiere. I. 1. 41. Tab. X. 90 et 90 b.

Habitaculum. In oceano pacifico sub saxis prope Auckland in Nova Zelandia (Schmarda).

6. **Ommatoplea gracilis** *DIESING:* Syst. Helm. I. 250.

Habitaculum. Sub lapidibus in sinu Berwickensi (Johnston).

7. **Ommatoplea albicans** *DIESING:* Syst. Helm. I. 250.

Habitaculum. Inter Corallia maris rubri prope Tor (Hemprich et Ehrenberg).

8. Ommatoplea Stimpsoni *GIRARD.*

Corpus compressiusculum, supra convexum subtus planum, retrorsum attenuatum, supra brunneum. *Caput* a corpore strictura discretum acuminatum, marginibus anticis, fascia transversali mediana, arcuata et macula utrinque subtriangulari basilari albis. *Proboscis* terminalis. *Os* .... *Ocelli* biseriati submarginales antrorsum convergentes. Longit. 6—10" et ultra. latit. corp. expansi 1¼'", contracti ad 6'".

> Ommatoplea Stimpsoni *Girard:* in Smithson Contrib. VI. 28. Tab. II. 18.

H a b i t a c u l u m. Sub saxis, frequenter, Grand Manan (S t i m p s o n).

9. Ommatoplea ophiocephala *SCHMARDA.*

Corpus longissimum depressiusculum, proteum, obscure flavum. *Caput* lanceolatum. *Proboscis* terminalis. *Os* exiguum ovale, in fine primae capitis sextae partis. *Ocelli* octo in lineas duas longitudinales arcuatas dispositi. Longit. fere tripedalis, latit. ad 5'".

> Ommatoplea ophiocephala *Schmarda:* Neue wirbell. Thiere. I. 1. 41. Tab. X. 89.

H a b i t a c u l u m. Sub saxis et in arena in sinu tabulari promontarii bonae spei. frequenter (S c h m a r d a).

Mucum copiose excernit.

10. Ommatoplea taeniata *HEMPRICH* et *EHRENBERG.* — *Dies.* Syst. Helm. I. 250.

H a b i t a c u l u m. Inter Corallia maris rubri prope Tor (H e m-prich et Ehrenberg).

11. Ommatoplea bembix *DIESING:* Syst. Helm. I. 251.

H a b i t a c u l u m. Ad littora Siciliae inter Algas (Q u a t r e f a g e s).

12. Ommatoplea rosea *DIESING:* Syst. Helm. I. 251. adde:

Polystemma roseum *Oersted:* De Region. marin. 80.

H a b i t a c u l u m. In sinu Drobachiensi (M ü l l e r). — In regione argillacea 5, Baccinoideorum aestate, in fretu Öresund (O e r-ste d) — ad Bristolliam (J o h n s t o n).

13. Ommatoplea Grubei *DIESING:* Syst. Helm. I. 251.

H a b i t a c u l u m. Ad Panormum (G r u b e).

14. **Ommatoplea alba** *DIESING:* Syst. Helm. I. 252.

Habitaculum. Littora Angliae ad Carrickfergus (Hyndman).

*** Ocelli plurimi in acervum unum vel plures consociati.

15. **Ommatoplea pulchra** *DIESING:* Syst. Helm. I. 252.

Habitaculum. Littus Berwickeense, inter Corallineas et in testaceis vacuis, frequens (Johnston).

16. **Ommatoplea berea** *DIESING:* Syst. Helm. I. 252.

Habitaculum. Ad insulam Bréhat inter lapides (Quatre-fages).

17. **Ommatoplea mutabilis** *DIESING:* Syst. Helm. I. 252.

Habitaculum. Prope St. Vaast (Quatrefages).

18. **Ommatoplea glauca** *DIESING:* Syst. Helm. I. 253.

Habitaculum. Prope St. Vaast, rarius (Quatrefages).

19. **Ommatoplea violacea** *DIESING:* Syst. Helm. I. 253.

Habitaculum. Prope St. Vaast, raro (Quatrefages).

**** Ocelli in series plures angulum retrorsum patentem formantes dispositi.

20. **Ommatoplea glauca** *DIESING.*

Corpus depressum, supra glaucum, subtus album. *Caput* corpore continuum. *Proboscis* vaginata. *Ocelli* numerosi in series plures dispositi, angulum retrorsum patentem formantes. Longit. 1″.

Nemertes glaucus *Kölliker:* in Verhandl. d. schweiz. naturf. Gesellsch. zu Chur im Juli 1844. Chur 1845. 89. — *Siebold:* in Troschel's Arch. 1850. II. 382.

Habitaculum. Neapoli (Kölliker).

Species inquirendae:

21. **Ommatoplea pellucida** *DIESING:* Syst. Helm. I. 253 adde:

Polystemma pellucidum *Oersted:* De region. marin. 80.

Habitaculum. In regione argillacea s. *Buccinoideorum* aestate, prope Hellebaek in fretu Öresund (Oersted).

22. **Ommatoplea rubra** *DIESING* l. c. 253.

23. **Ommatoplea armata** *DIESING* l. c. 253. adde:

Prostoma? Ommatoplea? *Ehrenberg:* Akaleph. des rothen Meeres 66.

Familia XX. Micruraea. *Hemprich* et *Ehrenberg*.

Corpus depressiusculum vel teretiusculum, obsolete annulatum, extremitate caudali appendiculata. Caput corpore continuum vel discretum, haud lobatum. Proboscis terminalis protractilis. Os ventrale antrorsum situm, oesophago ... Ocelli numerosi. Sexus discretus. Anus in extrema corporis parte postica sub processu caudali. Maricolae. Formae mediocres, pollicares.

Evolutio in uno saltem genere per metamorphosin.

XXXIX. MICRURA *HEMPRICH* et *EHRENBERG*.

Nemertis spec. *Oersted.* — Gordii spec. *Dalyell.*

Corpus depressum lineare, proteum, obsolete annulatum, processu caudali terminali filiformi. *Caput* corpore continuum. *Proboscis* terminalis e plica transversa protractilis. *Os* ventrale infra caput. *Ocelli* frontales 10 serie longitudinali duplici dispositi. *Sexus* discretus. *Anus* terminalis sub processu caudali. Evolutio per metamorphosin. Maricolae, hemisphaerae borealis.

Animalculum juvenile stadio Alardi cephaloporis duobus instructum. — Quodsi plica transversalis, a cel. *Ehrenberg* in animali adulto observata, e symphysi cephalopororum duorum coalescentium oriretur, tunc genus hoc ad Rhynchocoela porocephala esset referendum.

1. Micrura fasciolata *HEMPR.* et *EHRENBERG*.

Corpus supra nigro-fuscum, capite ventre et cauda fasciis transversis angustis 13 albis, appendiculo caudali parvo albo. *Os* rimaeforme longitudinale. *Ocelli* frontales longitudinaliter biseriati, seriebus curviusculis parallelis antice convergentibus, una quaque ocellis 5 efformata, quorum binis anticis linea rubella junctis. Longit. 16′′′, latit. ½′′′.

Micrura fasciolata *Hemprich* et *Ehrenberg*. — *Dies.* Syst. Helm. I. 261. — *J. Müller:* in ejus Arch. 1858. 298.

Gordius fasciatus spinifer. — *Dalyell:* Powers of the Creator II. 80. Tab. XI. 6 — 9.

Status larvae: Stadium primum s. progressionis: Corpus subquadrangulare, planum, lobis duobus lateralibus, squamulis imbricatim tectum, marginibus ciliis vibrantibus obsessum; crista centrali longa e filis gracilibus composita, vibrante, nodulo insidente. Os inferum subcentrale parietibus tractus in corporis cavum ducentis ciliatis. *Stadium secundum s. acmes:* Corpus lobis lateralibus introflexis fornicatum, his sensim increscentibus, lobo anteriore et posteriore valde productis, limbo ciliato, crista persistente, squamulis evanescentibus. Os inferum subcentrale ventriculo subgloboso. Longit. larvae ½′′′ vermiculum includit; vermiculus inclusus, limbo oris cum Pilidii apertura ventrali connatus, parietem cauda sua penetrat; residua Pilidii vermiculi liberis oris limbo adhaerent. Incertum an haec residua sponte decidua vel devorata evanescant[1].

Pilidium gyrans *J. Müller* in Müller's Arch. 1847. 159. Tab. VII. 1 — 4. — *Busch:* Untersuchungen 107—110. Tab. XVI. 1—8. (evolut.). — *Krohn:* in litt. ad cel. *Müller:* 19. Nov. 1851 apud cel. *Müller* l. i. c. 1854, de fibris muscularibus. — *J. Müller:* Über. d. allgem. Plan in d. Entwickl. d. Echinoderm. Abhandl. Berl. Akad. 1852. Berl. 1853. 59. — *Gegenbauer:* in Zeitschr. f. wissensch. Zool. V. 343. — *J. Müller:* in ejus Arch. 1854. 75—83. Tab. IV. 3—8 (de Alardo caudato in Pilidio incluso). — *Krohn:* in Müller's Arch. 1858. 289—293.

Pilidium gyrans? *Gegenbauer:* in Zeitschr. f. wissensch. Zool. V. 345 (de animalculo in Pilidio incluso).

Status vermiculi exclusi: Corpus ovale, ciliatum, obscure brunneum, appendiculo caudali e segmentis tribus composito, aculeo terminali armato. Caput corpore continuum, foveolis marginalibus duabus (cephaloporis) oppositis cum ductibus lagenaeformibus coecis, intus ciliis vibrantibus instructis. Proboscis terminalis. Os ventrale subcentrale. Ocelli nunc nulli, nunc solummodo duo evoluti. Anus... Longit. $\frac{1}{4}$—$\frac{2}{3}'''$.

Alardus caudatus *Busch:* Beobacht. 111 et 134. Tab. XI. 8. — *J. Müller:* in ejus Arch. 1854. 79—83. Tab. IV. 2—4. — *Krohn:* in Müller's Arch. 1858. 289—293.

---

[1] Exactam descriptionem evolutionis embryonis incerti generis in Pilidio orti, dederunt cl. viri *Leuckart* et *Pagenstecher:* in Müller's Arch. 1858. 569—588. Taf. XIX.:

Statu larvae: Os inferum subcentrale infundibuliforme, oesophago brevi et ventriculo globoso; reliqui characteres illis Pilidii gyrantis similes. Evolutio vermiculi inter Pilidium: Vermiculus in peripheria infundibuli oris evolvitur, mox extremitate posteriore, dein et anteriore ventriculum supercrescit, ita ut demum organa digestoria Pilidii a vermiculo penitus includantur.

Statu Alardi: Corpus ovale flavo-brunneum, appendiculo nullo. Caput foveolis utrinque duabus (cephaloporis) ciliatis binis in vas aquiferum ducentibus et sulco longitudinali ciliato utrinque ante foveolas. Proboscis inermis. Os in medio fere corporis. Ocelli duo. Anus... Longit. ultra $1\frac{1}{4}'''$.

Habitaculum. Ad Helgolandiam (Leuckart et Pagenstecher).

Status perfectus secundum cl. *Leuck.* et *Pagenstecher* fortasse Borlasia rubra nova spec.

Praesentia quatuor cephalopororum in stadio penultimo evolutionis vermiculi characteri generico tam Borlasiae quam Micrurae, repugnat, et fortasse speciem Loxorrhochmatis supponere suaderet.

Altera forma Pilidii ab iisdem scrutatoribus descripta est:

Pilidium auriculatum *LEUCKART* et *PAGENSTECHER.*

Corpus campanulatum lobis lateralibus duobus brevibus angustis auriculaeformibus, parum inflexis, crista centrali terminali e filis brevibus paucis composita, hyalinum, tota superficie et margine ciliatum. Longit. $1\frac{1}{2}'''$.

Pilidium auriculatum *Leuckart* et *Pagenstecher:* in Müller's Arch. 1858. 571. Tab. XIX. 1.

Habitaculum. Helgolandiae, raro (Leuck. et Pagenst.).

6 *

Habitaculum. *Statu larvae:* In mare germanico prope Helgolandiam gregarie natantia (J. Müller), Tergesti (J. et M. Müller
et Busch), hieme Messinae (Gegenbauer), Aprili prope Neapolim
(Krohn).

Statu Alardi: Tergesti gregarie (Busch et J. et M. Müller).

Statu perfecto: In concharum superficie scabra, Februario,
Tergesti (Ehrenberg). Ad littora Scotiae (Dalyell).

Species minus bene cognitae:

2. Micrura filaris *Joh. MÜLLER.*

Planaria filaris *O. F. Müller:* Zool. Dan. Tab. LXVIII. 18—20.
Nemertes pusilla *Oersted:* in Kroyer's Naturhist. Tiddskr. IV. 578.
  (partim) et Entwurf einer system. Einth. d. Platiw. 99 (partim). —
  Dies. Syst. Helm. I. 271 (partim).
Gordius fragilis spinifer *Dalyell:* Powers of the Creator II. 79. Tab.
  XI. 5.
Micrura filaris *J. Müller* in ejus Arch. 1858. 300.

Habitaculum. In Dania (Müller), ad oras Scotiae (Dalyell).

3. Micrura viridis *J. MÜLLER.*

Gordius viridis spinifer *Dalyell* l. c. II. 78. Tab. XI. 1.
Micrura viridis *J. Müller* in ejus Arch. 1858. 300.

Habitaculum. Ad oras Scotiae (Dalyell).

4. Micrura purpurea *J. MÜLLER.*

Gordius purpureus spinifer *Dalyell* l. c. II. 78. Tab. XI. 2—4.
Micrura purpurea *J. Müller* in ejus Arch. 1858. 300.

Habitaculum. Ad oras Scotiae (Dalyell).

XL. POLYSTEMMA *HEMPRICH* et *EHRENBERG.* Charact. modif.

Corpus teretiusculum vel depressiusculum obsolete annulatum,
(feminae) postice in processum ellipticum ovigerum dilatatum. *Caput*
discretum. *Proboscis* terminalis. *Os* ventrale antrorsum situm.
Ocelli plurimi serie duplici antrorsum reflexa longitudinali. *Sexus*
discretus. *Anus* ventralis subterminalis sub apice caudali reflexo. —
Maricolae hemisphaerae borealis.

Cauda saepius non dilatata Stimpson. Fortasse individua exappendicu-
lata mascula.

1. **Polystemma adriaticum** *HEMPR.* et *EHRENB.* — *Dies.* Syst. Helm. I. 254.

Habitaculum. In mare adriatico, specimen unicum lectum, Februario (Ehrenberg).

Species inquirenda.

2. **Polystemma sinuosum** *STIMPSON.*

Corpus gracile depressiusculum, album, interdum carneo-tinctum. *Caput* subelongatum. *Ocelli* magnitudine variabiles: duo in capitis parte posteriore; plurimi sparsi in parte anteriore in acervos quatuor irregulariter aggregati, posteriores minores. Longit. 14''', latit. 1'''.

Polystemma sinuosum *Stimpson*: Prodr. II. 20.

Habitaculum. Inter conchas vacuas e profunditate 10 orgyiarum in portu Hongkong (Stimpson).

An hujus generis?

3. **Polystemma pusillum** *OERSTED.*

Corpus oblongum postice acutiusculum carneum. *Caput* subreniforme duplo latius quam longum. Longit. 7'''.

Polystemma pusillum *Oersted*: in Kroyer's Naturh. Tidssk. I. (1844—1845) 418.

Habitaculum. Prope Dröbak in Norvegia (Oersted).

Situs oris in generibus subsequentibus Holocephalorum ignotus. Corpus exappendiculatum. Maricolae.

† Proboscis terminalis e medio capitis protractilis.

Ocelli nulli.

XLI. ACROSTOMUM *GRUBE.* Charact. reform.

Poliae spec. *Leuckart.*

Corpus elongatum depressum. *Caput* corpore continuum vel sulco circulari discretum. *Proboscis* terminalis protractilis. *Os* .... *Ocelli* nulli. *Sexus* .... *Anus* terminalis posticus. Maricolae.

1. **Acrostomum Stannii** *GRUBE.* — *Dies.* Syst. Helm. I. 246.

Habitaculum. In mare mediterraneo prope Neapolim (Grube).

2. Acrostomum canescens.

Corpus depressiusculum aequale, postice rotundatum, canescens. *Caput* corpore continuum rotundatum. Longit. 5''', latit. ³/₄'''.

Polia canescens *Leuckart:* in Troschel's Arch. 1849. I. 154.

Habitaculum. Ad littus austro-occidentale Islandiae (Bergmann).

Ocelli 2.

XLII. DIPLOMMA *STIMPSON.* Charact. modific.

Dicelis et Naredae species *Stimpson.*

Corpus depressiusculum. *Caput* corpore continuum vel discretum, fronte emarginatum. *Proboscis* terminalis, protractilis. *Os* . . . *Ocelli* duo bilobi vel circulares. *Sexus* et *anus* . . . . Marium orientalium incolae.

1. Diplomma serpentina *STIMPSON.*

Corpus elongatum gracile, fere lineare, antrorsum vix attenuatum, supra pallide rubrum, linea mediana brunnea. *Caput* discretum subovatum sinu aperturae proboscidis magno. Ocelli magni bilobati, remoti, retrorsum convergentes. Longit. 3'', latit. ¹/₃'''.

Cerebella cervicalia, valde remota, rosea. Cavum intestinale angustius; cava genitalia ampla.

Nareda serpentina *Stimpson:* Proceed. Acad. Philad. VII. 338.

Diplomma serpentina *Stimpson:* Prodr. II. 20.

Habitaculum. Sub lapidibus in locis arenoso-limosis ad littora insulae Loo Choo (Stimpson).

2. Diplomma rubra *DIESING.*

Corpus lineare, depressiusculum, utrinque obtusum rubrum v. purpureum. *Caput* corpore continuum v. subdiscretum. *Ocelli* parvi simplices circulares subterminales. Longit. 1¹/₂'', latit. . . .

Dicelis rubra *Stimpson:* Prodr. II. 20.

Habitaculum. Inter *Balanos* et *Spongias* saxatiles e profunditate 12 orgyiarum prope insulam „Tanega" Japoniae australis (Stimpson).

XLIII. NAREDA *GIRARD.*

Corpus subcylindricum. *Caput* a corpore discretum triangulare. *Proboscis*... *Os*... *Ocelli* duo. *Sexus* et *anus*... Oceani atlantici incolae.

1. Nareda superba *GIRARD.*

Corpus retrorsum attenuatum, supra pallide rubrum, fascia transversa alba cervicali, subtus album. *Caput* anguste albo-marginatum. *Ocelli* circulares in cervicis fascia transversali. 'Longit. 1—2″.

> Nareda superba *Girard.* — *Stimpson:* in Smithson. Contrib. VI. (1854) 28. Tab. II. 17.

Habitaculum. Hake Bay, Grand Manan e profunditate 35 orgyiarum (Stimpson).

Ocelli 4.

XLIV. OERSTEDIA *QUATREFAGES.* Charact. reform.

Poliae spec. *Quatrefages.*

Corpus teretiusculum vel depressiusculum liberum vel tubulo inclusum. *Caput* corpore continuum. *Proboscis* terminalis protractilis pugione et burseolis aciculiferis duabus instructa. *Os*... *Ocelli* quatuor in quadrangulum dispositi. *Sexus* discretus. *Anus* terminalis posticus. Maricolae.

1. Oerstedia maculata *QUATREFAGES.* — *Dies.* Syst. Helm. I. 247.

Habitaculum. In Sicilia inter radices plantarum marinarum (Quatrefages).

2. Oerstedia tubicola *QUATREFAGES.* — *Dies.* Syst. Helm. I. 247.

Habitaculum. Ad littora Siciliae, in tubulo pellucido (Quatrefages).

Species inquirendae:

3. Oerstedia Baculus *DIESING:* Syst. Helm. I. 247.

4. Oerstedia armata *DIESING:* Syst. Helm. I. 248.

5. Oerstedia pulchella *DIESING:* Syst. Helm. I. 248.

Ocelli plurimi.

XLV. HEMICYCLIA *HEMPRICH* et *EHRENBERG*. Charact. reform.

Nemertes *Oersted*.

Corpus teretiusculum filiforme, proteum. *Caput* corpore continuum plica transversa terminali [1]). *Proboscis* terminalis, protractilis centralis. *Os . . . . Ocelli* plurimi in serie frontali transversa semicirculari simplici. *Sexus . . . . Anus* terminalis posticus. — Maricolae.

1. Hemicyclia albicans *HEMPR.* et *EHRENB.* — *Dies.* Syst. Helm. I. 262.

Habitaculum. Prope Tor inter Corallia (Hemprich et Ehrenberg).

XLVI. TATSNOSKIA *STIMPSON*.

Corpus depressum. *Caput* subdiscretum. *Proboscis* terminalis centralis ex apertura cruciata protractilis [2]). *Os . . . . Ocelli* plurimi in acervos duos lineares, aggregati. *Sexus* et *anus . . . .* Marium orientalium incolae.

In honorem cl. Tatsnoskii, viri Japonensis eruditi et nobilis.

1. Tatsnoskia depressa *STIMPSON*.

Corpus supra cinnabarinum, lateribus obscurioribus. *Caput* parvum, obtusum, fronte emarginatum. *Ocelli* fusci, posteriores sensim majores, sex in utroque acervo, acervi antici convergentes. Longit. ultra 1″, latit. 2‴.

Tatsnoskia depressa *Stimpson*: Prodr. II. 21.

Habitaculum. In fundo arenoso e profunditate 6—10 orgyiarum, in portu „Hakodadi“ insulae Jesso (Stimpson).

---

[1]) An cephalopororum duorum subhorizontalium symphysi orta?

[2]) Apertura cruciata, proboscidis egressui inserviens, fortasse ex convergentia cephalopororum quatuor sub angulo recto orta. Num res ita se habet nec ne, examen a cl. auctore denuo instituendum docebit. Dummodo confirmaretur commota mea opinio, genus hoc ad finem familiae Eunemertinearum esset collocandum.

† † Proboscis terminalis e margine capitis protractilis.

XLVII. POLINA *STIMPSON* [1]).

Poliae spec. *Stimpson.*

Corpus valde contractile depressiusculum. *Caput* discretum vel subdiscretum. *Proboscis* terminalis laevis, ex apertura in margine frontali inferiore sita protractilis. *Os* . . . . *Ocelli* plurimi in acervos quatuor aggregati. *Sexus* et *anus* . . . . Oceani indici et atlantici incolae.

1. Polina rhomboidalis *STIMPSON.*

Corpus depressiuscu'um, antrorsum latius, pallide rubrum, fasciis duabus longitudinalibus inconspicuis. *Caput* parvum, subdiscretum, breve, antice rotundatum. *Ocelli* quatuor in singulo acervo, in rhombum dispositi; acervi posteriores minores maculis obscurioribus impositi. Longit. 1″, latit. vix 1/2‴.

Polia rhomboidalis *Stimpson*: in Proceed. Acad. Philad. VII. 390.
Polina rhomboidalis *Stimpson*: Prodr. II. 21.

Habitaculum. Littoralis sub lapidibus in portu Jacksoni Australiae (Stimpson).

2. Polina grisea *STIMPSON.*

Corpus longum depressiusculum, sub extensione subcylindricum, pallide griseum. *Caput* discretum, ovatum v. subcordatum, corpore angustius, antice acutum. *Ocellorum* acervi anteriores majores, elongati, in parte anteriore laterali capitis submarginaliter dispositi, ocellis in utroque acervo decem; acervi posteriores cervicales parvi lineares, ocellis in utroque quatuor. Longit. ad 1″, latit. 1/2‴.

Polia grisea *Stimpson*: Proceed. Acad. Philad. VII. 390.
Polina grisea *Stimpson*: Prodr. II. 21.

Habitaculum. Sublittoralis inter *Ulvas* in locis limosis, in portu Virginiano „Norfolk" (Stimpson).

3. Polina cervicalis *STIMPSON.*

Corpus gracile cervice angustatum, supra salmoneo-rubrum. *Caput* discretum late rhomboidale, antice obtusum et emarginatum. *Ocelli* minuti, in acervos quatuor confluentes aggregati; anteriores

---

[1]) Animalcula a cl. Gaimard in Voyage en Scandinavie etc. Zool. Tab. C. 23—29 depicta fortasse huic generi proxima.

elongati laterales; posteriores rotundati sublaterales. Longit. 3″, latit. ultra 1‴.

Polina cervicalis *Stimpson:* Prodr. II. 21.

Habitaculum. Littoralis inter lapides in portu Simoda, Japoniae (Stimpson).

XLVIII. COSMOCEPHALA *STIMPSON.*

Corpus depressum, minus contractile. *Caput* corpore continuum vel subdiscretum, pictum, utrinque pseudorimis inconspicuis (lineis impressis decoloribus) cervicalibus instructum. *Proboscis* laevis ex apertura in margine frontali inferiore sita protractilis. *Os . . . Ocelli* plurimi, minus conspicui, utplurimum in margine capitis antico-laterali dispositi. *Sexus* et *anus . . . .* Marium orientalium incolae.

1. Cosmocephala Beringiana *STIMPSON.*

Corpus elongatum depressiusculum pseudorimis cervicalibus inferioribus, una transversa utrinque sita, in medio vix confluentibus, supra cervinum, subtus pallide aurantiacum. *Caput* vix subdiscretum, breve, corpore angustius, antice rotundatum et emarginatum, infra pseudorima longitudinali mediana cervinum, maculis angularibus albis in fronte et lateribus; fascia pone cervicem transversa angusta, alba, retrorsum convexa. *Ocelli* numerosi, utrinque in acervos duos dense aggregati. Longit. 3″, latit. ultra 2‴.

Cosmocephala Beringiana *Stimpson:* Prodr. II. 21.

Habitaculum. E fondo sabuloso profunditalis 5 orgyiarum, in freto Beringiano (Stimpson).

2. Cosmocephala Japonica *STIMPSON.*

Corpus subelongatum, postice obtusum, subaequale, cervice utrinque pseudorima obliqua antrorsum curvata notatum, supra brunneum subtus album. *Caput* breve subdiscretum, fronte rotundatum, ad aperturam profunde fissum, brunneum, linea mediana et maculis in fronte minutis irregularibus decoloribus nec non fronte et maculis cervicalibus triangularibus albis pictum. *Ocelli* magni, in capitis marginibus anticis lateralibus, utrinque 10—15. Longit. 4″, latit. ultra 2‴.

Cosmocephala Japonica *Stimpson:* Prodr. II. 22.

Habitaculum. Littoralis in rupium fissuris et sub lapidibus in portu Simoda in Japonia (Stimpson).

** Lobocephala: Caput lobatum.

Familia XXI. Hypoloba *Dies.* Corpus depressum vel planum. Caput discretum subtus rima longitudinali v. marginibus longitudinalibus inflexis bilobum, cavum v. solidum. Proboscis et os ... Ocelli nulli. Sexus et anus ... Maricolae hemisphaerae australis.

XLIX. COLPOCEPHALUS *DIESING.* Charact. emend.

Borlasiae spec. *Quoy* et *Gaimard.* — Tetrastemmatis sp.? *Oersted.*

Corpus depressum lineare. *Caput* discretum subovatum, subtus rima longitudinali bilobum, cavum, supra apice emarginatum. *Proboscis* ... *Os* ... *Ocelli* nulli. *Sexus* et *anus* ... Marium orientalium incolae.

1. **Colpocephalus quadripunctatus** *DIESING:* Syst. Helm. I. 255.

Habitaculum. In *Anatifa* maris Amboinensis (Quoy et Gaimard).

L. CHLAMYDOCEPHALUS *DIESING.* Charact. emend.

Borlasiae spec. *Quoy* et *Gaimard.*

Corpus elongatum planum. *Caput* discretum cordatum depressum, subtus marginibus longitudinalibus inflexis bilobum, solidum. *Proboscis* ... *Os* ... *Ocelli* nulli. *Sexus* et *anus* .... Maricolae, hemisphaerae meridionalis incolae.

1. **Chlamydocephalus Gaimardi** *DIESING:* Syst. Helm. I. 255.

Habitaculum. In sinu insulae Novae Zeelandiae (Quoy et Gaimard).

Familia XXII. Acroloba *Dies.* Corpus proteum, teretiusculum vel subcylindricum compressiusculum vel depressum. Caput corpore continuum unilobum aut bilobum, lobis terminalibus. Proboscis terminalis e capitis margine superiore protractilis. Os terminale in medio capitis. Ocelli nulli. Sexus .... Anus terminalis posticus. — Maricolae hemisphaerae borealis.

LI. STIMPSONIA *GIRARD.*

Corpus subcylindricum compressiusculum. *Caput* corpore continuum, membrana circulari laevi retroflexa cinctum, margine cephalico superiore in lobum terminalem spathaeformem producto. *Proboscis* protracta spatha inclusa. *Os* terminale in medio capitis. *Ocelli* nulli. *Sexus* et *anus* . . . . Maricolae Americae septentrionalis.

Lobus cephalicus organon adhaesionis.

1. Stimpsonia aurantiaca *GIRARD*.

Corpus compressiusculum purpurascens vel virescens, fasciis transversalibus irregularibus numerosis, lacte aureis. Lobus cephalicus ovato-lanceolatus margine undulatus, interdum marginibus basilaribus inflexis. *Os* amplum circulare. Longit. ad 6″, latit. ad 3‴.

> Stimpsonia aurantiaca *Girard:* in Proceed. Acad. Philad. VI. 366. —
> *R. Leuckart:* in Troschel's Arch. 1854. II. 354.

Habitaculum. In arenae cavis verticalibus Fort Johnston in Carolina meridionali (Girard).

LII. RAMPHOGORDIUS *RATHKE*. Charact. reform.

Corpus teretiusculum filiforme. *Caput* corpore continuum, lobis duobus terminalibus superpositis, supero majore, rostrum simulantibus. *Ostium* meatus proboscidem protractilem excipientis ad basin loborum collocatum. *Os* . . . *Ocelli* nulli. *Sexus* . . . *Anus* terminalis posticus. Maricolae Europae septentrionalis.

Apertura ad basin loborum sita, ex analogia cum genere praecedente, proboscidis exitui potius inservire, quam oris aperturam in mentem cl. auctoris sistere videtur, quod simul de genere subsequente valeret.

1. Rhamphogordius lactens *RATHKE*. — *Dies*. Syst. Helm. I. 256.

Habitaculum. In Norvegia prope Molde (Rathke).

LIII. LOBILABRUM *BLAINVILLE*. Charact. reform.

Corpus elongatum depressum utrinque dilatatum, proteum. *Caput* corpore continuum lobis duobus terminalibus horizontaliter patentibus, bilobis. *Ostium* meatus proboscidem protractilem excipientis amplum inter lobos. *Os* . . . *Ocelli* nulli. *Sexus* . . . . *Anus* terminalis posticus. Maricolae Europae temperatae.

1. Lobilabrum ostrearium *BLAINVILLE*. — *Dies*. Syst. Helm. I. 256.

Habitaculum. In tubulo ex arena conflato, ad superficiem testae *Ostreae edulis*, in canale La Manche (Blainville).

Subtribus II. Rhynchocoela porocephala.

Cephaloporus unicus aut 2 v. 4 oppositi, rarius 2 juxtapositi [1]. — Sexus discretus.

Familia XXIII. Prorhynchidea. *Dies*. Character generis unici simul familiae.

LIV. PRORHYNCHUS *SCHULTZE*.

Corpus subcylindricum. *Caput* corpore continuum. *Cephalopori* foveaeformes marginales duo oppositi. *Proboscis* terminalis, centralis protractilis, pugione armata. *Os* proprium nullum. *Oesophagus* extensilis cylindricus. *Apertura* capitis terminalis nunc oesophagi nunc proboscidis egressui inserviens. *Ocelli* nulli. *Sexus* discretus. *Anus* terminalis posticus. — Aquarum dulcium Europae incolae. — Formae minores, aliquot lineas longae.

1. Prorhynchus stagnalis *SCHULTZE*.

Corpus subcylindricum antrorsum parum attenuatum, album. *Cephalopori* reniformes, ciliati. *Proboscis* directe retractilis, brevis, pugione terminali, sagittato, aperturae proboscidis approximato armata. *Oesophagus* margine crenulata. Longit. fem. 1 1/2 — 2'''. latit. 1/6'''.

Notitiae anatomicae. Pugio proboscidis capsula subcylindrica antice perforata inclusus. Vesica liquorem venenosum continens cum pugione canalis ope juncta in musculosa posteriore proboscidis parte. — Ovarium utriculiforme retrorsum situm. Apertura genitalis nulla observata. — Vasa aquifera ramosa haud contractilia intus vibrantia in anteriore corporis parte visa. — Ganglia cerebralia duo commissura una juncta, singulum filum nerveum ad cephaloporum et alterum retrorsum emittens.

Prorhynchus stagnalis *Schultze:* Beitr. Turbell. 60—62. Tab. VI. 1.

Habitaculum. In piscino turfoso prope Gryphiam initio Aprili individua juvenilia agama, fine Aprilis et Augusto individua feminea organis genitalibus instructa (Schultze).

2. Prorhynchus fluviatilis *LEYDIG*.

Corpus antrorsum parum angustatum, album. *Proboscis* brevis, pugione bicruri. Longit. . . . .

Prorhynchus fluviatilis *Leydig:* in Müller's Archiv. 1854. 290. Tab. XI. 7.

Habitaculum. Sub saxis fluvii Moeni, Novembri (Leydig).

---

[1] Ditactorrhochma.

Familia XXIV. Emeidea *Dies*. Character generis unici simul familiae.

LV. EMEA *LEIDY.*

Corpus lineare depressum. *Caput* corpore continuum. *Cephalopori* foveaeformes marginales utrinque duo. *Proboscis* terminalis excentrica, protractilis, pugione armata. *Os* et *oesophagus* .... *Ocelli* nunc 4 nunc 6. *Sexus* discretus. *Anus* .... Aquarum dulcium Americae borealis incolae. Formae minores, aliquot lineas longae.

1. Emea rubra *LEIDY.*

Corpus irregulariter contractile postice rotundatum, rufescenti- vel flavescenti-carneum. *Caput* rotundatum. *Cephalopori* circulares. *Proboscis* per intus susceptionem retractilis, longa, tortuosa, villosa, pugione subulato, et aciculis auxiliaribus utrinque 4 burseola inclusis armata. *Ocelli* nunc 4 nunc 6; utrinque 2 vel 3 in serie longitudinali postpositi, interdum irregulares, nigri. Longit. feminae 1—6 imo 10‴, latit. 1/8—1/5 imo 1/3‴.

Emea rubra *Leidy*: in Proceed. Acad. Philad. V. 125 et 288.

Habitaculum. In paludosis prope Philadelphiam; individua feminea maxima saepe ovulis evolutis carentia, aliaque 1—3 lineas longa ovulis magnis flavis 3—18 praedita interdum observavit Leidy.

Var. *a.* Corpus album. Longit. 2‴, latit. 1/6‴.

Emea rubra var. *a Leidy* l. s. c.

Habitaculum. Sub saxis in rivolo Schuylkill (Leidy).

Species inquirendae.

2. Emea Dugesii *LEIDY.*

Polia Dugesii *Quatrefages*: Rech. Anatom. et Zool. II. 211.
Emea Dugesii *Leidy*: in Proceed. Acad. Philad. V. 288.

3. Emea lumbricoides.

Tetrastemma lumbricoides *Ehrenberg*: Akaleph. des rothen Meeres 66. — *Diesing*: Syst. Helm. I. 259. — *Schultze*: Turbell. I. 61.

Habitaculo adde: Berolini (Müller).

A cl. *Müller* proboscis et burseolae aciculiferae observatae.

Familia XXV. Typhlonemertinea *Dies.* Corpus

depressum vel terctiusculum. Caput corpore continuum vel strictura discretum. Cephaloporus unus terminalis aut 2 marginales oppositi vel 4 cruciatim convergentes. Proboscis terminalis aut in capitis pagina ventrali collocatus, protractilis, inermis, rarissime pugione et burscolis aciculiferis instructa. Os ventrale infra caput situm, utplurimum acetabuliforme, oesophago . . . . Ocelli nulli. Sexus discretus. Anus terminalis posticus. Maricolae. Formae majores saepe longissimae.

α Proboscis infera.

LVI. TUBULANUS *RENIER.* Charact. reform.

Nemertis spec. *Oersted.* — Gordii spec. *Delle Chiaje?* — Cerebratuli et Siphonenteronis spec. *Renicr.* — Valenciniae spec.? *Meneghini.*

Corpus elongatum teretiusculum. *Caput* strictura a corpore discretum. *Cephaloporus* terminalis transverse rimaeformis. *Proboscis* in medio capitis paginae ventralis ex apertura longitudinali protractilis. *Os* ventrale retro caput situm. *Ocelli* nulli. *Sexus* . . . . *Anus* terminalis posticus. — Maricolae.

An apertura terminalis revera cephaloporus sit, adhuc incertum, et inde character genericus nequaquam satis bene stabilitus.

1. Tubulanus polymorphus *RENIER.*

Corpus retrorsum parum attenuatum, variabile, castaneo-brunneum. *Caput* hemisphericum. *Proboscis* ex apertura lineari protractilis (?). *Os* longitudinale labiis lateralibus elevatis, albis. Longit. ad 11″, latit. ad 3‴; longit. capit. 3‴; longit. oris 2‴. R e n i e r. — Specimen spiritu vini servatum 3—4″ longum, ad 2‴ latum.

Tubulanus polymorphus *Renier:* in Collect. Mus. Caes. — Idem Prosp. della cl. dei Vermi p. XX. 1804. — Idem Tavole alla classif. VI. (Vermi) 1807. — Idem Elem. di Zool. Ill. fasc. I. Tab. XII. 1828. — *Blainville:* in Dict. sc. nat. LVII. 573. Atlas. — Aporocepb. Tab. XXXVIII. 3 (mediocris). — *Meneghini:* in R e n i e r Osserv. postume 57—66 et 120. Tab. XI. — *Diesing:* Syst. Helm. I. 262 (excl. diagnosi).

H a b i t a c u l u m. In mare adriatico (R e n i e r).

2. Tubulanus elegans *RENIER.*

Corpus depressiusculum retrorsum parum attenuatum haud variabile intense castaneo-brunneum, linea longitudinali dorsali et ventrali alba et transversalibus numerosis pictum. *Caput* ellipsoideum. *Apertura* proboscidis exitui inserviens fissuraeformis, obsoleta. *Os* subquadrangulare. Longit. ad 6″, latit. ad 2‴, Renier; specimen spiritu vini servatum 2½″ longum, ad 1½‴ latum.

> Cerebratolo crociecchiato *Renier*: Comp. Elem. di Zool. Mss. 596.
> Sifonentero elegante *Renier*: Elem. di Zool. III. fasc. I. Tab. XII. 1828.
> Tubulanus elegans *Renier*: in Collect. Mus. Caes. — *Blainville*: in Dict.
>   des sc. nat LVII. 574. Atlas. — Aporoceph. fig. IV. (satis bona ex-
>   cept. fissura). — *Diesing*: Syst. Helm. 1. 262 (excl. diagnosi).
> Siphonenteron elegans *Meneghini*: in Renier Osserv. postume 63.

Habitaculum. In mare adriatico (Renier).

Cl. Meneghini Valenciniam ornatam Quatrefages ad hanc speciem non sine dubio retulit.

Species inquirendae:

3. Tubulanus pusillus *DIESING*: Syst. Helm. I. 263.

4. Tubulanus defractus *RENIER.*

Corpus cinereum.

> Tabulano disrompentesi *Renier*: Elem. di Zool. III. fasc. I. Tab. XII.
>   1828.
> Tabulanus defractus *Meneghini*: in Renier Osserv. post. 63.

Habitaculum. In mare adriatico (Renier).

LVII. CEREBRATULUS *RENIER.*

Meckeliae spec. *Auctor.* — Siphonenteron *Renier.* — Renieria *Girard.*

Corpus elongatum depressum vel teretiusculum, haud raro sponte transverse fissile. *Caput* corpore continuum v. subdiscretum. *Cephalopori* duo longitudinales marginales antice convergentes vel paralleli. *Proboscis* in pagina ventrali capitis ex apertura rimae-formi vel circulari protractilis, inermis vel organis urticationis obsessa. *Os* ventrale infra caput vel in capitis pagina inferiore situm. *Ocelli* nulli. *Sexus* .... *Anus* terminalis posticus. — Maricolae utriusque hemisphaerae.

1. Cerebratulus marginatus *RENIER.*

Corpus antrorsum subcylindricum, retrorsum planum taeniae-forme, postice truncatum, fissile, marginibus crassis sulco longitu-dinali medio percursis, cinerascens, marginibus albis coerulescenti-

limbatis. *Caput* corpore continuum depresso-conicum. *Cephalopori*
ampli. *Proboscis* ex apertura subterminali 2½''' ante os sita protractilis. *Os* amplum in medio capitis paginae inferioris situm, longitudinale, 4—5 lineas longum, labiis rotundatis rugosis. Longit.
8'' diametr. corp. ad capit. basin 4—5''', latit. retrors. 9'''—1'',
crassit. ½—3'''.

> Cerebratulus marginatus *Renier:* Prospetto della classe dei Vermi 1804.
> XXI. — Idem Tavol. di classif. 1807. VI. — Idem Elem. di Zoolog.
> III. 1. Tab. XII. 1828. — *Meneghini:* in Renier Osserv. post. 60—64
> (cum anatom.).
> Marginato murino *Renier:* Comp. elem. di Zool. rise. §. 98—100.
> Cerebratulus bilineatus *Blainv.*, nec *Renier:* in Dict. des sc. nat. LVII.
> 574. Atlas. — Aporoceph. f. 2 et 2 ª.
> Meckelia somatotomus *Diesing* (nec *Leuckart*): Syst. Helm. I. 263 (par-
> tim). — *J. Müller:* in ejus Arch. 1854. 83 remedium contra dilapsum
> spontaneum vermium.

Habitaculum. In mare adriatico (Renier). Tergesti (Joh.
Müller).

Num Cerebratulus marginatus a cl. Oersted in freto prope Hveen repertus;
(cfr. Kroyer's Naturhist. Tidsskr. IV et 180 et Oersted: De region. marin.
80 et Entw. einer system. Einth. d. Plattw. 94) revera ad hanc speciem pertineat
nec ne, in dubium relinquo.

2. Cerebratulus bilineatus *RENIER.*

Corpus depressum variabile, fissile, intense cinnamomeum,
lineis duabus albis parallelis longitudine corporis. *Cephalopori* bre-
vissimi convergentes. *Proboscidis* egressus .... *Os* exiguum ovale
Longit. ultra 2'. latit. max. ½''.

> Cerebratulus bilineatus *Renier:* Prospetto della class. dei Vermi 1804.
> p. XXI. — Idem Tav. di classif. 1807. VI. — *Blainville:* Dict. des
> sc. nat. LVII. 1828. 574 (ex descript. nec figura).
> Sifonentero bilineato *Renier:* Elem. di Zoolog. III. 1. Tab. XII. 1828.
> Cerebratulus bilineatus *Delle Chiaje?* Mem. sugli anim. s. vert. IV. 204.
> Tab. LXII. 9.
> Ophiocephalus bilineatus *Delle Chiaje?* Descr. e notom. degli anim. invert
> 1841. III. 127. V. 111. Tab. CVI. 9.
> Meckelia bilineata *Diesing:* Syst. Helm. I. 264.
> Siphonenteron bilineatum *Meneghini:* in Renier Osserv. post. 64.

Habitaculum. In mare adriatico (Renier).

3. Cerebratulus acutus *NARDO.*

Corpus depressum utrinque attenuatum, medio et parte posteriore magis complanatum, marginibus acutis, lacteum, rufescens, sub-

pellucidum. *Caput* discretum ellipsoideum, antice truncatum. *Cephalopori* breves angusti. *Proboscis* ex apertura subterminali rimaeformi longitudinali protractilis. *Os* anguste ellipticum. Longit. ad 10″, latit. ad 5‴; longit. capit. ultra 1‴, latit. 1‴.

> Cerebratulus marginatus *Baer* nec *Renier:* in Journ. de St. Petersbourg 1847. April.
> Cerebratulus acutus *Nardo* apud *Meneghini:* in *Renier* Osserv. post. 65.

Habitaculum. In limo in lagunis Venetis (Nardo) — prope Tergestum (Baer).

Animalculum agile nonnumquam natans.

4. Cerebratulus ruber.

Corpus subcylindricum depressiusculum, lateritium, subtus pallidius. *Caput* corpore continuum conicum, subtriangulare. *Cephalopori* marginales. *Proboscis* ex apertura angusta elongata, haud procul ab apice anteriore sita, protractilis. *Os* .... Longit. 4—5″.

> Renieria rubra *Girard:* in Proceed. Acad. Philad. VI. (1854) 366.

Habitaculum. In arenosis et limosis prope Fort Johnston, Charleston Harbor (Girard).

5. Cerebratulus macrostomus.

Corpus depressiusculum viride-coeruleum. *Caput* attenuatum. *Cephalopori* subterminales breves apice convergentes. *Proboscis* ex apertura circulari ante os sita protractilis organis urticantibus obsessa, apice acetabuliformis, eminentiis 4 organa urticantia longa foventibus. *Os* oblongo-ovale, longitudinale, amplum, ad basin capitis. Longit. ad 7³/₄″, latit. 4‴.

> Meckelia macrostoma *Schmarda:* Neue wirbell. Th. I. 1. XIV et 42. Tab. XI. 92.

Habitaculum. In oceano pacifico, Auckland in Nova Zelandia (Schmarda).

Fortasse hujus generis:

6. Cerebratulus? urticans.

Corpus depressum retrorsum attenuatum, fissile, carneum vel rufo-brunneum. *Cephalopori* rimaeformes paralleli (?). *Proboscis* organis urticantibus insignibus et simul corpusculis bacillaribus multo minoribus inter parietes praedita. Longit. ....

> Meckeliae spec. *Max Müller:* Observ. anat. de verm. quibusd. marit. 1852. 28. Tab. III. 13.
> Meckelia (Cnidon) urticans *Joh. Müller* in ejus Arch. 1854. 84.

Habitaculum. In mare adriatico prope Tergestum (Joh. Müller).

Armatura proboscidis similis illi C. macrostomi Schmarda.

β) Proboscis terminalis.

LVIII. MECKELIA *LEUCKART*.

Ascaris, Fasciolae et Planariae spec. *Müller*. — Borlasiae spec. *Oken*. — Gordius *Montagu*. — Linneus *Sowerby*. — Carinella *Johnston*. — Nemertes *Hemprich* et *Ehrenberg*. — Ophiocephalus *Quoy* et *Gaimard*. — Polia *Delle Chiaje*. — Serpentaria *Goodsir*. — Leodes *Girard*. — Cerebratulus *Stimpson* nec *Renier*.

Corpus elongatum depressum v. teretiusculum, haud raro sponte transverse fissile. *Caput* corpore continuum vel strictura discretum. *Cephalopori* duo longitudinales marginales. *Proboscis* terminalis protractilis inermis, rarissime pugione et burseolis aciculiferis instructa. *Os* ventrale infra caput, utplurimum acetabuliforme. *Ocelli* nulli. *Sexus* et *anus* ... Maricolae, utriusque hemisphaerae.

Ex observationibus a cl. viris Stimpson et Schmarda in animalibus vivis institutis patet, proboscidem in speciebus suis descriptis (excepta *Meckelia macrostoma* Schmarda) ex apertura terminali esse protractilem; hinc genus hoc a praecedente eo modo differt quam *Borlasia* a *Valencinia*.

Situ proboscidis in omnibus speciebus hujus generis rite cognito, nonnullae earum fortasse generi praecedenti adnumerandae erunt. — Principium firmum in distributione specierum frustra quaesivi et hinc colores in dispositione Meckeliarum praedilexi.

Conspectus dispositionis specierum.

   * Corpus supra album, cinereum vel cinereo-fuscum sp. 1—7.

  ** Corpus supra flavum, flavido-album, ochraceum, aurantiacum vel croceum sp. 8—15.

 *** Corpus supra viride, olivaceum, fusco-olivaceum v. nigro-viride sp. 16—25.

**** Corpus supra atro-coeruleum sp. 26—27.

***** Corpus supra rubrum, roseum, carneum, sanguineo-rubrum, brunneum vel nigro-fuscum sp. 28—45.

     Species inquirendae: sp. 46—52.

---

   * Corpus supra album, cinereum, vel cinereo-fuscum.

1. Meckelia lactea *LEIDY*.

Corpus lacteum, teretiusculum, expansum depressiusculum, antrorsum increscens, postice subacutum, marginibus tenuibus undulatis.

Caput depressiusculum antice obtusum, mutabile, nunc subconicum, nunc hastatum. *Cephalopori* 1½''' longi. *Proboscis* . . . *Os* longitudinale ovale. Longit. corp. expansi 5—6'', latit. 3''', crassit. 1''', corp. contracti 1''. latit. 2'''; crassit. 1½'''.

Meckelia lactea *Leidy:* in Proceed. Acad. Philad. V. (1851). 243.

Habitaculum. In limo sub lapidibus et conchis vacuis ad littora Great Egg Harbor, New Jersey (Leidy).

2. Meckelia ingens *LEIDY:*

Corpus lacteum, taeniaeforme, retrorsum attenuatum. *Caput* depressum, obtusangulum. *Proboscis* . . . . *Cephalopori* profundi. *Os* rimaeforme, longitudinale. Longit. unius ulnae; speciminis spiritu vini servati 15'', latit. 8''', crassit. 3½'''.

Meckelia ingens *Leidy:* in Journal Acad. Philad. 2. ser. III. (1855). 11.

Habitaculum. In ostreariis Beesley's Point, New Jersey (Ashmead).

3. Meckelia albula *STIMPSON.*

Corpus depressum album, retrorsum dilatatum, pallide aurantiacum. *Caput* strictura discretum, lanceolatum, apice obtuso, pallide griseum. *Cephalopori* ad cervicem usque protracti, rimaeformes. *Proboscis* ex apertura minuta protractilis. *Os* amplum versus finem cephalopororum. Longit. 3'', latit. 3'''.

Meckelia albula *Stimpson:* Prodr. II. 18.

Habitaculum. In mare Sinensi boreali, latit. bor. 23°, longit. orient. 115°; in fundo arenoso profunditate 24 orgyiarum (Stimpson).

4. Meckelia Somatotomus *LEUCKART.*

Corpus depressum ligulaeforme retrorsum fissile, obscure cinereum, marginibus albo-limbatis. *Caput* corpore continuum, triangulare. *Os* amplum longitudinale bilabiatum. Longit. fragmenti unius 1½', alterius fere 3'.

Meckelia Somatotomus *Leuckart:* Breves animal. descript. 1828. 17. — Dies. Syst. Helm. I. 263. (excl. Cerebratulo).
Nemertes Somatotomus *Oersted:* Entw. einer syst. Einth. d. Blattw. 92.

Habitaculum. Prope Cette (Leuckart).

Vermis hie Nemerti ligurico (Cerebratulo ligurico Quatref.) valde similis, ast ocellis a cl. *Leuckart* haud memoratis abunde diversus.

5. Meckelia Leuckarti *DIESING*.

Corpus teretiusculum retrorsum attenuatum, sulcis annularibus regularibus, fissile, supra griseum subtus sordide flavum. *Caput* breve obtuse conicum depressiusculum. *Cephalopori* insignes antice arcuatim confluentes. *Proboscis* ex apertura rimaeformi protractilis. *Os* amplum ovale. Longit. 1″ 2‴, latit. antrorsum ad 2‴.

Nemertes annellata *Leuckart:* in Troschel's Arch. 1849. I. 153.

Habitaculum. Ad littus austro-occidentale Islandiae (Bergmann).

Propter ocellos a cl. auctore haud memoratos speciem hanc *Meckeliae* generi adnumeravi.

6. Meckelia impressa.

Corpus complanatum, in medio dilatatum, utrinque subangustatum, supra griseo-fuscum, lineis impressis (vel sulcis linearibus) transversis decoloribus. *Caput* elongatum parvum subtruncatum, corpore multo angustius, carneum, punctis fuscis prope angulos anticos laterales. *Cephalopori* ad cervicem usque producti, rimaeformes. *Proboscis* ex apertura minuta protractilis. *Os* ad basin cephalopororum. Longit. fere 4″, latit. ad 4‴.

Cerebratulus impressus *Stimpson:* Prodr. II. 16.

Habitaculum. Prope insulas freti Beringiani, in fundo limoso profunditate 20 orgyiarum (Stimpson).

7. Meckelia bella.

Corpus depressum postice subtruncatum, in medio vix dilatatum, supra cinereo-fuscum, fasciis aut lineis transversis coeruleo-albis ad decem ornatum, subtus album. *Caput* breve antice truncatum, cinnabarinum. *Cephalopori* ad cervicem usque protracti, rimaeformes.. *Proboscis* ex apertura minuta protractilis. *Os* ... Longit. 9‴, latit. ad ³/₄‴.

Cerebratulus bellus *Stimpson:* Prodr. II. 17.

Habitaculum. Prope oras insulae Jesso in conchis vacuis e fundo limoso profunditate sex orgyiarum (Stimpson).

** Corpus supra flavum, flavido-album, ochraceum, aurantiacum vel croceum.

8. Meckelia Lizziae *GIRARD*.

Corpus depressiusculum flavido-album. *Caput* breve rotundatum. *Cephalopori* et *proboscis* ... *Os* ovale antice acutum. Longit. 6—8″.

Meckelia Lizziae *Girard:* in Proceed. Acad. Philad. VI. 367.

Habitaculum. In arena prope Fort Johnston, Charleston Harbor (Girard).

9. Meckelia Pocohontas *GIRARD.*

Corpus longissimum depressum, marginibus acutis, flavido-album, antrorsum rufescens. *Caput* corpore continuum, acute conicum. *Cephalopori* antrorsum convergentes. *Proboscis* ex apertura rimaeformi protractilis. *Os* elongatum angustum. Longit. ad 3'; spiritu vini contr. 1 ½'.

Meckelia Pocohontas *Girard*: in Proceed. Acad. Philad. VI. 366.

Habitaculum. Ad oras Carolinae borealis et meridionalis (Girard).

10. Meckelia piperata *STIMPSON.*

Corpus longissimum gracile retrorsum vix dilatatum, supra pallide fulvum, nigro-punctatum et transverse notatum, fascia longitudinali mediana nigra antrorsum interrupta; marginibus albis. *Caput* vix subdiscretum quadrangulare maculis duabus magnis nigris. *Cephalopori* longi parum convergentes. *Proboscis* ex apertura ampla protractilis. *Os* inter cephaloporos situm, parvum, transverse-ovale. Longit. 8", latit ultra 1'''.

Meckelia piperata *Stimpson*: in Proceed. Acad. Philad. VII. 381.
Lineus piperatus *Stimpson*: Prodr. II. 16.

Habitaculum. In portu insulae „Kikaisima" Japoniae australis; sublittoralis inter lapillos et algas (Stimpson).

11. Meckelia gracilis *DIESING*: Syst. Helm. I. 268.

Habitaculum. Ad littora Hiberniae (Goodsir).

12. Meckelia carmellina *DIESING*: Syst. Helm. I. 265.

Habitaculum. Drepani in Sicilia (Quatrefages).

13. Meckelia striata *SCHMARDA.*

Corpus planum flavum, lineis dorsalibus tribus, mediana obscure rubra, exterioribus rosaceis. *Caput* vix discretum sublanceolatum. *Cephalopori* paralleli, cinnabarini. *Proboscis* ex apertura ellipsoidea protractilis. *Os* subtriangulare antice latius ad basin cephalopororum. Longit. 9½", latit. 2'''.

Meckelia striata *Schmarda*: Neue wirbell. Th. I. 1. 43. Tab. XI. 95.

Habitaculum. In oceano indico, ad oram orientalem Ceyloniae sub saxis (Schmarda).

14. Meckelia aurantiaca GRUBE.

Corpus teretiusculum haud proteum, supra aurantiacum, subtus marginibusque album. *Caput* corpore continuum, album, supra macula triangulari violacea frontali. *Proboscis* inermis. *Os*... Longit. corporis expansi 1—1½″, latit. ½‴; longit. corp. contracti 7½‴, latit. ½‴.

Meckelia aurantiaca *Grube:* in Troschel's Arch. 1855. I. 148. Tab. VII. 1.

Habitaculum. Inter plantas marinas in limo, in sinu prope Villafranca rarius (Grube).

Cephaloporis nullis observatis fortasse potius *Borlasiae* quam *Meckeliae* species. — Animalculum agile, serpentis modo natans. — *Corpus* fragile.

15. Meckelia vittata DIESING: Syst. Helm. I. 266.

Habitaculum. Ad Australasiam prope Hobart-Town (Quoy et Gaimard).

*** Corpus supra viride, olivaceum, fusco-olivaceum, vel nigro-viride.

16. Meckelia albovittata STIMPSON.

Corpus gracile, supra viride, subtus pallidius. *Caput* corpore continuum elongatum, subrectangulare, truncatum, corpore angustius, fascia transversa submediana alba, ante fasciam albo-marginatum. *Cephalopori* ultra fasciam longe producti, rimaeformes. *Proboscis* ex apertura minuta protractilis. *Os* ... Longit. 3″, latit. ultra 1‴.

Meckelia albovittata *Stimpson:* in Proceed. Acad. Philad. VII. 382.

Cerebratulus albovittatus *Stimpson:* Prodr. II. 17.

Habitaculum. Littoralis inter algas in rupium fissuris, ad insulam Loo Choo (Stimpson).

17. Meckelia viridis DIESING: Syst. Helm. I. 267 adde:

Schmarda: Neue wirbell. Th. I. 1. 43.

Habitaculum. In Australasia ad Port-Jackson, inter Fucos (Quoy et Gaimard) prope Trinkomali ad oras Ceyloniae (Schmarda).

18. Meckelia trigonocephala SCHMARDA.

Corpus depressiusculum olivaceum. *Caput* discretum, triangulare. *Cephalopori* antrorsum convergentes, oblongi, ampli et profundi, rosacei. *Proboscis* ex apertura terminali (?) oblonga ovali protractilis. *Os* ovale longitudinale rosaceum ad basin cephalopororum. Longit. 2″, 8‴, latit. 2‴.

Meckelia trigonocephala *Schmarda* l. s. c. 43. Tab. XI. 94 (solum pars anterior).

Habitaculum. In oceano indico, ad oram meridionalem Ceyloniae, ad rupes Corallium (Schmarda).

Numne, proboscide, ut videtur, haud exacte terminali, potius generi *Cerebratulo* adnumeranda.

19. Meckelia oleagina *STIMPSON*.

Corpus supra convexum, antrorsum latius, obscure olivaceum, retrorsum pallide viride. *Caput* corpore continuum ejusdemque latitudinis, breve, fronte elliptice rotundata. *Cephalopori* ad cervicem usque producti, rimaeformes. *Proboscis* ex apertura rimaeformi verticali protractilis. *Os* amplum ad basin cephalopororum. Longit. 3″, latit. ultra 1‴.

Meckelia olivacea *Stimpson:* Proceed. Acad. Philad. VII. 390.
Cerebratulus oleaginus *Stimpson:* Prodr. II. 16.

Habitaculum. Portus Simonis apud promontorium bonae spei, vulgaris in fundo arenoso, profunditate 15 orgyiarum (Stimpson).

20. Meckelia olivacea *RATHKE.* — *Dies.* Syst. Helm. I. 264.

Cephalopori albi.

Habitaculum. Prope Molde in Norvegia (Rathke).

21. Meckelia Siphunculus *DIESING:* Syst. Helm. I. 266.

Habitaculum. Prope Neapolin (Delle Chiaje).

22. Meckelia macrorrhochma *SCHMARDA.*

Corpus planiusculum fusco-olivaceum. *Caput* discretum, oblongo-lanceolatum. *Cephalopori* ad 2½‴ longi, antrorsum convergentes, sanguineo-rubri. *Proboscis* ex apertura circulari protractilis. *Os* rimaeforme longitudinale fere 2‴ longum, rubrolimbatum, ad basin cephalopororum. Longit. fere 4″, latit. ad 2½‴.

Var.? capensis. Similis praecedenti sed capite obsolete lanceolato linea mediana rubra et lineis transversalibus albis incompletis distincta.

Meckelia macrorrhochma *Schmarda* l. s. c. 43.
Meckelia (capensis) No. 731 b. *Schmarda* ibid. 43. Tab. XI. 96.

Habitaculum. In oceano pacifico ad oram Novae Zelandiae. Var. Ad promontorium bonae spei (Schmarda).

23. Meckelia ceylanica *SCHMARDA.*

Corpus taeniaeforme ex viridi brunnescens. *Caput* corpore continuum. *Cephalopori* longi paralleli, rubescentes. *Proboscis* ... *Os* circulare ad basin cephalopororum. Longit. fere 4″, latit. 2‴.

> Meckelia ceylanica *Schmarda:* Neue wirbell. Th. I. 1. 42. Tab. XI. 93.

Habitaculum. In oceano indico ad oram orientalem Ceyloniae (Schmarda).

24. Meckelia annulata *GRUBE.*

Corpus longissimum depressiusculum retrorsum angustatum, fusco-viride, fasciis transversis albis dorso interruptis inaequaliter distantibus 30—70. *Caput* corpore continuum. *Cephalopori* 1½— 2‴ longi antrorsum convergentes(?). — *Proboscis* inermis. *Os* proteum, retro basin cephalopororum. Longit. 4—15″, latit. 1⅓—6‴.

> Meckelia annulata *Grube:* Actin. Echinoderm. u. Würmer des Adriatisch
> u. Mittelmeeres 58. Fig. 7 et 7ª. — *Oersted:* in Kroyer's Naturh.
> Tidsskr. IV. 579 in nota. — *Diesing:* Syst. Helm. I. 264 (partim).
> — *Grube:* in Troschel's Arch. 1855. 1. 146 (cum descr. exacta).
> — Idem Ausflug nach d. Quarnero 80.
>
> Nemertes annulata *Oersted:* Entw. einer system. Einth. d. Plattw. 91.

Habitaculum. Prope Panormum et Neapolin, in cavis saxorum calcareorum ad littus prope Villafrancam solitarie (Grube).

25. Meckelia Knerii *DIESING:* Syst. Helm. I. 265.

Habitaculum. Prope Sebenico in Dalmatia (Kner).

**** Corpus supra atro - coeruleum.

26. Meckelia atrocoerulea *SCHMARDA.*

Corpus longissimum subcylindricum nigro-coeruleum, lineis transversalibus albis. *Cephalopori* oblongi breves subterminales antrorsum convergentes, rubri. *Proboscis* ... *Os* ovale ad basin (?) cephalopororum. Longit. ad 19″, latit. ad 4″.

> Meckelia atrocoerulea *Schmarda:* Neue wirbell. Th. I. 1. 42. Tab. X. 91.

Habitaculum. In oceano pacifico sub saxis in arena cum limo mixta ad oram Chilensem (Schmarda).

27. Meckelia Serpentaria *DIESING:* Syst. Helm. I. 266.

Habitaculum. Ad littora Hiberniae (Goodsir).

***** Corpus supra rubrum, roseum, carneum, sanguineo-rubrum, brunneum
vel nigro-fuscum.

28. Meckelia rubella STIMPSON.

Corpus postice valde dilatatum, pallide roseum. *Caput* discretum parvum, late lanceolatum. *Cephalopori* valde elongati post cervicem producti, rimaeformes. *Proboscis*... *Os* amplum, longe ellipticum infra caput. Longit. 2″, latit. 4‴.

> Meckelia rubella *Stimpson:* in Proceed. Acad. Philad. VII. 382.
> Serpentaria rubella *Stimpson:* Prodr. II. 18.

Habitaculum. In portu Hong-Kong in fundo limoso, profunditate 10 orgyiarum (Stimpson).

29. Meckelia rosea LEIDY.

Corpus expansum subcylindricum, contractum convexiusculum,
subtus planum, postice obtusum, roseum s. laete carneum, marginibus pallidioribus, subtus linea mediana obscuriore. *Caput* depressiusculum, mutabile, nunc subconicum, nunc hastatum albidum. *Proboscis*... *Os* circulare. Longit. 2—6‴.

> Meckelia rosea *Leidy:* in Proceed. Acad. Philad. V. (1851) 244.

Habitaculum. In limo sub lapidibus et conchis vacuis ad
littora Great Egg Harbor, New Jersey (Leidy).

30. Meckelia Oerstedii.

Corpus antrorsum dilatatum retrorsum attenuatum, roseum vel
brunnescens, fascia flava pulverulenta longitudine corporis. *Caput*
corpore continuum. *Cephalopori* antrorsum convergentes, retrorsum
dilatati. *Proboscis* inermis. *Os* parvum mutabile, nunc circulare, nunc
quincunciforme. Longit. ad 2″, latit. max. 1½‴.

> Cerebratula Oerstedii *Beneden:* Rech. Faune litt. Belgique 16. Tab. II.
> 1—4 (et anatom.).

Habitaculum. Inter saxa et ad plantas marinas in profundo
maris ad oras Belgiae (Beneden).

31. Meckella carnea DIESING: Syst. Helm. I. 267.

Habitaculum. In littore Daniae (Rathke).

32. Meckella australis STIMPSON.

Corpus depressum crassum, marginibus acutis, carneum. *Caput*
lanceolatum obtusum. *Cephalopori* breves. *Proboscis* ex apertura

minuta protractilis. *Os* amplum, antice acutum, postice bifurcatum. Longit. 6″, latit. ad 4‴.

Meckelia australis *Stimpson:* Prodr. II. 18.

Habitaculum. In portu Jacksoni Australiensi, sublittoralis, in arenis lapidosis (Stimpson).

33. Meckelia striolenta.

Corpus elongatum, antrorsum convexiusculum, retrorsum depressiusculum, postice attenuatum acutum, carneo-rubrum, utrinque linea marginali angusta obscure rubra et lineis crebris angustis obscure griseis vel nigris longitudinalibus antrorsum obscurioribus, marginibus corporis trientum duorum ultimorum flavido-griseis; subtus obscure rubrum, antrorsum maculis obscure griseis et linea mediana alba, retrorsum maculis obscuris nullis, sed linea mediana rubra et marginibus flavidis; extremitas caudalis pallida, maculis paucis sparsis. *Caput* a corpore strictura discretum, corpore parum angustius, elongatum acutiusculum, cinereum maculis longitudinalibus nigris. *Cephalopori* profundi. *Proboscis* ex apertura longa rimaeformi protractilis. *Os* ... Longit. corp. expansi 6″, latit. ad 3‴.

Leodes striolenta *Girard:* in Proceed. Acad. Philad. VI. (1854). 366.

Habitaculum. Sub saxis, prope Fort Johnston (Girard).

Animalculum haud fodiens.

34. Meckelia paludicola.

Corpus depressum, utrinque obtusum, postice vix dilatatum, sanguineo-rubrum, antrorsum nigricans, retrorsum pallide olivaceum. *Caput* latum quadratum antice apiculatum. *Cephalopori* ad cervicem usque protracti, rimaeformes. *Proboscis* ex apertura minuta protractilis. *Os* ad finem cephalopororum. Longit. 2½″, latit. ultra 1‴.

Cerebratulus paludicolus *Stimpson:* Prodr. II. 16.

Habitaculum. Prope urbem Sinensem Canton, littoralis, in aquis subsalsis fluvii (Stimpson).

35. Meckelia subacuta *STIMPSON.*

Corpus antrorsum vix depressum, carneum, retrorsum depressum subdilatatum, sanguineo-fuscum, extremitate postica rotundata. *Caput* corpore continuum, lanceolatum. *Cephalopori* rimaeformes. *Proboscis* ex apertura minuta protractilis. *Os* amplum. Longit. 3½″, latit. ultra 1‴.

Meckelia subacuta *Stimpson:* Prodr. II. 18.

Habitaculum. In portu Napa insulae Loo-Choo, littoralis, in limo (Stimpson).

36. Meckelia sinensis STIMPSON.

Corpus teretiusculum, retrorsum parum dilatatum, rufo-brunneum. *Caput* discretum, elongatum, antrorsum angustatum truncatum, pallide fulvum, maculis rufo-brunneis, postice confertis, antice sparsis. *Cephalopori* ad cervicem usque protracti, rimaeformes. *Proboscis* ex apertura minuta protractilis. *Os* ... Longit. 1½", latit. ultra 1'''.

Meckelia Sinensis *Stimpson:* in Proceed. Acad. Philad. VII. 382.

Cerebratulus Sinensis *Stimpson:* Prodr. II. 17.

Habitaculum. In portu Hong-Kong in fundo conchoso profunditate 10 orgyiarum (Stimpson).

37. Meckelia borealis DIESING.

Corpus elongatum proteum, nunc subcylindricum, nunc passim constrictum s. moniliforme, rufo-brunneum. *Caput* corpore continuum attenuatum. *Cephalopori* antrorsum convergentes, pallide carnei. *Proboscis* pugione subulato basi globoso, manubrio subcylindrico medio constricto insidente et burseolis aciculiferis duabus instructa. *Os* retro cephaloporos situm. Longit. corp. expans. (ex icone) ad 2½", contract. vix 1".

Gaimard: Voyage en Scandinavie etc. Zool. (Aporocephala). Tab. E. 1—16 (cum fig. anatom.).

Habitaculum. In mare boreali (Gaimard).

38. Meckelia fasciata.

Corpus valde depressum, retrorsum dilatatum, antrorsum subangustatum, purpureo-fuscum, lineis transversis subdistantibus albis annulatum, linea cervicali latiore. *Caput* oblongum subdiscretum fronte subtruncata albo-marginata. *Cephalopori* ad cervicem usque producti, rimaeformes. *Proboscis* ex apertura minuta protractilis. *Os* parvum ellipticum, ad finem cephalopororum. Longit. ...

Cerebratulus fasciatus *Stimpson:* Prodr. II. 17.

Habitaculum. Apud oras insulae Jesso Japoniae borealis, in fundo arenoso-limoso profunditate 4 orgyiarum (Stimpson).

39. Meckelia cingulata STIMPSON.

Corpus teretiusculum gracile, purpureo-fuscum, albo-annulatum, annulorum angustorum distantium binorum paribus ad decem. *Caput* discretum corpore multo angustius, oblongum, antrorsum subattenua-

tum truncatum, albo-marginatum, fascia transversa bilunata alba, ante
medium sita. *Cephalopori* ad cervicem usque producti, rimaeformes.
Proboscis ex apertura minuta protractilis. *Os* parvum ad basin capitis. Longit. 4″, latit. 1¼‴.

> Meckelia cingulata *Stimpson:* in Proceed. Acad. Philad. VII. 381.

Habitaculum. Prope insulam Sinensem Hong-Kong inter
lapillos, profunditate 25 orgyiarum (Stimpson).

40. Meckelia Borlasii *DIESING:* Syst. Helm. I. 265 adde:

> Lineus longissimus *Beattie:* in Proceed. Zool. Soc. London 1858. 307 et
> in Ann. of nat. hist. 3. ser. III. (1859) 160 (de partu pulli 18″ longi
> et ⅔‴ lati e specimine aqua marina servato).

Habitaculo adde: Ad oras Angliae, Februario (Beattie).

41. Meckelia Beattiaei *J. E. GRAY.*

Corpus longissimum proteum, fissile. *Caput* obtusum. *Cephalopori* breves subparalleli. *Proboscis ... Os* amplum longitudinale.
Longit. 18—20″.

> Lineus? Beattiaei *J. E. Gray:* in Proceed. Zool. Soc. London 1857. 210.
> Tab. XLVIII.

Habitaculum. Ad oram prope Montrose, Julio (Beattie).

Corpus fissile primum in partes duas, fere aequales, parte postica vero
denuo in segmenta 32 per totam diem mobilia divisa; pars antica per dies
duas vivens sub continua mutatione formae, quandoque segmentum ulterius
dejiciens.

42. Meckelia fusca *DIESING:* Syst. Helm. I. 266 adde:

Cephalopori profundi marginibus prominulis, antice arcuatim
confluentibus. *Proboscis* ex apertura brevi rimaeformi protractilis.
Os longe ovale ⅔″ retro apicem anticam situm.

> Nemertes fusca *Leuckart:* in Troschel's Arch. 1849. I. 152.

Habitaculum. In littore Norvegiae (Ström) — Grönlandiae
prope Pullateriak (Fabricius); ad littus austro-occidentale Islandiae
(Bergmann).

43. Meckelia Ehrenbergii *DIESING:* Syst. Helm. I. 267.

Habitaculum. Prope Tor Arabiae, inter Corallia serpit
(Hemprich et Ehrenberg). — Panormi? (Grube).

44. Meckelia nigrofusca.

Corpus gracillimum, sublineare, retrorsum subattenuatum, depressiusculum, supra e rubro-fusco nigricans. *Caput* corpore con-

tinuum, elongatum, fronte truncata dimidiam latitudinem occipitis metiens. *Cephalopori* ad cervicem usque protracti, rimaeformes. *Proboscis* ex apertura minuta protractilis. *Os* lineare pone finem cephalopororum. Longit. 5½″, latit. ¾‴.

Cerebratulus nigrofuscus *Stimpson:* Prodr. II. 17.

Habitaculum. Ad insulam Ousima Japoniae australis, littoralis, inter lapillos (Stimpson).

45. Meckelia nigra *STIMPSON.*

Corpus antrorsum angustatum, e purpureo nigricans, retrorsum depressum et subdilatatum, pallescens. *Caput* subdiscretum, elongatum, antrorsum angustatum, antice truncatum, macula alba ad proboscidis aperturam. *Cephalopori* ad cervicem usque protracti, rimaeformes. *Proboscis* ex apertura minuta protractilis. *Os*... Longit. 3″, latit. vix 2‴.

Meckelia nigra *Stimpson:* in Proceed. Acad. Philad. VII. 382.

Cerebratulus niger *Stimpson:* Prodr. II. 17.

Habitaculum. In portu Sinensi Hong-Kong, in fundo conchoso, profunditate 10 orgyiarum (Stimpson).

Species inquirendae:

46. Meckelia coeca.

Corpus lineari-depressum, retrorsum paulum angustius, cauda filiformi terminatum, supra cinereo-albescens subtus album. Longit...

Nemertes coeca *Oersted:* in Kroyer's Naturhist. Tidskr. I. 1844—1845. 419.

Habitaculum. Ad littus Norvegiae (Oersted).

47. Meckelia depressa *DIESING:* Syst. Helm. I. 269.

48. Meckelia pallida *DIESING:* Syst. Helm. I. 268.

49. Meckelia Cerebratulus *DIESING:* Syst. Helm. I. 269.

Species quidem descriptae, ast libris, in quibus fusius sunt descriptae, mihi non prostantibus, nomine solum notae.

50. Meckelia angulata *DIESING:* Syst. Helm. I. 268.

51. Meckelia atra *GIRARD:*

in Proceed. Bost. Soc. IV. (1852) 137.

52. Meckelia fragilis *GIRARD:*

in Keller u. Tiedemann's Nord-Amer. Monatsber. für Natur- und Heilk. II. 1851. 1.

Habitaculum. Massachusetts.

LIX. DIPLOPLEURA *STIMPSON*.

Corpus elongatum dilatatum, marginibus pone caput revolutis, in linea dorsali mediana vix contiguis. *Caput* discretum. *Cephalopori* duo marginales longitudinales. *Proboscis* terminalis protractilis. *Os* ventrale retro caput situm. *Ocelli* nulli. *Sexus et anus*... Maris Japonici incolae.

Genus hoc a praecedente simili modo differt quam Convoluta a speciebus Mesopharyngis et Monocelidis cum ea in genere Monoto junctis.

1. Diplopleura Japonica *STIMPSON*.

Corpus gracile helvolum. *Caput* triangulare v. subcordatum. *Cephalopori* rimaeformes ad cervicem usque protracti. *Os* parvum. Longit. $1^{1}/_{2}''$, latit. $1^{1}/_{4}'''$.

Diplopleura Japonica *Stimpson:* Prodr. II. 18.

Habitaculum. In sinu Kagosima, insulae Kinsiu, in Japonia, in arenis, profunditate 5 orgyiarum (Stimpson).

LX. OPHIOCEPHALUS *DELLE CHIAJE*.

Corpus elongatum supra convexum, subtus planum. *Caput* a corpore discretum. *Cephalopori* quatuor longitudinales antice cruciatim convergentes. *Proboscis* terminalis protractilis. *Os* ventrale retro basin capitis situm. *Ocelli* nulli. *Sexus* et *anus*... Maricolae utriusque hemisphaerae.

1. Ophiocephalus murenoides *DELLE CHIAJE*. — *Dies.* Syst. Helm. I. 277.

Habitaculum. Prope Neapolim? (Delle Chiaje).

2. Ophiocephalus auripunctatus *GRUBE*.

Corpus teretiusculum antrorsum increscens, supra convexiusculum, subtus planiusculum rubro-purpureum, maculis aureis ornatum. *Caput* a corpore sulco annulari discretum, rotundatum. *Cephalopori* inaequales, duobus marginalibus longitudine capitis, dorsali et ventrali multo brevioribus. *Os* circulare, clausum v. apertum, retro basin capitis. Longit. ultra $10''$, latit. antrors. $3'''$, retrors. $1^{1}/_{2}'''$.

Ophiocephalus auripunctatus *Grube:* in Troschel's Arch. 1855. I. 149. Tab. VII. 2 (fig. part. anter.).

Habitaculum. Prope Aztk in mare Ochotskico (Tiling).

3. Ophiocephalus heterorrhochmus *SCHMARDA.*

Corpus teretiusculum supra magis convexum, brunneo - rubrum.
Caput subdiscretum ellipticum. *Cephalopori* rubri, inaequales duobus marginalibus longitudine capitis, dorsali et ventrali multo brevio-
ribus. *Os* circulare ad basin capitis. Longit. ultra $2\frac{1}{2}''$, latit. $1\frac{1}{2}'''$.

> Ophiocephalus heterorrhochmus *Schmarda:* Neue wirbell. Th. I. 1. 45.
> Tab. XI. 101.

Habitaculum. In oceano pacifico sub saxis in arena cum luto
mixta (Schmarda).

Familia XXVI. Loxorrhochmidea *Dies.* Corpus
teretiusculum filiforme v. depressiusculum, haud raro proteum. Caput
corpore continuum v. discretum. Cephalopori transversales interdum
obliqui, bini et tunc oppositi v. juxtapositi, aut quatuor, binis oppositis. *Proboscis* terminalis plerumque pugione et burseolis aciculiferis
instructa. Os ventrale antrorsum situm. Ocelli 2, 4 vel numerosi.
Sexus discretus. Anus terminalis posticus. Maricolae. — Formae
minores et mediocres.

LXI. CEPHALONEMA *STIMPSON.*

Corpus teretiusculum filiforme. *Caput* strictura discretum,
rhomboidale, antrorsum subconicum. *Cephaloporus* transversus in
utroque latere. *Proboscis* terminalis protractilis. *Os . . . Ocelli* duo.
Sexus et *anus . . .* Marium orientalium incolae.

1. Cephalonema brunniceps *STIMPSON.*

Corpus subpellucidum pallide flavo-carneum, gracile, retrorsum
attenuatum. *Caput* antice obscure fuscum, postice fulvum, fascia
transversa alba ante ocellos, fronte lineis tribus albis notata. *Ocelli*
occipitales. Longit. $2''$, latit. circa $\frac{1}{3}'''$.

> Cephalonema brunniceps *Stimpson:* Prodr. II. 19.

Habitaculum. Sublittorale sub lapidibus in limo portus Sinensis Hong-Kong (Stimpson).

LXII. TETRASTEMMA *HEMPR.* et *EHRENB.* Charact. reform.

Planariae spec. *Abildgaard.* — Nemertis spec. *Johnston* et *Diesing.* — Prostomatis spec. *Johnston.* — Poliae spec. *Quatrefages.* — Hecate *Girard.*

Corpus filiforme teretiusculum vel depressiusculum, proteum.
Caput corpore continuum v. discretum. *Cephalopori* marginales duo
transversales, interdum obliqui, ciliati vel nudi. *Proboscis* terminalis

haud raro e plica transversa protractilis, pugione et burseolis aciculiferis 1—2 instructa. *Os* ventrale antrorsum situm. *Ocelli* quatuor
in quadrangulum dispositi. *Sexus* discretus. *Anus* terminalis posticus.
— Maricolae. — Formae longitudinis mediocris, aliquot linearum vel
pollicum.

> Nec situs proboscidis ac oris, nec praesentia cephalopororum, nec plica
> transversalis in omnibus speciebus exacte cognitae. — In *Tetrastemmate
> obscuro*, specie ovovivipara a cl. *Schultze* sedulo examinata, proboscis
> pugione et burseolis aciculiferis est instructa.

1. **Tetrastemma flavidum** *HEMPRICH* et *EHRENBERG*. — *Dies.* Syst.
Helm. I. 257.
   Habitaculum. Inter Tubiporae Corallia prope Tor (Hem-
prich et Ehrenberg).

2. **Tetrastemma varicolor** *OERSTED*. — *Dies.* Syst. Helm. I. 257.
adde:
   Oersted: De region. marin. 80.
   Habitaculum. Ad littora Daniae (Abildgaard); ad *Lami-
nariam* in tubulo membranaceo hyalino angusto; in regione argillacea
s. *Buccinoideorum*, aestate, in freto Öresund (Oersted); Helgolandiae (Frey et Leuckart); Angliae (Johnston); Galliae?
(Quatrefages).

3. **Tetrastemma fuscum** *OERSTED*. — *Dies.* Syst. Helm. I. 257.
adde:
   Oersted: De region. marin. 80.
   Habitaculum. In regione argillacea s. *Buccinoideorum* aestate
Kullen in freto Öresund (Oersted).

4. **Tetrastemma rufescens** *OERSTED*. — *Dies.* Syst. Helm. I. 258.
   Habitaculum. In sinu Codano (Oersted).

5. **Tetrastemma subpellucidum** *OERSTED*. — *Dies.* Syst. Helm. I.
258.
   Habitaculum. In sinu Codano (Oersted).

6. **Tetrastemma assimile** *OERSTED*. — *Dies.* Syst. Helm. I. 258.
   Habitaculum. In arenosis freti prope Snedkersteen (Oersted).

7. **Tetrastemma fumosum** *DIESING*.
   Corpus planum proteum, fusco-viride. *Caput* corpore continuum apice truncatum. *Cephalopori* elliptici, lati, margine elevati.

Proboscis pugione et burseolis aciculiferis duabus instructa. *Ocelli* 2 in utroque margine, brunneo-nigri. Longit. 1—1½".

Polia fumosa *Quatrefages:* Rech. anat. et physiol. Tab. XIV. 9—11. — Idem Annal. des sc. nat. 3. ser. VI. 206, 207.

Nemertes fumosa *Diesing:* Syst. Helm. I. 269.

Habitaculum. Prope St. Vaast et ad insulam Bréhat, vulgaris (Quatrefages).

8. Tetrastemma vermiculus STIMPSON.

Corpus depressiusculum filiforme flavido-roseum. *Caput* corpore continuum. *Cephalopori* parvi oblique transversi ciliati. *Proboscis* pugione et burseolis aciculiferis duabus instructa. *Ocelli* per paria dispositi. Longit. 1—1½".

Polia vermiculus *Quatrefages:* Rech. anat. et phys. Tab. IV. 12—15. — Idem in Annal. des sc. nat. l. s. c. 214.

Nemertes vermiculus *Diesing:* Syst. Helm. I. 270.

Tetrastemma? vermiculus *Stimpson:* Prodr. II. 19.

Habitaculum. Ad insulam Bréhat, in rupium fissuris, minus frequens (Quatrefages).

9. Tetrastemma humilis STIMPSON.

Corpus planum proteum, fusco-brunneum. *Caput* corpore continuum. *Cephalopori* longi oblique transversi. *Proboscis* pugione et burseola aciculifera dextra instructa. *Ocelli* in rectangulum dispositi. Longit. 4—5".

Polia humilis *Quatrefages:* Rech. anat. et phys. Tab. XI. 5 (Spermatozoid.). XIV. 7 (Anat.). XVI. 2—4. — Idem in Annal. des sc. nat. l. s. c. 212.

Nemertes humilis *Diesing:* Syst. Helm. I. 270.

Tetrastemma? humilis *Stimpson:* Prodr. II. 19.

Habitaculum. La Torre dell'Isola, in Sicilia (Quatrefages).

10. Tetrastemma sanguirubrum STIMPSON.

Corpus teretiusculum filiforme flavido-roseum. *Caput* a corpore strictura discretum. *Cephalopori* parvi subcirculares. *Proboscis* pugione armata? *Ocelli* in quadrangulum dispositi. Longit. 3—3½".

Sanguis ruber.

Polia sanguirubra *Quatrefages:* Rech. anat. et phys. Tab. XI. 3 et 7. XII. 1. (Anatom.) XV. 10—12. — Idem in Annal. l. c. 208, 209.

Nemertes haematodes *Diesing:* Syst. Helm. I. 270.

Tetrastemma? sanguirubrum *Stimpson:* Prodr. II. 19.

Habitaculum. Prope St. Vaast, St. Malo et ad insulam Bréhat, in ostreariis (Quatrefages).

11. Tetrastemma melanocephalum.

Corpus teretiusculum lineare, lacteo-flavescens. *Caput* linea transversa media fusca. *Cephalopori* parvi. *Proboscis ... Ocelli* in quadrangulum dispositi. Longit. 1½″, latit. ½‴.

Nemertes melanocephala *Johnston*: in Mag. of Zool. and Botany. I. 535. Tab. XVII. 5. — *Oersted*: in Kroyer's Naturh. Tidsskr. IV. 577. — Idem: Entw. einer syst. Einth. d. Plattw. 88. — *Thompson*: in Ann. nat. hist. XVIII. 387. — *Diesing*: Syst. Helm. I. 270.

Prostoma melanocephala *Johnston*: in Ann. of nat. hist. XVI. 436.

Habitaculum. Ad littora Angliae (Johnston), in sinu Codano (Oersted), ad littora Hiberniae (Thomson).

12. Tetrastemma obscurum *SCHULTZE.*

Corpus subcylindricum, antrorsum parum attenuatum, ciliatum, obscure olivaceum. *Caput* corpore continuum. *Cephalopori* transversales, lineares, ciliati. *Proboscis* per intussusceptionem retractilis, parte anteriore intus papillis obsita, pugione subulato manubrio cylindrico medio constricto insidente, et burseolis duabus aciculas auxiliarias 2—4 includentibus instructa. *Os* antrorsum situm, rimaeforme. *Ocelli* duo anteriores inter se parum approximati. Longit. fere 1—2¼″, latit. ¼—1‴.

Vasa circulationis tria contractilia, haud ramosa, rhytmice undulantia, longitudinalia, antrorsum et retrorsum anastomosantia, liquore limpido repleta. — Vasa aquifera: trunci duo longitudinales ramosi, passim intus ciliis vibrantibus obsessi, singulus apertura dorsali in medio fere corporis sita instructus. Ovovivipara.

Animalculi ovulo vix exclusi. ¹⁄₁₀‴ longi, corpus ovatum, ciliatum, ocellis nullis, proboscide nec pugione nec burseolis aciculiferis instructa (Schultze).

Ovarium per totam corporis longitudinem decurrens. Ovula solitaria capsulis pedicellatis inclusa, in cavitate corporis inter cutem et interstitia sacculorum biliarium nidulantia (Beneden).

De individuis a cl. *Beneden* lectis, cephaloporis quatuor, sanguine rubro et vasis divisis instructis (fig. 10 et 11) confer genus *Loxorrhochma* Schmarda.

Tetrastemma obscurum *Schultze*: Beitr. Turbell. 62—66. Tab. VI. 2—10. — Idem: in Zeitschr. f. wissensch. Zool. IV. 184 (de vasis aquiferis apertura duplici instructis). — Idem: in V. Carus' Icon. Zootom. Tab. VIII. 10—13 (cum anatom.). — *Leuckart*: in Gött. gelehrt-Anzeig. 1851. 1941.

Polia obscura *Beneden*: Rech. Faune litt. Belgique. 23—28, 46 et 47. Tab. IV. 1—9 (et 10, 11?).

Habitaculum. Inter Algas et ligna submersa in mare baltico prope Gryphiam, Aprili (Schultze); ad *Fucos* et ad *Ostreas*, individua adulta organis genitalibus haud evolutis fine Septembris, semel et femina gravida, tubulo membranaceo hyalino inclusa, Ostendae (Beneden).

13. Tetrastemma capitatum *DIESING.*

Corpus depressiusculum proteum, flavum, vitta dorsali mediana pallidiore longitudine corporis. *Caput* a corpore strictura discretum. *Cephalopori* transversales distincti. *Proboscis* pugione subulato, manubrio subcylindrico medio constricto insidente, burseolisque aciculiferis duabus, singula aciculas duas continentes, instructa. *Ocelli* duo anteriores invicem magis approximati. Longit. $4\frac{1}{2}'''$.

Secundum cl. *Beneden* ductus excretorius in foveolam capitis (cephaloporum) excurrit; apertura foveolae ciliis majoribus instructa.

Polia capitata *Beneden:* Rech. Faune litt. Belgique 28. Tab. IV. 12—16 (anatom.).

Habitaculum. Inter stirpes Sertularinarum ad oras Belgiae (Beneden).

14. Tetrastemma stigmatum *STIMPSON.*

Corpus teretiusculum gracile, pallide aurantiacum. *Caput* discretum, paulo longius quam latum, antice subattenuatum. *Cephalopori* validi; pone ocellos anteriores fascia transversa obscure rubra. *Proboscis*... *Ocelli* posteriores paulo majores. Longit. $1''$, latit. vix $\frac{1}{2}'''$.

Tetrastemma stigmatum *Stimpson:* Prodr. II. 19.

Habitaculum. In fundo limoso et algoso profunditate 6 orgyiarum in sinu Hakodadi insulae Jesso (Stimpson).

15. Tetrastemma incisum *STIMPSON.*

Corpus teretiusculum utrinque subattenuatum, pallide fuscum. *Caput* strictura discretum quadrangulare, dimidio longius quam latum. *Cephalopori* transversales lineares, interoculares. *Proboscis*... *Ocelli* aequales. Longit. ad $5'''$, latit. ad $\frac{1}{4}'''$.

Tetrastemma incisum *Stimpson:* Proceed. Acad. Philad. VII. 380. — Idem Prodr. II. 19.

Habitaculum. In fundo arenoso et algoso profunditate 12 orgyiarum prope promontorium bonae spei (Stimpson).

16. **Tetrastemma longecapitatum** *OERSTED.*

Corpus lineare postice cauda minuta terminatum, griseo-lutescens. *Caput* antice subtruncatum. 3—4plo longius quam latum. *Cephalopori... Proboscis... Ocelli* 4 subfrontales approximati, posteriores inter se magis remoti. Longit. 10—11'''.

Tetrastemma longecapitatum *Oersted:* in Kroyer's Naturh. Tidsskr. I. 1844—1845. 418.

Habitaculum. E profunditate maris 50 orgyiarum, prope Dröbak in Norvegia (Oersted).

17. **Tetrastemma dubium** *OERSTED.*

Corpus oblongo-lineare, retrorsum dilatatum postice obtusum griseo-flavescens. *Caput* a corpore linea transversali discretum simulac angustius, antice obtusum, duplo a longius quam latum. *Cephalopori* transversales lineares interoculares. *Proboscis... Ocelli* anteriores subterminales. Longit. 3'''.

Tetrastemma dubium *Oersted:* in Kroyer's Naturhist. Tidsskr. I. 418.

Habitaculum. E profunditate 50 orgyiarum prope Dröbak in Norvegia (Oersted).

Species inquirendae:

18. **Tetrastemma candidum** *EHRENBERG.*

Akal. d. rothen Meeres 66.

Tetrastemma candidum *Oersted.* — *Diesing:* Syst. Helm. I. 258.

19. **Tetrastemma groenlandicum** *DIESING:* Syst. Helm. I. 259.

20. **Tetrastemma Siphunculus** *OERSTED.* — *Dies.*·Syst. Helm. I. 259.

21. **Tetrastemma farinosum.**

Corpus subcylindricum, diversis coloribus farinoso-adspersum, maculis nigris marginalibus aequaliter distantibus. *Caput* discretum. Longit. 4½'''.

Organa genitalia nondum evoluta.

Polia farinosa *Beneden:* Rech. Faune litt. Belgique. 29. Tab. IV. 17.

Habitaculum. Ad fasciculos Sertularinarum ad oras Belgiae (Beneden).

22. **Tetrastemma.**

Tetrastemma spec. *M. Schultze:* in Carus Icon. Zool. Tab. VIII. 15 (proboscis et organa genitalia feminea).

Habitaculum. Tergesti (Schultze).

23. Tetrastemma serpentina *GIRARD:*

in Keller et Tiedemann's N.Amer. Monatsber. II. 1851. 1. — *Stimpson:* in Smithson's Contrib. VI. 28.

Habitaculum. Massuchusetts (...); Grand Manon (Stimps.).

24. Tetrastemma elegans *SCHMARDA.*

Hecate elegans *Girard:* in Proceed. Bost. Soc. nat. hist. IV. (1852) 185.
Tetrastemma elegans *Schmarda:* Neue wirbell. Th. I. 1. 38.

25. Tetrastemma Krohnii.

Corpus filiforme depressiusculum, griseo-virescens. *Proboscis* armata, haud vaginata. *Ocelli* 4, in quadrangulum dispositi. Longit. 2′′′.

Nemertes Krohnii *Kölliker:* in Verhandl. d. schweiz. naturf. Versamml. Chur, im Juli 1844. Chur 1845. 89. — *Siebold:* in Troschel's Arch. 1850. II. 382.

Habitaculum. Inter plantas marinas in fretu Messinae (Kölliker).

26. Tetrastemma Ehrenbergii.

Corpus filiforme depressiusculum, obscure viride. *Proboscis* armata haud vaginata. *Ocelli* 4. Longit. 4—5.

Nemertes Ehrenbergii *Kölliker:* in Verhandl. d. schweiz. naturf. Gesellschaft zu Chur im Juli 1844. Chur 1845.89. — *Siebold:* in Troschel's Arch. 1850. II. 382.

Habitaculum. Inter plantas marinas in fretu Messinae (Kölliker).

27. Tetrastemma roseum.

Corpus depressiusculum roseum. *Proboscis* armata, haud vaginata. *Ocelli* 4 in quadrangulum dispositi. Longit. 3—3½′′′.

Nemertes roseus *Kölliker:* in Verh. d. schweiz. naturf. Gesellsch. Chur, Juli 1844. Chur 1845. 89. — *Siebold:* in Troschel's Arch. 1850. II. 382.

Habitaculum. Inter plantas marinas in fretu Messinae (Kölliker).

Situs cephalopororum in speciebus 25., 26. et 27. et dispositio ocellorum in specie 26. in excerpto saltem non indicantur; acta soc. nat. scrut. helvet. in bibliothecis publicis frustra quaesivi.

LXIII. DITACTORRHOCHMA *DIESING.*

Corpus elongatum proteum. *Caput* a corpore discretum subtriangulare. *Cephalopori* duo ventrales, transversales, juxtapositi,

arcuati, ciliati. *Proboscis* terminalis protractilis pugione et burseolis aciculiferis duabus (?) instructa, versus apicem appendicibus
foliaceis cincta. *Os* ventrale versus capitis basin. *Ocelli* numerosi.
Sexus et *anus* . . . Maris arctici incolae.

1. Ditactorrhochma typicum *DIESING*.

Corpus subaequale lateritium. *Cephalopori* horizontales, arcuati
antice convexi. *Os* rimaeforme longitudinale. *Proboscis* pugione
subulato manubrio subcylindrico insidente. Longit. 1″ — 1″8‴
(seed. icon.).

Ganglia cerebralia duo commissuris duabus inter se juncta, fila nervea
antrorsum emittentia.

> *Gaimard:* Voyage en Scandinavie etc. Zool. (Aporoceph.) Tab. C.
> 1—22 (cum fig. anatom.).

Habitaculum. In mare boreali (Gaimard).

LXIV. LOXORRHOCHMA *SCHMARDA*.

Poliae spec. *Quatrefages* et *Beneden*. — Nemertis spec. *Diesing*.

Corpus filiforme depressiusculum. *Caput* corpore continuum.
Cephalopori quatuor transversales, bini oppositi. *Proboscis* terminalis, pugione et burseolis aciculiferis duabus instructa. *Os* ventrale
antrorsum situm. *Ocelli* quatuor in quadrangulum dispositi. *Sexus*
discretus. *Anus* terminalis posticus. Maricolae hemisphaerae borealis. — Formae mediocres, 1—2 pollicares.

1. Loxorrhochma coronatum *SCHMARDA*.

Corpus coeruleo-viride. *Caput* fascia transversa violacea inter
ocellorum par primum et secundum. Longit. vix 2″.

> Polia coronata *Quatrefages:* in Annal. des sc. nat. 3. ser. VI. 213 et
> Rech. anat. et phys. Tab. XIII. 6—9.
> Nemertes coronata *Diesing:* Syst. Helm. I. 271.
> Loxorrhochma coronatum *Schmarda:* Neue wirbell. Th. I. 1. 39.

Habitaculum. In rupium fissuris, vulgaris ad insulam Bréhat
(Quatrefages).

2. Loxorrhochma obscurum *DIESING*.

Corpus obscure olivaceum. Longit. . . . .

> Vasa longitudinalia marginalia divisa; sanguis ruber.
> Polia obscura (foveolis quatuor) *Beneden:* Recherch. Faun. litt. Bel-
> gique 26 et 54. Tab. IV. 10. 11.

Habitaculum. Ostendae simul cum *Tetrastemmate obscuro* (Beneden).

Familia XXVII. Eunemertinea *Dies.* Corpus depressum v. teretiusculum, haud raro proteum. Caput corpore continuum v. subdiscretum. Cephalopori duo longitudinales marginales, continui vel bipartiti. Proboscis terminalis aut in capitis pagina ventrali, inermis v. pugione armata, aut apice capitellata et tunc parte basilari organis urticantibus obsessa. Os ventrale subterminale vel infra caput situm. Ocelli 2, 4, 6—12 aut numerosi varie dispositi. Sexus discretus. Anus terminalis posticus. Maricolae, rarissime aquarum dulcium incolae. — Formae majores, utplurimum pollicares, imo pedales.

Evolutio in nonnullis saltem speciebus generis *Nemertis* via metamorphosis.

α) Proboscis infera.

LXV. QUATREFAGEA *DIESING.*

Valenciniae spec. *Quatrefages.* — Nemertis spec. *Diesing.*

Corpus elongatum. *Caput* a corpore discretum. *Cephalopori* duo longitudinales marginales. *Proboscis* ex apertura in capitis pagina ventrali protractilis, armata. *Os... Ocelli* numerosi. *Sexus* et *anus...* Maricolae hemisphaerae borealis.

Quatrefagea a *Nemerti* pari modo differt quemadmodum *Cerebratulus* a *Meckelia.*

1. Quatrefagea insignis *DIESING.*

Corpus rosaceum. *Cephalopori* ampli. *Ocelli* 4 minimi ante cephaloporos in lineam seriati, subsequentes 5—6 in acervum circularem retro cephaloporos situm, binique maximi in capitis linea mediana dispositi. Longit. 2—3″.

Valencinia dubia *Quatrefages:* in Annal. des sc. nat. 3. ser. VI. 190, 191. et Rech. anat. et phys. Tab. IX. 6.

Habitaculum. In limo arenoso cum *Arenicolis* prope insulam Chausey (Quatrefages).

β) Proboscis terminalis.

LXVI. POLYIIOPLA *DIESING.*

Nemertis spec. *Schmarda.*

Corpus taeniaeforme. *Caput* subdiscretum. *Cephalopori* duo longitudinales marginales. *Proboscis* terminalis apice capitellata, in partem basilarem crassiorem cylindricam, organis urticationis magnis numerosis obsessam, usque ad capitellum retractilis. *Os* ventrale subterminale, transverse rimaeforme. *Ocelli* numerosi in acervos quatuor dispositi. *Sexus* et *anus.* — Aquarum dulcium Americae centralis incolae.

Caput musculis utrinque 6 retractoribus praeditum. Organa urticationis in parte basilari proboscidis: capsulae cylindricae circiter 80, stylis brevibus acutis glochidibus (mobilibus?) instructis, $\frac{1}{200}'''$ longis, prominentibus obsessae. Capitellum proboscidis capsulis similibus ad 30 instructum. Oesophagus (pharynx) musculosus antrorsum dilatatus haud protractilis. Appendices intestini sub extensione animalis fere evanescentes. Systema vasorum: canales duo longi cum intestino decurrentes, antice et postice anastomosantes, inter caput et corpus in sinus duos globosos contractiles seu corda dilatati. Vasa duo cum prioribus decurrentia, extus patentia (?) (vasa aquifera). Systema nervorum: ganglia duo oblonga coalita. — Motus animalculorum gliscens vel natans (Schmarda).

1. Polyhopla Nemertes *DIESING.*

Corpus retrorsum attenuatum flavidulum, tractu cibario brunneo transparente. *Caput* obtuse lanceolatum. *Cephalopori* subparalleli, longe ciliati. *Proboscis* ex apertura subovali ciliata protractilis. *Os* rimaeforme breve, ciliatum. *Ocellorum* acervi quatuor pone apicem capitis, exteriores majores ocellis 13 compositi, quorum 12 in lineas transversales 4 dispositi, interiores minus conspicui, lineares. Longit. ultra 9''', latit. $\frac{3}{4}'''$.

Nemertes polyhopla *Schmarda:* Neue wirbell. Th. I. 1. pag. XIV. et 44—45. Tab. XI. 100 (cum anatom.).

Habitaculum. In aqua dulci lacus Nicaraguae in America centrali (Schmarda).

LXVII. NEMERTES *CUVIER.* Charact. reform.

Planariae spec. *Müller.* — Borlasiae spec. *Rathke.* — Polystemmatis et Prostomi spec. *Johnston.* — Cerebratuli et Poliae spec. *Quatrefages.* — Notospermus *Huschke.* — Notogymnus *Hemprich* et *Ehrenberg.*

Corpus elongatum depressum vel teretiusculum. *Caput* corpore continuum vel subdiscretum. *Cephalopori* duo longitudinales marginales convergentes vel paralleli. *Proboscis* terminalis protractilis inermis vel pugione armata. *Os* ventrale infra caput situm. *Ocelli* 2, 4, 6—8, 10, 12 vel numerosi [1]. *Sexus* discretus. *Anus* terminalis

---

[1] In conspectu familiarum et generum jam pridem absoluto praesentia ocellorum quatuor non est indicata.

posticus. Maricolae hemisphaerae borealis, rarissime australis [1]).
Formae mediocres vel majores aliquot lineas longae, pollicares, imo
pedales.

Evolutio in nonnullis saltem speciebus via metamorphosis.

° Ocelli duo.

1. Nemertes carcinophila KÖLLIKER.

Corpus subcylindricum depressiusculum pallide aurantiacum.
Proboscis pugione unico armata haud vaginata. *Ocelli* 2 elliptici.
Longit. 1—3'''.

Nemertes carcinophilus *Kölliker:* in Verhandl. d. schweiz. naturf. Gesellsch. in Chur 1844. Chur 1845. 89. — Excerpt. *Siebold:* in Troschel's Arch. 1850. II. 382.

Habitaculum. Inter acervos ovulorum *Canceris* brachyuri
prope Messinam (Kölliker).

2. Nemertes? microcephala OERSTED.

Corpus lineare utrinque paululum angustatum, obtusum, subpellucidum, fusco-grisescens. *Caput* parvum subreniforme. *Proboscis*... *Ocelli* 2 pone marginem anteriorem. Longit. 8'''.

Nemertes? microcephala *Oersted:* in Kroyer's Naturhist. Tidsskr. I.
1844—1845, 418.

Habitaculum. In profunditate maris 40 orgyiarum prope
Dröbak in Norvegia (Oersted).

°° Ocelli 4, 6—8.

3. Nemertes socialis LEIDY.

Corpus lineare depressum, postice obtusum v. subacutum, supra
nigrum, subtus fusco-cinereum, interdum totum fusco-cinereum. *Caput*
corpore continuum, subacutum, interdum apice nigrum. *Proboscis*...
Ocelli 4—8 per paria postposita dispositi. Longit. ad 6'', latit. 1/3'''.

Nemertes socialis in Journ. Acad. Philad. 2 ser. III. 11.

Habitaculum. Abunde ad radices Corallinarum, Point Judith
in America septentrionali (Leidy).

4. Nemertes rufa DIESING: Syst. Helm. I. 271.

Habitaculum. Christianssund in Norvegia (Rathke).

5. Nemertes pusilla OERSTED. — Dies. Syst. Helm. I. 271 adde:

Oersted: De region. marin. 80.

---

[1]) Nemertes pachyrhyncha et N. poliophthalma Schmarda.

Habitaculum. In regione argillacea s. *Buccinoideorum* aestate in freto Öresund (Oersted).

6. Nemertes Benedeneana *DIESING*.

Corpus taeniaeforme proteum, antrorsum rufescens, retrorsum sensim sensimque sordide flavum, tota longitudine lineis transversis albis aequaliter distantibus ornatum. *Ocelli* 6 per paria 3 dispositi. *Cephalopori* longi antrorsum convergentes. *Os* longitudinale cephaloporis postpositum. Longit. circa 4″.

> Nemertes flaccida *Van Beneden* (nec *Oersted*): Rech. Faun. litt. Belgique 14. Tab. I. 14—17.

Habitaculum In superficie *Ostreae hypopodis* et rarius sub saxis at littus Belgiae (Beneden).

7. Nemertes Gesserensis *DIESING*.

> Notospermus Gesserensis *Diesing*: Syst. Helm. I. 260.

Habitaculum. In *Fuco furcellato* littoris Gesserensis Falstriae (Müller).

8. Nemertes bioculata *OERSTED.* — *Dies.* Syst. Helm. I. 272.

Habitaculum. In sinu Codano (Oersted).

9. Nemertes badia *OERSTED.* — *Dies.* Syst. Helm. I. 272 adde:

> Oersted: in Kroyer's Naturhist Tidsskr. 1844—1845. 419.

Habitaculum. Prope Hofmanusgave, et inter *Oculinam proliferam* prope Dröbak in Norvegia (Oersted).

10. Nemertes purpurea *JOHNSTON.* — *Dies.* Syst. Helm. I. 275 adde:

> Grube: in Troschel's Arch. 1855. I. 150.

Habitaculum. Sub lapidibus in sinu Berwickiensi (Johnston) — ad insulam Brehat? in rupiam fissuris (Quatrefages) — in fissuris saxorum cretaceorum cum *Lithocrypto prasino* Dieppe (Grube).

11. Nemertes opaca *DIESING:* Syst. Helm. I 272.

Habitaculum. Insula Tatihou prope St. Vaast (Quatrefages).

12. Nemertes spectabilis *DIESING:* Syst. Helm. I. 272 adde.

> Cerebratulus spectabilis *Quatrefages.* — *Max Schultze:* in Zeitschr. f. wissensch. Zool. IV. 183. — *Grube:* Ausflug nach Triest u. d. Quarnero 129.

Habitaculum. In *Vermetorum* interstitiis, Siciliae (Quatre-fages), Quarnero (Grube).

*** Ocelli 10.

13. Nemertes obscura *DESOR*.

Corpus obscure viride. *Ocelli* 10 (?). Longit. 1½—2".

Saccula ovigera (*lagenulae* Desor) in filo longo gelatinoso flavidulo de-posita vitellos 3—6, rarissime solummodo unicum, vel 10—11, liquido proprio (biogenico Desor) circumdatos continentia. Stratum vitelli externum embryonis involucrum, ciliis automatice vibrantibus obsitum, postmodum dejectum sistit. *Embryo*, involucro dejecto, elongatus, proteus, ciliis spontanee vibrantibus tectus, tractu intestinali sensim apparente. Tractus cibarii exordia jam per involucrum translucentia maculae semilunaris forma conspicua. Embryo exclusus haud raro adhuc per aliquot dies in lagenula perstitit Desor. Evolutio ad 34. diem usque observata.

Nemertes obscura *Desor :* in Journ. Boston. Soc. Nat. hist. VI. Nr. 1 (1848) 1—12. Tab. I. et II. 22—31. — Versio germanica: *Peters :* in Müller's Arch. 1848. 511—526. Tab. XVIII. et XIX. (de evo-lutione).

Nemertes olivacea? *M. Schultze :* in Zeitschr. f. wissensch. Zool. IV. 180 (opiniones variae).

Polia gracilis *Girard :* in Keller et Tiedem. Nord-Am. Monatsber. II. 1851. 4.

Polia obscura *Stimpson :* im Smithson. Contrib. VI. (1854) 28.

Habitaculum. Sub saxis et plantis marinis ad littus inter fluxum et refluxum maris prope Bostoniam, fine Januarii (Desor), Grand Manan (Stimpson).

14. Nemertes olivacea *JOHNSTON*.

Corpus teretiusculum, utrinque aequaliter obtusum, fusco-virescens, antice apice rufescens. *Cephalopori* parvi. *Ocelli* 10 [1]) submarginales paralleli distantes. Longit. 2"—1', latit. 1'''.

Animalculum sub partu per totam corporis superficiem (capite et cauda exceptis) mucum gelatinosum transparentem excernit, et ovula jam foecundata per dehiscentias cutis in mucum ita expellit, ut ovula prius in uno ovario coa-lita (1—20 et ultra) nunc. liquore pellucido suspensa, membrana communi ho-mogenea transparente, sacculum pyriforme (ovarii simulacrum) formante inclusa sint. Animalculum ovulis depositis tubulum gelatinosum deserit, cujus cavum sensim sensimque obliteratur.

Status larvae : Larva globosa, tarde rotans, contractionibus nullis, rima semilunari (ore). Animalculum die 45. e larva exclusum agile, corpore antror-

---

[1]) In adultis; 2 v. 4 in speciminibus juvenilibus ex observ. cl. Oersted.

sum attenuato, retrorsum rotundato, ciliato; tractu intestinali distincto; proboscidis et cephalopororum solum exordia conspicua. Ante exclusionem animalculum juvenile larvae ori. ambobus communi, adhaeret (M. Schultze) [1].

Planaria bioculata *Johnston:* in Zool. Journ. IV. 56.

Nemertes olivacea *Johnston:* in Magaz. of Zool. and Botany I. 536. Tab. XVIII. 1 (ocellis solummodo 4). — *Oersted:* in Kroyer's Naturh. Tidsskr. IV. 578 et Entw. einer system. Einth. d. Plattw. 89. — *Diesing:* Syst. Helm. I. 273. — *M. Schultze:* in Zeitschr. f. wissensch. Zool. IV. (1852) 178 (de depositione et evolutione ovulorum). — Idem in *V. Carus* Icon. Zootom. Tab. VIII. 14.

Borlasia olivacea *Thompson:* in Ann. nat. hist. XVIII. (1846) 388.

Habitaculum. Ad littora Angliae (Johnston), Hiberniae (Thompson), — in sinu Codano (Oersted), in insula Neuwerk prope Cuxhaven Martio sub lapidibus cum sacculo ovigero deposito (M. Schultze).

**** Ocelli 12 vel numerosi.

15. Nemertes assimilis OERSTED. — *Dies.* Syst. Helm. I. 273. adde: *Oersted:* De region. marin. 80.

Habitaculum. In regione argillacea s. *Buccinoideorum* aestate prope Kullen in freto Öresund (Oersted).

16. Nemertes lateritia OERSTED. — *Dies.* Syst. Helm. I. 273.

Habitaculum. Ad littora Daniae (Rathke).

17. Nemertes geniculata OERSTED.

Corpus supra convexiusculum subtus depressiusculum, retrorsum sensim attenuatum, supra viride, fasciis argenteo-albis, transversalibus, medio haud interruptis, distantibus ornatum, subtus album. *Caput* corpore continuum albo-marginatum. *Cephalopori* distincti. *Proboscis* inermis. *Ocelli* 12, 6 in utroque margine longitudinaliter uniserialibus. Longit. $1\frac{1}{2}$—8″, latit. 2—3‴.

Polia geniculata *Delle Chiaje:* Mem. sulla stor. e notom. III. 173—177 et 181. Tab. XLIII. 10 et Tab. LXXVIII. 4. — *Oersted:* in Kroyer's Naturh. Tidsskr. IV. 579 in nota.

Nemertes geniculata *Oersted:* Entw. einer system. Enth. d. Plattw. 91.

Cerebratulus geniculatus *Quatrefages:* in Annal. des sc. nat. 3. ser. VI. 221 et Rech. anat. et phys. Tab. XVII. 1. — *Grube:* Ausflug nach Triest u. d. Quarnero 1861. 80.

Meckelia annulata *Diesing:* Syst. Helm. I. 264 partim.

[1] Confer evolutionem in genere *Micrurae* per *Pilidium* et *Alardum* *Pilidium Micrurae* larvae *Nemertis* olivaceae, et *Alardus* animalculo e larva *Nemertis* excluso analogum videtur.

Habitaculum. Prope Panormum et Neapolin (Delle Chiaje) ad oras Siciliae (Quatrefages), Quarnero (Grube).

18. Nemertes pachyrhyncha SCHMARDA.

Corpus depressiusculum parum mutabile, sordide viride lineis transversis laetioribus. Caput corpore continuum. Cephalopori paralleli. Proboscis crassa. Os rimaeforme longitudinale post cephaloporos situm, rosaceum. Ocelli 12 per paria utrinque tria postpositi, a capitis apice remoti. Longit. ad 2″, latit. 2‴.

> Nemertes pachyrhyncha Schmarda: Neue wirbell. Th. I. 1. 44. Tab. XI. 99.

Habitaculum. In sinu tabulari promontorii bonae spei (Schmarda).

19. Nemertes communis BENEDEN.

Corpus longissimum proteum, nigrum, saepe in uno eodemque individuo viride-brunneum, pallide flavum vel roseum, interdum (plerumque in maribus) totum roseum vel flavidum. Caput subdiscretum depressiusculum, antice truncatum. Cephalopori subparalleli retrorsum dilatati. Proboscis longissima tortuosa, tenuis, subaequalis, inermis. Os retro caput, labiis mobilibus instructum, nunc rimaeforme longitudinale, nunc subcirculare, labiis longe ciliatis, corpore pallidioribus. Ocelli 12—14 in series duas longitudinales submarginales dispositi. Longit. corporis expansi feminae 11—12″, latit. ½—1‴; mas minor.

> Animalcula nonnumquam corpus eum in modum invertere possunt ut pagina interna extrorsum spectet.
> Nemertes communis Beneden: Faun. litt. Belgique 7—14. Tab. I. 1—13 (cum anatom.).

Habitaculum. Sub saxis per totum annum, tubulo inclusus Ostendae (Beneden).

20. Nemertes flaccida OERSTED. — Dies. Syst. Helm. I. 273. adde:
> Oersted: De region. marin. 80.

Habitaculum. Inter rudera testarum in sinubus Norvegiae (Müller), — in regione argillacea s. Buccinoideorum aestate in freto Öresund (Oersted).

21. Nemertes drepanensis OERSTED.
> Notospermus drepanensis Huschke. — Diesing: Syst. Helm. I. 260.

Habitaculum. Drepani in Sicilia inter Corallinas (Huschke).

22. Nemertes microphthalma *OERSTED.*

Corpus oblongo-lineare, depressum, retrorsum paululum angustatum, supra ferrugineum albo-marginatum, subtus albescens. *Cephalopori, proboscis* et *os*. . . *Ocelli* 16 per paria dispositi. Longit. 3½".

> Nemertes microphthalma *Oersted:* in Kroyer's Naturhist. Tidsskr. I. 1844 - 1845. 418.

Habitaculum. Prope Dröbak in Norvegia (Oersted).

Nemerti lateritiae sp. 16. haud absimilis.

23. Nemertes striata *OERSTED.* — *Dies.* Syst. Helm. I. 274.

Habitaculum. Prope Molde et Christianssand in Norvegia in ostreariis (Rathke).

24. Nemertes lactea *GRUBE.*

Corpus filiforme, retrorsum attenuatum, album, antrorsum sanguineo-rubrum. *Caput* strictura discretum, antice rotundatum. *Cephalopori* conspicui. *Os* subcirculare distantia lineae a margine frontali collocatum. *Ocelli* 16—18, utrinque 8—9 submarginales serie simplici collocati. Longit. circa 3".

> Nemertes lactea *Grube:* in Troschel's Arch. 1855. I. 151. Tab. VII. 3. 4.

Habitaculum. In limo littoris in sinu Villafrancae (Grube).

25. Nemertes Mandilla *DIESING:* Syst. Helm. I. 274.

Habitaculum. Prope St. Vaast, vulgaris (Quatrefages).

26. Nemertes Antonina *QUATREFAGES.* — *Dies.* Syst. Helm. I. 274 adde.

> *Grube:* Ausflug nach Triest u. d. Quarnero 1861. 80.

Habitaculum. La Torre dell' Isola in Sicilia (Quatrefages), prope Cherso et Martinšica (Grube).

27. Nemertes multioculata *KÖLLIKER.*

Corpus depressinsculum cinereo-flavidum. *Proboscis* armata haud vaginata. *Ocelli* numerosi in circulum dispositi. Longit. 3—5'''.

> Nemertes multioculatus *Kölliker:* in Verhandl. d. schweiz. naturf. Gesellsch. in Chur 1844. Chur 1845. 89. — *Siebold:* in Troschel's Arch. 1850. II. 382.

Habitaculum. Inter plantas marinas in freto Messinae (Kölliker).

28. Nemertes collaris *SCHMARDA.*

Corpus teretiusculum vix depressum parum mutabile viridefuscum. *Caput* oblongum a corpore linea transversali alba interrupta

s. collari distinctum. *Cephalopori* subparalleli 1½''' longi, rubri.
Proboscis inermis. *Os* rimaeforme longitudinale post cephaloporos
situm. *Ocelli* numerosi in acervos duos versus margines capitis sitos
dispositi. Longit. fere 4''; latit. 1½'''.

> Nemertes collaris *Schmarda:* Neue wirbell. Th. I. 1, 44. Tab. XI, 98.

Habitaculum. In oceano indico ad oram orientalem Ceyloniae
(Schmarda).

29. Nemertes polyophthalma *SCHMARDA.*

Corpus planiusculum rubescens. *Caput* corpore continuum.
Cephalopori antrorsum latiores, breves, paralleli, a capitis apice valde
remoti. *Os* ovale subterminale (?). *Ocelli* plurimi, irregulariter dispersi. Longit. fere 6'', latit. ad 2½'''.

> Nemertes polyophthalma *Schmarda:* Neue wirbell. Th. I. 1. 44. Tab. XI.
> 97 (solum pars anterior).

Habitaculum. In oceano pacifico in sinu Paita ad oras Peruviae (Schmarda).

30. Nemertes Quatrefagei *BENEDEN.*

Corpus elongatum depressiusculum, varie contortum, fissile,
pallide brunneum, supra fasciis 8 multo obscurioribus, corpori aequi-
longis, subtus unicolor fascia mediana longitudinali pallida. *Caput*
a corpore vix discretum. *Cephalopori* longi retrorsum dilatati, antice convergentes. *Proboscis* inermis (?). *Os* nunc rimaeforme,
nunc infundibuliforme, retro cephaloporos situm. *Ocelli* 60 — 80,
utrinque 30 — 40 versus capitis marginem irregulariter dispositi.
Longit. 4½''.

> Nemertes Quatrefagii *Van Beneden;* Rech. Faun. litt. Belgique 15 (cum
> anatom.). Tab. II. 5 – 9.

Habitaculum. Ad *Ulvas* prope Ostendam, specimina duo
(Beneden).

31. Nemertes crassa *DIESING:* Syst. Helm. I. 275 adde.

> Cerebratulus crassus *Quatrefages.* — *Grube:* Ausflug nach Triest u. d.
> Quarnero 1861. 76, 81 et 129 (de natura tubuli).

Habitaculum. In *Vermetorum* interstitiis littorum Siciliae,
haud raro (Quatrefages), Cherso in Quarnero in tubulis (Grube).

32. Nemertes maculata *OERSTED.* — *Dies.* Syst. Helm. I. 275 adde:

> *Oersted:* De region. marin. 80.

Habitaculum. In regione argillacea s. *Buccinoideorum,*
aestate, Helleback in freto Öresund (Oersted).

33. Nemertes octoculata *JOHNSTON.* — *Dies.* Syst. Helm. I. 276.

34. Nemertes sanguinea *DIESING:* ibid. 276.

35. Nemertes ligurica.

Corpus crassum fere planum, utrinque retrorsum tamen magis attenuatum, supra cinerascens, subtus pallidius. *Caput* corpore continuum antice rotundatum. *Proboscis* inermis. *Ocellorum* numerus incertus. Longit. 4½—6½″. latit. 3—3½‴.

> Cerebratulus liguricus *Blanchard:* in Annal. des sc. nat. 3. ser. XII. 31—35 (cum anatom.).

H a b i t a c u l u m. Sub saxis ad littus prope Genuam (B l a n c h a r d).

> Meckeliae somatotomae similis sed ocellorum praesentia diversa; confer *R. Leuckart:* in Troschel's Arch. 1854. II. 354.

36. Nemertes complanata *KÖLLIKER.*

Corpus planum pallide viride marginibus albidis. *Caput* a corpore discretum. *Proboscis* vaginata. *Os* et *ocelli* . . . Longit. . . .

> Nemertes complanatus *Kölliker:* in Verhandl. d. schweiz. naturf. Gesellsch. in Chur 1844. Chur 1845. 89. — *Siebold:* in Troschel's Arch. 1850. II. 382.

Habitaculum. Neapoli (K ö l l i k e r).

37. Nemertes supera *KÖLLIKER.*

Corpus planum rufo - brunneum, fasciis quatuor longitudinalibus albis, annulis albis distantibus. *Caput* a corpore discretum. *Proboscis* vaginata. *Os* et *ocelli* . . . Longit. 3—4‴.

> Nemertes superus *Kölliker* l. s. c. 89. — *Siebold* l. c. 382.

Habitaculum. Neapoli (K ö l l i k e r).

38. Nemertes viridis.

> Notospermus viridis *Diesing:* Syst. Helm. I. 260.

LXVIII. EMPLECTONEMA *STIMPSON.*

Borlasiae spec. *Quatrefages.* — Nemertis spec. *Diesing.*

Corpus longissimum subfiliforme, depressum, proteum. *Caput* subdiscretum stricturis nullis. *Cephalopori* duo longitudinales, bipartiti antici marginales. *Proboscis* terminalis, protractilis. *Os* . . .

Ocelli numerosi. Sexus et anus... Maricolae. Europae meridionalis et Americae septentrionalis occidentalis incolae.

1. Emplectonema viride STIMPSON.

Corpus depressum, lineare vel proteum, supra viride, subtus album. Caput subdiscretum marginibus albis, fronte emarginata. Cephalopori elongati bipartiti. Ocellorum acervi quatuor, posteriores distincti, rotundati, ocellis confertis; anteriores marginales juxta cephaloporos, ocellis sparsis. Longit. 11″, latit. ⅔‴.

Emplectonema viride Stimpson: Prodr. II. 20.

Habitaculum. Littorales inter lapillos in portu San Francisco (Stimpson).

2. Emplectonema Camillea STIMPSON.

Nemertes Camillea Diesing: Syst. Helm. I. 274.

Nemertes Camillae Williams: in Ann. nat. hist. 2. ser. XII. 348. Tab. XIII. 1 (de nutrit. et respirat.).

Emplectonema camillea Stimpson: Prodr. I. 20.

Habitaculum. Prope St. Vaast (Quatrefages). Ad oras Angliae (Williams).

Genus inquirendum:

LXIX. DICHILUS STIMPSON.

Corpus lineare depressum. Caput corpore continuum, subquadratum, plica transversa terminali bilabiatum, labio inferiore emarginato. Proboscis... Os... Ocelli duo. Sexus et anus... Marium orientalium incolae.

Proboscis fortasse ex emarginatura labii inferioris protractilis.

1. Dichilus obscurus STIMPSON.

Corpus supra pallide rubro-fulvum. Caput maculis duabus oblongis. Rimae obsoletae (pseudorimae) cervicales tres; una mediana longitudinali, ex cujus medio aliae versus marginem utrinque oblique decurrunt. Ocelli subterminales magni fusci subdistantes in maculis siti. Longit. 3″, latit. vix 4‴.

Dichilus obscurus Stimpson: Prodr. II. 19.

Habitaculum. Littoralis inter lapillos in portu insulae Ousima (Stimpson).

Genera exstincta:

LXX. NEMERTITES *MURCHISON*.

Corpus longissimum filiforme.

1. **Nemertites Olivantii** *MURCHISON.* — *Dies.* Syst. Helm, I. 277 adde.

Pictet Tr. elem. de Paleontolog. 2. edit. II. 572.

Habitaculum. In formatione Cambriae (Murchison).

LXXI. LUMBRICARIA *MÜNSTER.*

Vermiculites et Lumbricites *Auctor.* — Medusites *Germar*   Colololites
Agassiz.

Corpus cylindricum elongatum varie contortum, flexuosum vel rectum.

1. **Lumbricaria Filaria** *MÜNSTER.* — *Dies.* Syst. Helm. I. 277 adde.

Pictet Tr. de Paleontol. 2. edit. II. 297.

Habitaculum. Formatio calcarea lithographica prope Solenhofen (Germar, Comes de Münster).

2. **Lumbricaria conjugata** *MÜNSTER.* — *Dies.* Syst. Helm. I. 278 adde.

Pictet ibid. 297.

Habitaculum. Ibidem (Münster).

3. **Lumbricaria gordialis** *MÜNSTER.* — *Dies.* Syst. Helm. I. 278 adde.

Pictet ibid. 297.

Habitaculum. Ibidem (Germar, Münster).

4. **Lumbricaria Intestinum** *MÜNSTER.* — *Dies.* Syst. Helm. I. 278 adde.

Pictet ibid. 297.

Habitaculum. Ibidem (Münster).

5. **Lumbricaria Colon** *MÜNSTER.* — *Dies.* Syst. Helm. I. 279 adde.

Pictet ibid. 297.

Habitaculum. Ibidem (Münster).

6. **Lumbricaria antiqua** *PORTLOCK.* — *Dies.* Syst. Helm. I. 279.

Habitaculum. Formatio Silurica, Desertéreat in comitatu Tyrone Hiberniae (Portlock).

7. **Lumbricaria? gregaria** *PORTLOCK.* — *Dies.* Syst. Helm. I. 279.

Habitaculum. Ibidem (Portlock).

8. **Lumbricaria? recta** *MÜNSTER.* — *Dies.* Syst. Helm. I. 279 adde.

Pictet ibid. 297.

Habitaculum. Formatio calcarea lithographica prope Solenhofen (Münster).

Turbellaria incertae sedis:

ACICULA *RENIER.*

Gordii spec. *Renier.*

Corpus aciculaeforme depressiusculum proteum. *Caput* a corpore subdiscretum. *Os* ad basin capitis. *Ocelli* duo. Maricolae.

Tractus cibarius corpore duplo longior tortuosus, tandem extremitatem caudalem petens. Ganglion cerebrale nigrum, filo nerveo corpus percurrente.

1. **Acicula macula** *RENIER.*

Corpus cinereo-flavidum, transparens. *Caput* corpore angustius, subovale, macula nigra (ganglio cerebrali transparente) insignitum. *Os* transversale. *Ocelli* nigri globosi inter se remoti, cervicales. Longit. 10—12'''.

Gordius macula *Renier:* Prosp. della Classe de' Vermi 1804. XX.

Acicula macula *Renier:* Tav. di Classif. 1807. VI. — Meneghini in *Renier:* Osserv. post. 57 et var. locis.

Acicula bioculata *Renier:* Comp. elem. di Zoologia mss. §. 90—93.

Habitaculum. In lagunis Venetis cum *Nereidibus*, gregarie (Renier).

CHLORAIMA *KÖLLIKER* nec *DUJARDIN.*

Corpus elongatum. *Caput* a corpore subdiscretum. *Proboscis* nulla, ejus loco vesiculae pyriformes duae in apice fere capitis. *Ocelli* numerosi. Maricolae.

Oesophagus postice globose tumens.

1. Chlorahua siculum *KÖLLIKER.*

Corpus album. *Ocelli* in series duas longitudinales dispositi. Longit. 3—5'''.

> Chlorahua siculum *Kölliker*: in Verhandl. d. schweiz. naturf. Gesellsch. in Chur 1844. Chur 1845. 89. — *Siebold*: in Troschel's Arch. 1850. II. 382.

Habitaculum. Inter plantas marinas prope Messinam (Kölliker).

Derostoma angusticeps *DUGÈS:*

> in Annal. des sc. nat. XXI. (1836) 77. — *Ehrenb.:* Acaleph. des rothen Meeres 66.

Derostoma mutabile *DUGÈS:* l. c.

> Derostoma? mutabile *Ehrenberg* l. c.
>
> Cum praecedente fortasse generi *Typhloplanae* adnumeranda.

Derostoma laticeps *DUGÈS:*

> l. c. et in nouv. Annal. des sc. nat. VIII. 30 (Nais). — *Ehrenb. l. c.* Chaetogaster laticeps *Dies.* Syst. Helm. III. mse.

Derostoma megalops *DUGÈS:* l. c.

> Phaenocora megalops *Ehrenb.* l. c. 78 (solummodo nomen).

Planaria limacina *FABRICIUS:*

> *Dies.:* Syst. Helm. I. 283 teste cl. *Oersted:* De region. marin. 70, nunc *Limapontia nigra* Johnston. Lond. Magaz. V. 9, 79 et Molluscis adnumeranda.

Planaria operculata Müller, *P. vittata* Schrank, *P. grossula* Schrank, *P. acuminata* Schrank, *P. Edinensis* Dalyell, *P. nigricans* Fabr., *P. emarginata* Fabr. — Syst. Helm. I. 281—283 — *P. pusio* Eichwald ibid. 648.

Genus fortasse novum, libro mihi non praestante, incognitum:

1. Poseidon Colei *GIRARD:*

> in Proceed. Bost. Soc. IV. (1852) 185.

Species serius exposita:

2. Poseidon affinis *GIRARD.*

Corpus gracile subfiliforme supra laete rubrum, subtus album. *Os* ventrale retro ocellorum acervos. *Ocellorum* acervi 2 elongati pone extremitatem anticam. Longit. 2''.

> Poseidon affinis *Girard.* — *Stimpson:* in Smithson. Contrib. VI. 28.

Habitaculum. In zona *Laminariarum*, Grand Manan (Stimpson).

Genus hoc a cl. *Schmarda:* Neue wirbell. Th. I. 1. 38 generi *Nemerti* consociatum.

Genus fortasse fictitium:

SCOTIA *R. LEUCKART.*

Corpus filiforme margine convexo canaliculo lato et profundo, limbis parallelis elevatis rugoso-crispatis instructum. Maricolae.

1. Scotia rugosa *R. LEUCKART.*

Corpus utrinque attenuatum spiraliter convolutum, flavo-albidum. Longit. 1″.

Scotia rugosa *R. Leuckart:* in Troschel's Arch. 1849. I. 154. Tab. III. 1. — Idem ibid. 1854. II. 354.

Habitaculum. Ad littus austro-occidentale Islandiae (Bergmann).

Fortasse nil aliud quam tentacula *Terebellae* R. Leuckart.

Index generum et specierum.

Goniocarena Schmarda: *capitata* **225**.

Gordius Linné: *fasciatus spinifer* **258**, *fragilis spinifer* **260**, *macula* **308**, *purpureus spinifer* **260**, *viridis spinifer* **260**.

Gyrator Ehrenberg: Botterii **246**, croceus **247**, erythrophthalmus **246**, furiosus **246**, *hermaphroditus* **217**, hermaphroditus **246**, immundus **246**, leucophraeus **247**, littoralis **247**, Steenstrupii **246**, suboviformis **247**, *viridis* **207**, *rittatus* **241**.

Hecate Girard: *elegans* **294**.

Hemicylia Hemprich et Ehrenberg: albicans **264**.

Hypostomum O. Schmidt: *riride* **217**.

Leodes Girard: *striolenta* **283**.

Lineus Sowerby: *Beattiaei* **285**, *longissimus* **285**, *piperatus* **278**.

Lobilabrum Blainville: ostrearium **268**.

Loxorrhochma Schmarda: coronatum **295**, obscurum **295**, rubrum **259** (nota).

Lumbricaria Münster: antiqua **307**, Colon **307**, conjugata **307**, Filaria **307**, gordialis **307**, gregaria **307**. Intestinum **307**, recta **307**.

Macrostomum Oersted: *auritum* **214**, *ceylanicum* **210**, *Hystrix* **215**. sp. 2 et 3, *setosum* **225**, *siphonophorum* **218**.

Meckelia Leuckart: albovittata **279**, albula **276**, angulata **286**, annulata **281**, *annulata* **301**, atra **286**, atrocoerulea **281**, aurantiaca **279**, australis **282**, Beattiaei **285**, bella **277**, bilineata **273**, *bilineata* **273**, borealis **284**, Borlasii **285**, carmellina **278**, carnea **282**, Cerebratulus **286**, ceylanica **281**, cingulata **284**, coeca **286**, depressa **286**, Ehrenbergii **285**, fasciata **284**, fragilis **286**, fusca **285**, gracilis **278**, impressa **277**, ingens **276**, Knerii **281**, lactea **275**, Leuckarti **277**, Lizziae **277**, macrorrhochma **280**, *macrostoma* **274**, nigra **286**, nigrofusca **285**, Oerstedii **282**, oleagina **280**, olivacea **280**, pallida **286**, paludicola **283**, piperata **278**, Pocohontas **278**, rosea **282**, rubella **282**, Serpentaria **281**, sinensis **284**, Siphunculus **280**, *somatotomus* **273**, Somatotomus **276**, striata **278**, striolenta **283**, subacuta **283**, trigonocephala **279**, *urticans* **274**, viridis **279**, vittata **279**.

Megastomum Schmarda: ferrugineum **206**.

Mesopharynx Schmarda: *diglena* **222**, *otophorus* **213**.

polyhopla 297, polyophthalma 303, purpurea 299, pusilla 298, *pusilla* 260, Quatrefagei 304, *rosea* 294, rufa 298, sanguinea 305, *Somatotomus* 276, spectabilis 299, striata 303, supera 305, *vermiculus* 290, viridis 305.

Nemertites Murchison: Olivantii 307.

Notospermus Huschke: *drepanensis* 302, *Gesserensis* 299, *viridis* 305.

Oerstedia Quatrefages: armata 263, Baculus 263, maculata 263, pulchella 263, tubicola 263.

Ommatoplea Hempr. et Ehrenb.: alba 257, albicans 255, armata 257, balmea 255, hembix 256, berea 257, glauca 257, sp. 18 et 20, gracilis 255, Grubei 256, heterophthalma 255, mutabilis 257, ophiocephala 256, pellucida 257, peronea 255, Polii 255, pulchra 257, punctata 255, rosea 256, rubra 257, Stimpsoni 256, taeniata 256, violacea 257.

Ophiocephalus Delle Chiaje: auripunctatus 287, *bilineatus* 273, heterorrhochmus 288, murenoides 287.

Opistomum O. Schmidt: *pallidum* 209, sp. 1 et 2.

Orthostomum Hempr. et Ehrenb.: pellucidum 234, *siphonophorum* 218.

Otocelis Diesing: rubropunctata 208.

Phaenocora Ehrenb.: *megalops* 309, *notops* 217.

Pilidium Müller: *auriculatum* 259, *gyrans* 259.

Plagiostomum O. Schmidt: boreale 241.

Planaria Müller: *acuminata* 309, *bioculata* 301, *cuneus* 256, *Edinensis* 309, *emarginata* 309, *filaris* 260, *flustrae* 233, *fodinae* 216, *graminea* 224, *grossula* 309, *limacina* 309, *mutabilis* 228, *nigricans* 309, *operculata* 309, *pusio* 309, *stagni* 224, *tetragona* 220, *variegata* 229, *vittata* 399.

Polia Delle Chiaje: *canescens* 262, *capitata* 292, *coronata* 295, *Dayesii* 270, *farinosa* 293, *fumosa* 290, *geniculata* 301, *gracilis* 300, *grisea* 265, *humilis* 290, *involuta* 254, *obscura* 291, 295 et 300, *oculata* 255, *rhomboidalis* 265, *sanguirubra* 290, *vermiculus* 290.

Polina Stimpson: cervicalis 265, grisea 265, rhomboidalis 265.

Polyhopla Diesing: Nemertes 297.

Polystemma Hempr. et Ehrenb.: adriaticum 261, *pellucidum* 257, pusillum 261, *roseum* 256, sinuosum 261.

Poseidon Girard: affinis 310, Colei 310.

Proporus O. Schmidt: Cyclops 206, *rubropunctatus* 208, viridis 207.

Prorhynchus Schultze: fluviatilis 269. stagnalis 269.

Prostomum Dugès: *armatum* 257, *Botterii* 246, clepsinoideum 247, *croceum* 246, *furiosum* 246, *immundum* 246, *lineare* 246, *melanocephalum* 291, *Steenstrupii* 246, *vittatum* 241.

Pseudostomum O. Schmidt: *Feroense* 227, *quadrioculatum* 227.

Quatrefagea Diesing: insignis 296.

Ramphogordius Rathke: lacteus 268.

Renieria Girard: *rubra* 274.

Rhynchoprobolus Schmarda: *erythrophthalmus* 246, *papillosus* 245, tetrophthalmus 247.

Rhynchoscolex Leidy: papillosus 245, simplex 245.

Schizoprora O. Schmidt: *venenosa* 233.

Schizostomum O. Schmidt: *productum* 221.

Scotia Leuckart: *rugosa* 310.

Serpentaria Goodsir: *rubella* 282.

Sidonia Schultze: elegans 208.

Sifonenteron Renier: *bilineatum* 273, *elegans* 272.

Spiroclytus O. Schmidt: capitatus 225, *Euryalus* 229, Nisus 225, setosus 225.

Stenostomum O. Schmidt: *achroophthalmum* 236 et 238, *Coluber* 237, leucops 238, torneense 239, *unicolor* 236.

Stimpsonia Girard: aurantiaca 268.

Strongylostomum Oersted: *andicola* 218, *assimile* 220, *coerulescens* 235, *metoploglenum* 219, *radiatum* 220.

Stylacium Corda: isabellinum 239.

Taeniosoma Stimpson: aequale 252, quinquelineatum 251, septemlineatum 251.

Tatsnoskia Stimpson: depressa 264.

Telostomum Oersted: *ferrugineum* 206, *Mytili* 228.

Tetracelis Hemprich et Ehrenberg: *fontana* 229. *marmorata* 229, *Mytili* 228.

Tetrastemma Hemprich et Ehrenberg: assimile 289, candidum
293, capitatum 292, dubium 293, Ehrenbergii 294, elegans
294, farinosum 293, flavidum 289, fumosum 289, fuscum
289, groenlandicum 293, humile 290, incisum 292, Krohnii
294, longecapitatum 293, *lumbricoides* 270, melanocephalum
291, obscurum 291, roseum 294, rufescens 289, sanguirubrum 290, serpentinum 294, Siphunculus 293, stigmatum 292, subpellucidum 289, varicolor 289, vermiculus
290.

Tricelis Quatrefages: fasciata 225, obtusa 226, quadripunctata
226.

Trigonostomum O. Schmidt: setigerum 229.

Tubulanus Renier: defractus 272, elegans 271, polymorphus 271,
pusillus 272.

Turbella Hemprich et Ehrenberg: andicola 218, appendiculata
215, assimilis 223, bacillifera 222, baltica 217, bistrigata
224, caudata 219 et 223, Conus 219, Craci 221, crenulata
222, cyathus 221, diglena 222, Ehrenbergii 220, fallax 221,
fusiformis 220, galiziana 217, gibba 216, Helluo 224, Hystrix
215, lenticulata 221, leucocelis 218, lingua 220, lunulata
216, metopoglena 219, nigrovenosa 223, notops 217, ovoi-
dea 222, personata 221, pisciculus 216, Planaria 224, pla-
tyura 215, producta 221, Proteus 224, pusilla 221, radiata
220, reticulata 218, rostrata 220, Schmidtiana 216, scoparia
217, selenops 216, siphonophora 218, Solea 223, sphaeropharynx 219, Squalus 216, stagni 224, stellato-maculata 223,
strigata 224, tenax 224, tetragona 221, trigonoglena 219,
truncula 223, unipunctata 216, viridis 216 et 224, Wandae
222.

Typhlomicrostomum Diesing: coerulescens 235.

Typhloplana Hemprich et Ehrenberg: anotica 211, ceylonica
210, cocca 210, elongata 210, gracilis 211, Hirudo 211,
lapponica 211, pallida 209, parasita 210, pellucida 209,
Schultzeana 209, variabilis 210, viridata 210.

Valencinia Quatrefages: *annulata* 253, annulata 253, *dubia*
296, *elegans* 252, elegans 253, longirostris 253, ornata 252,
splendida 252, striata 253.

Vortex Hemprich et Ehrenberg: *balticus* 217, Benedeni 227,
    capitatus 225, *caudatus* 219 et 224, caudatus 227, chloro-
    stictus 229, *coccus* 209, *conus* 220, coronarius 227, crucia-
    tus 229, dubius 228, emarginatus 229, ferrugineus 227,
    fontanus 229, Girardi 227, marginatus 229, marmoratus 229,
    mutabilis 228, Mytili 228, pallidus 228, *pellucidus* 209,
    penicillatus 227, pictus 226, quadrioculatus 227, *reticulatus*
    218, *scoparius* 217, *sphaeropharynx* 219, *trigonoglena* 219,
    truncatus 226, variegatus 229, *viridis* 216 et 224, *vittatus*
    241, Warrenii 229.
Vorticeros O. Schmidt: pulchellum 230.

hochachtungsvoll
der Verfasser

Sonder-Abdruck aus dem XLVI. Bd. der Sitzungsb. d. kais. Akademie d. Wissenschaften.

Nachträge zur Revision der Turbellarien.

Von Dr. K. M. Diesing,

wirklichem Mitgliede der kaiserlichen Akademie der Wissenschaften.

(Vorgelegt in der Sitzung vom 17. Juli 1862.)

Die Nachträge zur Revision der Strudelwürmer, welche ich hiermit der kaiserlichen Akademie überreiche, sind zwar nicht umfangreich, aber durch das Hinzukommen von Verbindungsgliedern zwischen einzelnen Gruppen inhaltschwer [1]. Unter sechzehn als neue Arten beschriebenen Formen haben sich vier, sämmtlich aus der Tribus der Rhynchocoelen, als Typen neuer Gattungen herausgestellt. Zwei davon sind ausgezeichnet durch das vorher in dieser Tribus unbekannte Vorhandensein von Gehörorganen, die dritte durch die Eigenthümlichkeit von acht schiefen Längsfalten auf jeder der beiden Kopfseiten; durch die Kenntniss der vierten von Keferstein aufgestellten Gattung *Prosorhochmus* hat sich gezeigt, dass in der Abtheilung der Rhynchocoela porocephala nicht nur in den Familien der Typhlonemertineen und Eunemertineen, sondern auch in der der Loxorrhochmideen sowohl ein endständiger als ein unterständiger Rüssel vorkommt.

Durch die fast gleichzeitige Beendigung der Arbeiten von Claparède und Keferstein mit meiner Revision der Turbellarien ist eine Ungleichförmigkeit in der Nomenclatur entstanden; ich habe daher in den nachfolgenden Blättern gesucht, diese neuen Bereicherungen mit meiner jüngsten systematischen Anordnung in Einklang zu bringen.

---

[1] Diese Nachträge sind nachstehenden Abhandlungen entnommen:

Ed. Graeffe: Beobachtungen über Radiaten und Würmer in Nizza: Neue Denkschriften der allgemeinen schweizerischen Gesellschaft für die gesammten Naturwissenschaften. Band XVII. Zürich, 1860. 4.

Claparède: Études anatomiques sur les Annélides, Turbellariés, Opalines et Grégarines observés dans les Hebrides in: Mémoires de la Société de Physique et d'Histoire naturelle de Genève. Tome XVI. Première Partie. 1861. 4.

Keferstein: Untersuchungen über niedere Seethiere. Leipzig, 1862. 8. Abdruck aus der Zeitschrift für wissenschaftliche Zoologie. Band XII, Heft 1. 1862.

1

Prof. K e f e r s t e i n gibt am Schlusse seiner Arbeit über die
Nemertinen noch einen Anhang über *Balanoglossus clavigerus*
D e l l e C h i a j e , den er Gelegenheit hatte mit seinem Freunde
Dr. E. E h l e r s in Neapel zu beobachten, und welcher, wie er ganz
richtig bemerkt, seit C h i a j e mit Ausnahme einer beiläufigen Stelle
bei Q u a t r e f a g e s (Anal. des sc. nat. 3. ser. VI. 1846, 184) nicht
mehr in der Literatur erwähnt worden ist.   Weder D e l l e C h i a j e ,
noch Q u a t r e f a g e s und K e f e r s t e i n haben ein bestimmtes Ur-
theil über die systematische Stellung dieses räthselhaften Wurmes
ausgesprochen.   Ich halte es jedenfalls für sicher, dass er nicht zu
den Strudelwürmern zu ziehen sei; dagegen ist es mir aber mehr
als wahrscheinlich, dass er zu der Tribus der Sipunculideen gehört
und zwar in die Familie der Schizorhynchelideen, in nächste Nähe
der Gattung *Bonellia*, von der er sich übrigens durch äussere und
innere Organisationsverhältnisse wesentlich unterscheidet, gestellt
werden müsste.

Nachdem der Schluss von Prof. L e u c k a r t's Jahresbericht für
das Jahr 1858, worin die von D a l y e l l (Powers of the Creator
Vol. II.) beschriebenen und abgebildeten Rhynchocoelen aufgeführt
und zum Theil gedeutet werden, mir früher nicht zur Hand war, so
kann ich die betreffenden Citate erst in diesen Blättern beifügen.

SUBORDO I. TURBELLARIA DENDROCOELA *EHRENBERG* [1]).

SECTIO II. DIGONOPORA *STIMPSON*.

Familia XII. Leptoplanidea.

4*. Centrostomum Mertensii *CLAPARÈDE*.

Corpus ovale, marginibus integris, lacteo-album, passim flavidum. *Ocellorum* acervi duo subelliptici in fine primae corporis
quintae partis. *Os* in medio corporis, oesophago multilobato. *Apertura* genitalis mascula in initio ultimi corporis trientis, feminea ultimi
corporis quadrantis.   Longit. ultr. 8'''.

Centrostomum Mertensii *Claparède* l. c. 147—148 (cum anatom.). Tab.
VII. 11—12.

---

[1]) De larva Dendrocoeli generis incerti, ad oras Scotiae lecta confer C l a p a r è d e
l. c. 152. Tab. V. 1.

Habitaculum. Ad *Laminarias* ad oras occidentales Scotiae, autumno (Claparède).

Diese von Herrn Claparède als neu aufgestellte Art bietet das besondere Interesse, dass sie unter den acht bekannten dieser Gattung die erste ist, welche in europäischen Meeren gefunden wurde.

Familia XIV. Euryleptidea.

7*. Proceros auritus.

Corpus foliaceum, ovatum, albidum, tractu intestinali ejusque ramificationibus rufo-brunneis, transparentibus. *Pseudotentacula* auriculaeformia. *Ocellorum* acervi duo, singulus ad basin pseudotentaculi; ocelli in pseudotentaculis basilares. *Os* subterminale parvum. *Apertura* genitalis mascula ante medium, feminea in medio fere corporis. Longit. $\frac{1}{2}''$, latit. max. 4'''.

Corpuscula bacillaria parenchymati corporis abunde immersa, nunc singula, nunc plura cellulis nucleolatis inclusa. *Penis* cordiformis elongatus, apice spinulosus.

> Eurylepta aurita *Claparède* l. c. 144—146 (cum anatom. et de natura hepatica ramulorum intestinalium). Tab. VII. 5—10.

Habitaculum. Ad *Laminarias* ad oras Scotiae occidentales, autumno (Claparède).

Da nach der neueren Begrenzung zur Gattung *Eurylepta* nur jene Arten, deren Geschlechtsöffnungen vor der Mundöffnung liegen, gezählt werden, jene aber, bei welchen diese Öffnungen hinter dem Munde sich befinden, zur Gattung *Proceros* gehören, so kann die vorliegende Species nicht bei *Eurylepta* bleiben, sondern muss zu *Proceros* gezogen werden.

SUBORDO II. TURBELLARIA RHABDOCOELA *EHRENBERG* [1]).

TRIBUS I. ARHYNCHOCOELA *SCHULTZE*.

Familia VI. Otophora.

Monotus paradoxus *DIESING*: Rev. d. Turbell. II. 212 adde:

> Convoluta paradoxa *Claparède* l. c. 125—130 (de hermaphroditismo successivo, de organis genitalibus, de organis urticationis etc.). Tab. V. 1—10.

[1) De larva Rhabdocoeli generis incerti, ad oras Scotiae lecta confer Claparède l. c. 151. Tab. V. 2.

Habitaculo adde: Ad oras occidentales Scotiae, autumno (Claparède).

Herr Claparède hält die von Herrn Prof. Schmidt unter dem Namen *Convoluta Diesingii* aufgestellte Art für nicht verschieden von der so eben angeführten.

Monotus unipunctatus *DIESING:* Rev. d. Turbell. II. 213 adde:

Monocelis unipunctata *Oersted? Claparède* l. c. 137. VII. 4 (penis).

Habitaculo adde: Ad insulam Sky, Hebridarum, autumno (Claparède).

Familia VII. Vorticinea.

Turbella nigrovenosa *DIESING:* Rev. d. Turbell. II. 223 adde:

Mesostomum marmoratum *Schultze.* — *Claparède* l. c. 131—132 (et de org. genital.). Tab. XII. 1. 2.

Habitaculo adde: Ad insulam Sky, Hebridarum, autumno (Claparède).

Vortex quadrioculatus *FREY* et *LEUCKART.* — *Dies.* Rev. d. Turbell. II. 227 adde:

Claparède l. c. 134 (cum notit. variis). Tab. VI. 3.

Habitaculo adde: Glesnäsholm ad littora Norvegiae, et autumno ad insulam Sky, Hebridarum (Claparède).

12°. Vortex Fingalianus.

Corpus fusiforme, albidum. *Os* retrorsum situm, oesophago protractili, cylindrico, retrorsum directo. *Ocelli* posteriores magis inter se remoti quam anteriores. *Apertura* genitalis in ultima corporis quinta parta. Longit. ultra 1/4'''.

Enterostomum Fingalianum *Claparède* l. c. 135 (cum anatom.). Tab. VI. 11—13.

Habitaculum. Ad insulam Sky, Hebridarum, autumno (Claparède).

Durch die Vereinigung der Gattungen *Allostoma* Beneden und *Telostoma* Oersted mit der Gattung *Vortex*, von welcher sie vorzugsweise nur durch den nach hinten liegenden Mund sich unterschieden, erscheint auch die Selbstständigkeit des von Herrn Claparède aufgestellten Geschlechts *Enterostomum* als nicht haltbar.

Familia IX. Celidotidea.

Monops lineatus *DIESING:* Rev. d. Turbell. II. 230 adde:

Monocelis lineata *Oersted.* — *Claparède* l. c. 137.

Habitaculo adde: Ad oras meridionales et occidentales Norvegiae et autumno ad insulas Hebridas, communis (Claparède).

Monops agilis *DIESING:* Rev. d. Turbell. II. 230 adde:

Monocelis agilis *Schultze.* — *Claparède* l. c. 137.

Habitaculo adde: Ad oras meridionales et occidentales Norvegiae et autumno ad insulas Hebridas, communis (Claparède).

TRIBUS II. RHYNCHOCOELA *SCHULTZE.*

Subtribus I. Rhynchocoela aporocephala.

Familia XVII. Gyratricinea.

5*. Gyrator caledonicus.

Corpus subcylindricum. *Proboscis* conica. *Os* in secunda corporis quinta parte. *Ocelli* nigri, lente crystallina instructi. *Penis* retrorsum situs, compressus, contortus, dimidia parte anteriore spinulis capitellatis armatus. Longit. ultra $1/4'''$.

Prostomum caledonicum *Claparède* l. c. 132—134. Tab. V. 5.

Habitaculum. Ad insulam Sky, Hebridarum, autumno (Claparède).

Familia XVIII. Borlasica.

α. Proboscis terminalis.

Borlasia Neesii *DIESING:* Rev. d. Turbell. II. 249 adde:

Gordius fuscus *Dalyell:* Powers of the Creator II. 83. 84. Tab. XII.
Amphiporus Neesii *Oersted.* — *Leuckart:* in Troschel's Arch. 1859. II. 187.

Habitaculo adde: Ad littora Scotiae (Dalyell).

Borlasia linearis *DIESING:* Rev. d. Turbell. II. 250 adde:

Cephalothrix lineata *Oersted.* — *Claparède* l. c. 150 (de proboscidis pilis longis rigidis).

Habitaculo adde: Ad insulam Sky, Hebridarum, autumno (Claparède).

Borlasia? longissima.

Corpus teretiusculum utrinque parum attenuatum, flavido-griseum. *Caput* corpore continuum, antice truncatum lobulo angusto brevi ciliato. *Proboscis* inermis, papillosa, papillis conicis. *Os* distantia, latitudinem capitis decies superante, ab apice capitis remotum. Longit. 8″ — 1′ 6‴.

Corpuscula duo ovalia antrorsum attenuata, proboscidem limitantia, incertae functionis. — Corpus mucum tenacem copiose excernit.

> Cephalotrix longissima *Keferstein* l. c. 57 et 65, anatom.: 67, 71 (de proboscide inermi), 79. Tab. VI. 6—10.

Habitaculum. Sub saxis corpus in formam coni, *Tubificis* instar, convolutum vel in formam reticuli complicatum, raro, St. Vaast la Hougue (Keferstein).

Nach schärferer Begrenzung der Gattung *Cephalotrix* wäre dieser Wurm, da ihm Augen fehlen, nicht zu dieser, sondern wahrscheinlich eher zur Gattung *Borlasia,* obwohl er sich auch von dieser durch ein gewimpertes Läppchen am Vorderende zu unterscheiden scheint, zu stellen.

β. Proboscis infera.

Valencinia ornata *Quatrefages.* — *Dies.* Rev. d. Turbell. II. 252 adde:

> Gordius anguis *Dalyell* l. c. 85—87. Tab. XIII. 7—10.
> Valencinia ornata *Quatrefages.* — *Leuckart* l. c. 187.

Habitaculo adde: Ad littora Scotiae (Dalyell).

Familia XIX. Ommatophora.

Ommatoplea peronea *DIESING:* Rev. d. Turbell. II. 255 adde:

> Var.? Gordius taenia *Dalyell* l. c. 83.
> Nemertes peronea *Quatrefages.* — *Leuckart* l. c. 187.

Habitaculo adde: Ad littora Scotiae (Dalyell).

Ommatoplea rosea *DIESING:* Rev. d. Turbell. II. 256 adde:

> Vermiculus rubens *Dalyell* l. c. 90. Tab. X. 13—18.
> Polystemma roseum *Oersted.* — *Leuckart* l. c. 188.

Habitaculo adde: Ad littora Scotiae (Dalyell).

19*. Ommatoplea ocellata.

Corpus teretiusculum medio crassissimum utrinque parum attenuatum, stato expanso depressum, flavidum. *Caput* corpore continuum. *Proboscis* inermis, papillis elevatis, rigidis, plerumque in apices duas vel tres uncinatas divisis. *Os* ab apice capitis distantia latitudinem capitis septies superante remotum. *Ocelli* plures versus apicem capitis. Longit. 10‴, crassit. ½—1‴; statu expanso longit. 4″2‴, latit. ¼‴.

> Cephalotrix ocellata *Keferstein* l. c. 57 et 63, anatom.: 67, 71 (de proboscide inermi) 67, 79, 80, 88. Tab. VI. 11—16.

Habitaculum. Sub saxis, raro, St. Vaast la Hougue (Keferstein).

Wegen Vorhandensein von nicht zwei, sondern mehreren Augen zur Gattung *Ommatoplea* zu ziehen. Der Charakter derselben müsste durch die Kenntniss der vorliegenden Art dahin berichtigt werden, dass der Rüssel bewaffnet, selten unbewaffnet ist, und die Mundöffnung vorne oder hinter dem Kopfe liegt.

Familia XX. Micruraea.

Micrura fasciolata *HEMPRICH* et *EHRENBERG*. — *Dies.* Rev. d. Turbell. II. 259 adde:

> Pilidium gyrans *Claparède* l. c. 151 (de evolutione).

Habitaculo adde: Ad oras Hebridarum, autumno (Claparède).

Subtribus II. Rhynchocoela porocephala.

Familia XXIII. Prorhynchidea.

Prorhynchus! serpentinus *LEUCKART.*

> Planaria serpentina *Dalyell* l. c. 122. Tab. XV. 20.
> Prorhynchus? serpentinus *Leuckart* l. c. 188.

Habitaculum. In Scotia (Dalyell).

Familia XXV. Typhlonemertinea. Characteri familiae adde:

Otolithi nulli vel plures otolithothecis pluribus inclusi.

Subfamilia I. Anotophora. Otolithi nulli. Proboscis infera aut terminalis.

α. Proboscis infera.

Cerebratulus marginatus *RENIER? Keferstein* l. c. 66, 67, 70, 71, 80, 86 (anatom.) Tab. VII. 3. 4. 5.

Da der Verfasser nirgends die Lage des Rüssels an dem von ihm untersuchten aus Neapel stammenden Thiere angibt, so muss es dahin gestellt bleiben, ob er den eigentlichen *Cerebratulus marginatus* Renier oder *Meckelia Somatotomus* Leuckart vor Augen gehabt habe.

β. Proboscis terminalis.

Meckelia olivacea *RATHKE.* — *Dies.* Rev. d. Turbell. II. 280 adde:

Gordius fragilis *Dalyell* l. c. 54—62. Tab. VI—VII.
Meckelia olivacea *Rathke.* — *Leuckart* l. c. 187.

Habitaculo adde: Ad oras Scotiae (Dalyell).

Meckelia Borlasii *DIESING:* Rev. d. Turbell. II. 285 adde:

Gordius maximus *Dalyell* l. c. 63—70.
Borlasia Angliae *Oken.* — *Leuckart* l. c. 187.

Habitaculo adde: Ad oras Scotiae (Dalyell).

Nach *Dalyell* (Leuckart's Auszug) umschlingt dieser Wurm gern fremde cylindrische Gegenstände. *Dalyell* beobachtete Individuen von 10′ Länge und bewahrte ein Exemplar mit den daraus hervorgegangenen Theilstücken fast 5 Jahre lang auf. In einem Jahr und 10 Monaten wuchs dasselbe von einem kleinen 3″ langen Würmchen zu einer Länge von 2½ Fuss heran. Gleichzeitig änderte sich die Färbung immer mehr und mehr in's Dunkle. Der Rüssel ist roth.

Subfamilia II. Otophora. Otolithi plures otolithothecis pluribus inclusi. Proboscis terminalis.

LX°. OTOTYPHLONEMERTES DIESING.

Oerstediae spec. Keferstein.

Corpus depressiusculum. *Caput* corpore continuum. *Cephalopori* duo, circulares, marginales. *Proboscis* terminalis, intus papillosa, pugione et burseolis aculiferis duabus instructa. *Os* ventrale, antrorsum situm. *Ocelli* nulli. *Otolithi* plures otolitothecis quatuor inclusi. *Sexus* discretus. *Anus* terminalis posticus. Maricolae, hemisphaerae borealis.

Organon laterale (corpusculum solidum ad quod cephaloporus singulus ducit) parvum, parte attenuata cum cerebello junctum.

1. Ototyphlonemertes Kefersteinii *DIESING.*

Corpus antice et postice truncatum, pellucidum, albidum. Longit. $2^1/_2'''$, latit. ad $^1/_6'''$.

Oerstedia pallida *Keferstein* l. c. 60, anatom.: 69, 79, 80, 84. Tab. V. 8. 9.

Habitaculum. St. Vaast la Hougue specimen unicum juvenile, simul cum *Ditactorrhochmate mandilla* (Keferstein).

Dieser Strudelwurm ist durch das gleichzeitige Vorkommen von einem Rüssel und von mehreren Gehörsteinchen, welche in vier Kapseln eingeschlossen sind, und durch den Mangel von Augen so ausgezeichnet, dass er zur Feststellung dieser neuen Gattung berechtigt. Hinsichtlich des Artnamens habe ich mir erlaubt, zur Erinnerung an den in jüngster Zeit um die Kenntniss der Rhynchocoelen so sehr verdienten Entdecker dieser Species, letztere mit seinem Namen zu bezeichnen.

Familia XXVI. Loxorrhochmidea. Characteri familiae adde:

Otholithi nulli, rarius plures otolithothecis pluribus inclusi. Proboscis infera aut terminalis.

Subfamilia I. Anotophora. Otolithi nulli. Proboscis infera aut terminalis.

α. Proboscis infera.

LX**. PROSORHOCHMUS *KEFERSTEIN.*

Corpus depressinsculum, parum mutabile. *Caput* corpore continuum, plica transversali terminali subbilabiatum, labiis medio emarginatis, lobo dorsali transversali instructum. *Cephalopori* duo foveaeformes marginales. *Proboscis* infera, pugione et burseolis acienliferis 2—3 instructa. *Os* ventrale, antrorsum situm. *Ocelli* quatuor in formam trapezi dispositi. *Sexus* discretus.

Anus terminalis posticus. Vivipara. — Maricolae, hemisphaerae borealis.

Organon laterale (corpusculum solidum ad quod singulus cephaloporus ducit) bilobum; lobo longiore cerebellum attingente.

1. Prosorhochmus Claparèdii *KEFERSTEIN.*

Corpus retrorsum attenuatum, postice truncatum, aurantiacum subtus brunnescens. *Caput* truncatum. *Cephalopori* ocellis anterioribus juxtapositi. *Proboscis* intus papillosa, burseolis aciculiferis in adultis tribus in juvenculis duabus instructa. *Ocelli* posteriores minores. Longit. ad 10'''; longit. prolium ocellis 2, 4 imo 6 instructorum in cavo corporis materni $\frac{1}{6}$'''—4'''.

> Prosorhochmus Claparèdii *Keferstein* l. c. 55 et 61—63, anatom.: 70, 74 (de proboscide armata) 79, 84, 89—90 (de vivipartu et de evolutione). Tab. VI. 1—5.

Habitaculum. St. Vaast la Hougue, sub saxis marinis specimina duo aestate (Keferstein).

Diese von Herrn Prof. Keferstein aufgestellte neue Gattung, welche der Gattung *Tetrastemma* in vieler Hinsicht nahe steht, unterscheidet sich von dieser wesentlich durch den unterständigen Rüssel, welcher in dieser Familie hier zum ersten Male auftritt; hierzu kommt noch das Vorhandensein eines Kopfläppchens. Wenn auch die Kopfspalten bei *Prosorhochmus* nicht entschieden als schiefe oder Querspalten erscheinen, so glaubte ich doch dieses Thier zu den Loxorrhochmideen zählen zu sollen, und zwar um so mehr, als die Gattung *Tetrastemma* ausser Arten mit schiefen oder queren Kopfspalten auch solche enthält, bei welchen sie beinahe kreisrund sind.

β. Proboscis terminalis.

Tetrastemma varicolor *OERSTED.* — *Dies.* Rev. d. Turbell. II. 289 adde:

> *Claparède* l. c. 149, 150 (de armatura proboscidis). Tab. V. 6.

Habitaculo adde: Ad insulam Sky, Hebridarum, autumno (Claparède).

Tetrastemma variegatum *LEUCKART.*

Corpus obesum, rubro et albo variegatum, linea dorsali clara. Longit. 8'''.

Vermiculus variegatus *Dalyell* l. c. 91. Tab. X. 25. 26.
Tetrastemma variegatum *Leuckart* l. c. 188.

Habitaculum. Ad littora Scotiae (Dalyell).

Tetrastemma Coluber *LEUCKART.*

Macula magna obscura inter par primum et secundum ocellorum.
Vermiculus Coluber *Dalyell* l. c. 91. Tab. X. 22. 23.
Tetrastemma Coluber *Leuckart* l. c. 188.

Habitaculum. Ad littora Scotiae (Dalyell).

Tetrastemma algae *LEUCKART.*

Planaria algae *Dalyell* l. c. 117. Tab. XVI. 24.
Tetrastemma algae *Leuckart* l. c. 188.

Habitaculum. Ad littora Scotiae (Dalyell).

Tetrastemma! album *LEUCKART.*

Planaria alba *Dalyell* l. c. 116. Tab. XVI. 11.
Tetrastemma? album *Leuckart* l. c. 188.

Habitaculum. Ad littora Scotiae (Dalyell).

2. Ditactorrhochma Mandilla.

Corpus depressum, postice truncatum, albidum vel rosaceum, haud raro in globulum contractile. *Caput* subdiscretum, ovale, antice truncatum. *Cephalopori* a margine ad quartam corporis latitudinis partem protracti, horizontales, parum arcuati, antice convexi. *Proboscis* intus papillosa, papillis conicis lateribus foliaceo-emarginatis vel lobatis, pugione et burseolis aciculiferis duabus instructa. *Os* sub cerebello situm. *Ocelli* numerosi magnitudinis inaequalis in acervos quatuor plerumque consociati. Longit. $15'''$ — $2\frac{1}{2}''$, latit. 2 — $4'''$.

Organon laterale (corpusculum solidum ad quod singulus cephaloporus ducit) ovale vel pyriforme filo longo flexuoso cum cerebello junctum.

Polia Mandilla *Quatrefages:* in Annal. des sc. nat. 3. ser. VI. 203, 204. Tab. VIII. 1. et 1a., Tab. IX. (tabulas non vidi). — Idem Rech. anat. et phys. Tab. XV, 1 et 2 (non vidi).

Nemertes Mandilla *Diesing:* Syst. Helm. I. 274. — Idem Rev. d. Turbell. II. 303.

Borlasia Mandilla *Keferstein* l. c. 58, anatom.: 67, 69, 70, 71, 72 et 73 (de proboscide armata). 79, 80, 82, 88.

Habitaculum. Prope St. Vaast la Hougue copiose (Quatrefages), ibidem sub saxis, aestate (Keferstein).

Eine Abbildung in Gaimard's Voyage en Scandinavie u. s. w.
Taf. C, Fig. 1—22, welche einen Wurm darstellt, der sich durch
zwei an der Unterseite des Kopfes quer neben einander gestellte
halbmondförmige Kopfspalten auszeichnet, gab mir die Veranlassung
zur Aufstellung der Gattung *Ditactorrhochma*. Da die von Keferstein als *Borlasia Mandilla* beschriebene und abgebildete Art dieselben Charaktere darbietet, so nehme ich keinen Anstand, sie als
zweite Art der genannten Gattung beizuzählen.

LXIII*. PTYCHODES *DIESING*.

Borlasiae spec. *Keferstein.*

Corpus depressum, parum mutabile. *Caput* corpore continuum,
utrinque fovea triangulari instructum. *Cephalopori* marginales duo
transversales, singulus plicis immersis 8 oblique longitudinalibus
supraimpositis. *Proboscis* terminalis, intus papillosa, pugione et
burseolis aciculiferis 8—10 praedita. *Os* ventrale, antrorsum situm.
Ocelli numerosi. *Sexus* discretus. *Anus* terminalis posticus. Maricolae, hemisphaerae borealis.

Organon laterale (corpusculum solidum ad quod singulus cephaloporus
ducit) ovale s. quadrangulare filis pluribus cum cerebello junctum. Vasa late-
ralia cum vase dorsali canaliculis transversis numerosis capillaribus juncta. —
Sanguis ruber.

1. Ptychodes splendida *DIESING*.

Corpus utrinque acutum, dorso medio rufo-brunneo vel rosaceo
fasciis longitudinalibus 5 albis, reliqua parte rosaceo-album. *Proboscis* intus papillis elevatis, uno latere denticulatis, apice corpuscula ovalia interdum pedicellata gerentibus obsessa, pugione magno
armata. *Ocelli* utrinque in series duas longitudinales dispositi.
Longit. 1—2″, latit. med. 2‴.

Corpus ciliis vibrantibus brevibus gracillimis obsessum mucum copiosum
clarum et tenacem excernit.

Borlasia splendida *Keferstein* l. c. 59, anatom.: 68, 79, 80, 82, 84, 86,
Tab. V. 10—18.

Habitaculum. Ad *Ostreas* specimina duo, St. Vaast la Hougue,
aestate (Keferstein).

Das von Keferstein unter dem Namen *Borlasia splendida* aufgeführte Thier zeichnet sich durch das Vorhandensein einer Anzahl von schiefen Längsfalten (vom Verfasser Rillen genannt) am Kopfe oberhalb der Kopfspalten aus, welcher sehr eigenthümliche Bau mich veranlasste, die in Rede stehende Form als den Typus einer eigenen Gattung anzusehen.

Keferstein betrachtet im Allgemeinen die Kopfspalten der Nemertinen nicht als wirkliche Öffnungen, sondern nur als Einsenkungen der Haut. Die im Innern des Körpers liegenden Seitenorgane, welche er für solide Körper erklärt, setzen sich nach ihm an die Kopfspalten und zwar an einer Stelle derselben, wo die äussere Haut und Musculatur ganz fehlt, derart an, dass die so entstandene rundliche Öffnung der Körperbedeckung durch sie geschlossen wird und sie mit dem umgebenden Wasser in directe Berührung treten. Er wäre geneigt, diese Seitenorgane als zu einer Sinnesthätigkeit bestimmt, anzunehmen. Die obenerwähnten schiefen Längsfalten bei *Ptychodes* unterscheiden sich dadurch von wahren Kopfspalten, dass sie keine Seitenorgane besitzen.

Subfamilia II. Otophora. Otolithi plures otolithothecis pluribus inclusi. Proboscis terminalis.

LXIV°. OTOLOXORRHOCHMA *DIESING.*

Tetrastemmatis spec. *Graeffe.*

Corpus depressum ciliatum. *Caput* corpore continuum. *Cephalopori* duo.... *Proboscis* terminalis, pugione et burseolis aciculiferis duabus instructa. *Os*.... *Ocelli* 4 in quadrangulum dispositi. *Otolithi* numerosi capsulis pluribus inclusi, ocellis interpositi. *Sexus* et *anus*.... Maricolae, hemisphaerae borealis.

1. Otoloxorrhochma Graeffei *DIESING.*

Corpus angustum, postice acutum, flavoviride. *Caput* rotundatum. *Proboscis* pugione magno manubrio medio constricto insidente et burseolis duabus, aciculas 1 — 2 includentibus instructa. *Ocelli* versus apicem capitis, lente instructi, nigri. Longit. 1½′″.

Tetrastemmatis spec. *Graeffe* l. c. 53—54.

Habitaculum. Niceae (Graeffe).

Dieser von Graeffe als *Tetrastemma* kurz beschriebene Wurm bildet durch das gleichzeitige Vorkommen eines Rüssels, von Augen und vielen in Kapseln eingeschlossenen Gehörsteinchen entschieden eine neue Gattung, und Herr Graeffe hat das Verdienst der ersten Entdeckung von Gehörsteinchen in der Tribus der Rhynchocoelen. Leider ist in der Beschreibung gar nichts über die Form und Lage der Kopfspalten, sowie über die Mundöffnung enthalten, und es wird nur im Allgemeinen auf die Übereinstimmung mit den Arten von *Tetrastemma* hingewiesen.

Familia XXVII. Eunemertinea.

Nemertes Gesserensis *DIESING:* Rev. d. Turb. II. 299 adde:

Gordius Gesserensis *Müll.?* — *Dalyeller* l. c. 73. Tab. X. 5. *Leuckart* l. c. 187.

Habitaculo adde: Ad littora Scotiae (Dalyell).

11*. Nemertes octoculata *KEFERSTEIN.*

Corpus planum, postice truncatum, olivaceum, subtus pallidius. *Caput* corpore continuum, antice truncatum. *Cephalopori* latitudinem duplicem capitis longitudine superantes, antrorsum convergentes, retrorsum dilatati, singulus prope apicem capitis papilla instructus. *Proboscis* inermis. *Os* retro cephaloporos situm. *Ocelli* 8 aequales, semilunares, in series duas parallelas dispositi. Longit. ad 3″ 4‴.

Organon laterale (corpusculum solidum ad quod cephaloporus singulus ducit) emarginatum, funiculo brevi cum cerebello junctum.

Nemertes octoculata *Keferstein* l. c. 63, anatom.: 69, 79, 81. Tab. VII. 1. 2.

Habitaculum. Sub saxis prope St. Vaast la Hougue haud raro, aestate (Keferstein).

Nemertes olivacea *JOHNSTON.* — *Dies.* Rev. d. Turbell. II. 300 adde:

Gordius minor viridis *Dalyell* l. c. 72. Tab. IX. 2 (cum filo ovulorum).

Nemertes olivacea M. *Schultze.* — *Johnston?* — *Leuckart* l. c. 187.

Nemertes olivacea *Johnston.* — *Keferstein* l. c. 66 (de distributione pigmenti).

Habitaculo adde: Ad littora Scotiae (Dalyell).

Turbellariis incertae sedis *Dies.* Rev. d. Turbell. II. 308 — 309 adde:

Vermiculus lineatus *DALYELL.*

Corpus gracile viride. *Ocelli* 2.

Vermiculus lineatus *Dalyell* l. c. 19. 20. *Leuckart* l. c. 188.

Habitaculum. Ad littora Scotiae (Dalyell).

Vermiculus crassus *DALYELL.*

L. c. 88. 89. Tab. X. 11.

Meckelia aut Cerebratulus? *Leuckart* l. c. 188.

Habitaculum. Ad littora Scotiae (Dalyell).

Gordius gracilis *DALYELL.*

Juvencula bioculata; adulta coeca.

Gordius gracilis *Dalyell* l. c. 74. 75. Tab. IX. 8. *Leuckart* l. c. 187.

Habitaculum. Ad littora Scotiae (Dalyell).

Gordius albus *DALYELL.*

L. c. 75. 76. Tab. IX. 12. — *Leuckart* l. c. 187.

Habitaculum. Ad littora Scotiae (Dalyell).

Nomina generum et specierum serie alphabetica: *Amphi-porus Neesii* 5, Borlasia *Angliae* 8, linearis 5, longissima 6, *Man-dilla* 11, *Neesii* 5, *splendida* 12. — Centrostomum Mertensii 2, *Cephalothrix lineata* 5, *longissima* 6, *ocellata* 7, Cerebratu-lus marginatus 8, *Convoluta paradoxa* 3. — Ditactorrhochma Mandilla 11. — *Enterostomum Fingalianum* 4, *Eurylepta aurita* 3. — *Gordius albus* 15, *anguis* 6, *fragilis* 8, *fuscus* 5, *Gesserensis* 14, *gracilis* 15, *maximus* 8, *minor* 14, *taenia* 6. — Gyrator caledonicus 5. — Meckelia Borlasii 8, olivacea 8. — *Mesostomum marmoratum* 4, Micrura fasciolata 7, *Monocelis* *agilis* 5, *lineata* 5, *unipunctata* 4, Monops agilis 5, lineatus 5, Monotus paradoxus 3, unipunctatus 4. — Nemertes Gesserensis 14, *Mandilla* 11, octoculata 14, olivacea 14, *peronea* 6. — *Oerstedia pallida* 9, Ommatoplea ocellata 7, peronea 6, rosea 6. — Otoloxorrhochma Graeffei 13, Ototyphlonemertes Kefersteinii 9. — *Pilidium gyrans* 7, *Planaria alba* 11, *algae* 11, *serpentina* 7, *Polia Mandilla* 11, *Polystemma roseum* 6, Proceros auritus 3, Prorhynchus serpentinus 7, Prosorhochmus Claparèdii 10, *Prostomum caledonicum* 5, Ptychodes splendida 12. — Tetrastemma album 11, algae 11, Coluber 11, spec. 13, varicolor 10, variegatum 10, Turbella nigrovenosa 4. — Valencinia ornata 6. — *Vermiculus Coluber* 11, *crassus* 15, *lineatus* 15, *rubens* 6, *variegatus* 11. Vortex Fingalianus 4, quadrioculatus 4.

Aus der k. k. Hof- und Staatsdruckerei zu Wien.